Dieses Buch gehört

_____

_____

Baukje Offringa

Auf dem Weg

Bibel für Kinder

Mit Bildern von Lika Tov

 Auer Verlag GmbH

Titel der Originalausgabe:
Baukje Offringa:
Op weg: verhalen uit de bijbel voor kinderen
met illustraties van Lika Tov.
© Uitgeverij Meinema, Zoetermeer 1994

1. Auflage. 1996
© by Auer Verlag GmbH. 1996
Alle Rechte vorbehalten
Übersetzer: Jörg Schilling
Gesamtherstellung: Ludwig Auer GmbH, Donauwörth
ISBN 3-403-02746-5

Inhalt

VORWORT

Das Alte Testament

ERZVÄTER UND ERZMÜTTER
Abraham im Land Babylon (Midrasch) 11
Mit Tonfiguren zum Markt (Midrasch) 13
Ins unbekannte Land (Genesis 12) 16
Lot darf wählen (Genesis 13) 19
Hagar (Genesis 16) 21
Die Geburt Isaaks (Genesis 18) 23
Ismael (Genesis 21) 25
Rebekka (Genesis 24) 27
Jakob und Esau (Genesis 25) 31
Erstgeburtsrecht und Segen (Genesis 25,27,28) 33
Jakob im Land Babylon (Genesis 29,30) 37
Jakob geht zurück (Genesis 32,33) 40

JOSEF
Josef, der Träumer (Genesis 37) 42
Josef in Ägypten (Genesis 37) 44
Im Gefängnis (Genesis 39,40) 46
Die Träume des Pharao (Genesis 41) 48
Der weise Unterkönig (Genesis 42) 50
Ich bin euer Bruder (Genesis 43,44,45) 53

MOSE
Das Volk Israel in Ägypten (Exodus 1) 57
Aus dem Wasser gerettet (Exodus 2) 59
Mose und sein Volk (Exodus 2) 61
Mose wird berufen (Exodus 3,4) 64
Laß mein Volk gehen! (Exodus 4,5) 66

Endlich frei (Exodus 7–12) 68
Der Weg durch das Meer (Exodus 14,15) 70
In der Wüste (Exodus 16) 72
Die Zehn Gebote (Exodus 18,20) 74
Das goldene Kalb (Exodus 32) 76
Die zwölf Kundschafter (Numeri 13,14) 79
Die fünf Mädchen (Numeri 27) 81
Kanaan (Deuteronomium 34, Josua 3,4) 83

GIDEON
Gideon (Richter 6) 85
Blase auf dem Widderhorn! (Richter 6,7,8) 88

RUT
Rut, die Frau aus Moab (Rut 1) 90
Keine Fremde mehr (Rut 2,4) 93

KÖNIGE UND PROPHETEN
Samuel (1 Samuel 2,3) 95
Die Bundeslade und die Philister (1 Samuel 4,5,6,8) 98
Saul bei Samuel (1 Samuel 9,10) 100
König Saul (1 Samuel 10–15) 102
David der Hirte (1 Samuel 16) 104
David spielt vor dem König (1 Samuel 16) 106
David und Goliat (1 Samuel 17) 107
David und Jonatan (1 Samuel 18,19,20) 110
Flüchtling in der Wüste (1 Samuel 24) 112
Abigajil, eine kluge Frau (1 Samuel 25) 114
Saul, warum verfolgst du mich? (1 Samuel 26; 2 Samuel 1) 116
König David bringt die Bundeslade nach Jerusalem (2 Samuel 6,9) .. 118
Der reiche und der arme Mann (2 Samuel 11,12) 120
Die Weisheit König Salomos (1 Könige 3,10) 122
Der Tempel Salomos (1 Könige 6,8) 124
Der zerrissene Mantel (1 Könige 11) 126
König Ahab und der Prophet Elija (1 Könige 16,17) 128
Elija auf dem Berg Karmel (1 Könige 18) 130
Elija in der Wüste (1 Könige 19) 132
Jeremia und der zerbrochene Krug (Jeremia 7,19; 2 Könige 24) ... 134
Die Buchrolle (Jeremia 20,36; 2 Könige 24) 137

IM LAND BABYLON

Nach Babylon (2 Könige 24) 139
Am Fluß (Jeremia 29; Ezechiel 1,37) 142
Jerusalem wird zerstört (Jeremia 39; 2 Könige 25) 144
Das Lied über die sieben Tage (Genesis 1) 146
Eine Erzählung über den Anfang (Genesis 2,3) 149
Wo ist dein Bruder? (Genesis 4) 152
Noach und die Arche (Genesis 6,7) 154
Ein neuer Anfang (Genesis 8,9) 156
Der Turm von Babel (Genesis 11) 158
In der Stadt Babylon (2 Chronik 36) 160
König Kyrus (2 Chronik 36) 162
Unterwegs nach Jerusalem (Esra 1) 164

UNTERDRÜCKUNG UND DIE MACHT DES KLEINEN

Der jüdische Gottesdienst wird verboten (1 Makkabäer 1,2) 167
Daniel und seine Freunde (Daniel 1) 170
Die Macht des Kleinen (1 Makkabäer 3,4) 173
Die Geschichte von Ester (Ester 1,2) 175
Haman und Mordechai (Ester 3,4) 177
Was Königin Ester tat (Ester 5,9) 179
Gottes Königreich 182

Das Neue Testament

Zacharias, der Priester (Lukas 1) 185
Elisabet (Lukas 1) 187
Maria (Lukas 1) 189
Johannes (Lukas 1) 190
Jesus wird geboren (Lukas 2) 192
Die Hirten (Lukas 2) 194
Die Weisen aus dem Morgenland (Matthäus 2) 196
Das Königskind (Matthäus 2) 198
Als Jesus zwölf ist (Lukas 2) 201
Wo ist Jesus? (Lukas 2) 204
Johannes der Täufer (Lukas 3) 206
Jesus läßt sich taufen und geht in die Wüste (Lukas 3,4) 207

In der Synagoge (Lukas 4)	209
Die Fischer (Lukas 5)	211
Jesus und der Gelähmte (Lukas 5)	213
Levi, der Zöllner (Lukas 5)	216
In Levis Haus (Lukas 5,15)	218
Johannes im Gefängnis (Lukas 3,7)	220
Fünf Brote und zwei Fische (Johannes 6)	222
Das Haus auf dem Felsen (Johannes 6; Lukas 6)	226
Ein Tag, um frei zu sein (Lukas 13)	228
Der Sämann (Lukas 8)	230
Der barmherzige Samariter (Lukas 10)	233
Das Fest des Königs (Lukas 14)	236
Jesus und die Kinder (Lukas 18)	238
Die Arbeiter im Weinberg (Matthäus 19,20)	240
Zachäus (Lukas 19)	243
Ein Vater hatte zwei Söhne (Lukas 15)	246
Ein König auf einem Esel (Lukas 19)	250
Ein Haus zum Beten (Lukas 19)	252
Die kleinen Münzen der Frau und die Münze des Kaisers (Lukas 20,11)	254
Das große Geschenk (Matthäus 26; Lukas 10)	256
Das letzte Mahl mit Jesus (Johannes 13; Lukas 22)	259
Gefangengenommen in der Nacht (Matthäus 26; Lukas 22)	262
Ist nun alles vorbei? (Matthäus 27; Lukas 23)	264
Ostermorgen (Matthäus 28; Lukas 23)	266
Auf dem Weg nach Emmaus (Lukas 24)	268
Pfingstfest in Jerusalem (Apostelgeschichte 2)	270
Petrus und Johannes beim Tempel (Apostelgeschichte 3,4,5)	273
Stephanus (Apostelgeschichte 6,7)	276
Philippus und der Mann aus Äthiopien (Apostelgeschichte 8)	278
Saulus auf dem Weg nach Damaskus (Apostelgeschichte 9)	280
Saulus flüchtet aus Damaskus (Apostelgeschichte 9)	282
Die erste Reise des Paulus (Apostelgeschichte 13,14)	284
Paulus und Silas in Philippi (Apostelgeschichte 16)	287
Paulus in Athen (Apostelgeschichte 17)	290
Die Göttin Artemis von Ephesus (Apostelgeschichte 19)	292
Paulus wird in Jerusalem gefangengenommen (Apostelgeschichte 21,22,23)	295

Schiffbruch auf dem Weg nach Rom (Apostelgeschichte 27) 298
Auf der Insel Malta und in Rom (Philemon; Apostelgeschichte 28 301
Was Johannes sah (Offenbarung 1,13,14,21) 305

NACHWORT
Zur Auswahl der Geschichten 309
Die Fragen von Kindern 310
Geschichten als Wegweiser 310
Midrasch 311
Die Babylonische Gefangenschaft 311
Der Anfang mit Abraham 312
Wundergeschichten und die Bildsprache der Bibel 313
Zahlen, Namen und Schlüsselwörter 314
Die Offenbarung des Johannes 315

KARTEN
Der Nahe Osten 316
Palästina zur Zeit Jesu 317
Die erste und zweite Reise des Paulus 318
Die dritte Reise des Paulus und seine Reise nach Rom 319

Vorwort

An die Kinder, die diese Geschichten lesen

Hast du schon mal gefragt: „Wie sieht Gott aus?"
Dann hast du bestimmt keine Antwort bekommen. Niemand weiß, wie Gott aussieht. Darüber wird in der Bibel nichts erzählt. Wir können keine Zeichnung oder sonst eine Abbildung von Gott machen.
Hast du auch schon mal gefragt: „Wie ist Gott?"
Diese Frage wird in der Bibel allerdings beantwortet.
Aus den Erzählungen können wir erfahren, wie Gott ist und wie er den Menschen zeigen will, gut miteinander auszukommen. Aber niemand weiß alles über Gott.
In der Bibel wird von Menschen erzählt, die auf dem Weg sind, auf der Suche nach Gott.
Darum trägt dieses Buch, in dem biblische Geschichten neu erzählt werden, den Titel „Auf dem Weg".
Ich hoffe, daß es euch Spaß macht, in diesem Buch zu lesen, und daß ihr dadurch die Bibel ein wenig kennenlernt.

Baukje Offringa

Das Alte Testament

Abraham im Land Babylon

Der Hirtenjunge Abraham sitzt am Ufer des großen Flusses im Land Babylon. Seine Schafe fressen ruhig das saftige Gras, während er zu den Fischerbooten auf dem Wasser schaut. In der Ferne kann er die Stadt sehen, die am Fluß liegt. Der Turm des Tempels ragt hoch heraus.
Dort im Tempel stehen sehr viele Standbilder. Die Leute, die in der Stadt wohnen, glauben, daß jedes Standbild ein Gott ist. Da gibt es ein Standbild des Sonnengottes, der Mondgöttin, des Regengottes, des Flußgottes und noch viele andere Götterstandbilder.
Die Menschen haben oft Angst vor den Göttern. Wenn es sehr lange nicht geregnet hat, so daß das Korn auf dem Acker nicht wachsen kann, sagen sie: „Der Regengott ist böse auf uns. Darum gibt er keinen Regen."
Dann bringen sie schöne Dinge aus Silber und Gold zum Tempel vor das Standbild des Regengottes. Sie hoffen, daß er danach für Regen sorgen wird.
Im Frühjahr geschieht es häufig, daß das Wasser des Flusses so hoch ansteigt, daß eine Überschwemmung kommt. Wenn Häuser und Tiere durch den wilden Fluß mitgerissen werden, sagen die Leute: „Der Flußgott ist böse auf uns."
Dann bringen sie Geschenke zum Tempel vor das Standbild des Flußgottes.

Sie denken, daß der Flußgott dann schon dafür sorgen wird, daß das Wasser des Flusses wieder ruhig zwischen den Ufern fließt.

Abraham kommt nicht oft in die Stadt. Er wohnt mit seinen Eltern und Brüdern außerhalb der Stadt in Zelten. Jedesmal, wenn die Schafe und Ziegen das Gras auf den Weiden aufgefressen haben und die Brunnen leer sind, ziehen sie mit ihren Tieren zu anderen Weidegründen.

Während Abraham am Fluß sitzt, sieht er die Sonne langsam untergehen. Es wird Zeit, mit den Schafen zum Zeltlager zurückzugehen. Abraham steht auf und läuft zum Wasser. Dort gräbt er nassen Lehm aus und steckt ihn in einen Sack. Diesen Lehm muß er für seinen Vater mitnehmen, der Tonfiguren daraus macht, um sie zu verkaufen. Viele Menschen wollen eine solche Tonfigur im Haus haben, denn sie glauben, daß diese ihnen helfen kann.

Abraham denkt: Wie kann solch eine Tonfigur, die mein Vater gemacht hat, etwas für Menschen tun? Es ist eigentlich nur eine einfache Puppe aus Lehm. Und die großen Steinstandbilder dort im Tempel? Die sind doch auch von Menschen gemacht! Standbilder können sich nicht bewegen. Sie haben zwar Füße, aber sie können nicht laufen. Sie haben zwar Ohren, aber sie können nicht hören. Sie haben zwar Augen, aber sie können nicht sehen.

Abraham schaut zur Sonne. So viel Licht und Wärme wie die Sonne gibt, kann kein Mensch geben, denkt er. Die Sonne ist nicht von einem Menschen gemacht. Vielleicht ist die Sonne tatsächlich ein Gott.

Es ziehen Wolken vor die Sonne. Abraham denkt: Bald geht die Sonne unter und ist ganz verschwunden. Dann kommt der Mond. Der gibt Licht in der Nacht. Ist der Mond ein Gott? Aber Morgen ist der Mond wieder verschwunden, und die Sonne steht wieder am Himmel.

Die untergehende Sonne kommt eben hinter den Wolken hervor. Abraham fragt: „Sonne, wer hat dich gemacht? Und wer hat den Mond gemacht? Wer sorgt dafür, daß ihr Licht gebt?"

Die Sonne gibt keine Antwort und verschwindet wieder hinter den Wolken. Dann denkt Abraham: Ich kann an Dinge, die ich kommen und verschwinden sehe, nicht glauben. Ich glaube, daß es jemanden gibt, der sich um den Himmel und die Erde, die Menschen und die Tiere kümmert. Jemand, den wir nicht sehen können. Das ist der Gott, dem ich vertrauen will.

Abraham treibt seine Schafe zusammen und mit dem Sack voller Lehm läuft er vor der Herde zum Zeltlager.

Mit Tonfiguren zum Markt

Mit den Tonfiguren, die sein Vater Terach gemacht hatte, muß Abraham zum Markt, um sie zu verkaufen. Dazu hat er überhaupt keine Lust. Es ist ein langer Weg zum Markt, und der Korb mit den Tonfiguren ist sehr schwer. Unterwegs sagt er: „Es ist nicht richtig, daß ich euch tragen muß. Wenn ihr echte Götter wärt, dann müßtet ihr mich tragen können."
Die Tonfiguren geben keine Antwort, und Abraham bekommt Rückenschmerzen vom schweren Korb. Dadurch wird er so wütend, daß er den Korb auf die Erde wirft und die Tonfiguren mit einem Stein in Stücke haut. Mit dem leeren Korb läuft er wieder nach Hause.
„Hast du alle Tonfiguren schon verkauft?" fragt sein Vater erstaunt. „Nein, Vater", sagt Abraham, „die Götter bekamen unterwegs Streit und dann haben sie einander in Stücke geschlagen."
„Das gibt es doch nicht!" sagt Terach zornig. „Diese Tonfiguren, die ich mit meinen eigenen Händen gemacht habe, können einander nicht schlagen."
„Du glaubst also selbst auch nicht, daß eine Tonfigur ein Gott sein kann", sagt Abraham. „Warum haben die Menschen dann so ein Ding im Haus? Ich finde es dumm, daß sie dafür viel Geld bezahlen."
Aber Terach macht neue Tonfiguren, und Abraham muß wieder zum Markt, um sie zu verkaufen. Er stellt sie auf dem Markt aus. Schnell kommen Käufer.
„Was kosten die Tonfiguren?" fragen sie. Mit Absicht verlangt Abraham soviel Geld, daß die Kunden kopfschüttelnd weggehen.
Kurze Zeit später kommt eine alte Frau auf den Markt. Sie schaut sich die Tonfiguren lange an und fragt schließlich: „Was kostet die kleinste Tonfigur da?"

Abraham sieht, daß die Frau sehr arm ist. Er fragt: „Warum willst du sie kaufen?"

„Ich habe kein Geld für eine größere Götterfigur", sagt sie, „vielleicht reicht es für die kleine."

„Willst du dein ganzes Geld für eine Götterfigur aus Ton ausgeben?" fragt Abraham. „Bald hast du kein Geld mehr, um Essen zu kaufen. Vielleicht stirbst du vor Hunger. Was hast du dann von einer Tonfigur? Du kannst sie nicht aufessen. Und sie kann dir kein Essen geben."

„Aber Junge", sagt die Frau, „das ist nicht einfach eine Tonfigur! Es ist doch ein Gott! Wenn ich zu diesem Gott bete, wird er wohl dafür sorgen, daß ich genug zu essen bekomme und daß ich gesund bleibe."

„Wie alt bist du denn?" fragt Abraham.

„Achtzig Jahre", sagt die Frau.

„Wer hat dir denn bis jetzt geholfen? Du bist schon achtzig Jahre, und diese Tonfiguren sind erst einen Tag alt. Mein Vater hat sie gestern erst gemacht."

Die Frau fragt: „Wenn diese Götter uns nicht helfen können, wer hilft uns dann, wenn wir Schmerzen oder Sorgen haben? Auf wen können wir dann vertrauen?"

„Wir können allein auf Gott vertrauen, der den Himmel und die Erde erschaffen hat", antwortet Abraham. „Er ist der eine Gott, der uns nie im Stich lassen wird."

„Dann will ich dem einen Gott vertrauen", sagt die Frau, „und dann brauche ich keine Tonfigur."

Auf diese Weise wird Abraham seine Tonfiguren natürlich nicht los und er verdient kein Geld für seinen Vater. Am Abend geht er wieder mit dem schweren Korb nach Hause.

Am Fluß, den er durchqueren muß, weil es keine Brücke gibt, wirft er den Korb auf die Erde und sagt: „Ich habe euch bis hierher getragen. Es wird Zeit, daß ihr nun auch etwas tut. Bringt mich auf die andere Seite."

Die Tonfiguren sagen nichts und tun nichts. Abraham wirft sie ins Wasser und ruft: „Geht schon voraus zum anderen Ufer, dann komm ich hinter euch her." Die reißenden Fluten des Flusses nehmen die Tonfiguren mit sich.

„Kommt zurück!" schreit Abraham, aber die Tonfiguren hören seine Stimme nicht. Abraham durchquert den Fluß an einer flachen Stelle. Mit dem leeren Korb kommt er zu seinem Vater zurück, der fragt: „Hast du heute alle Tonfiguren verkauft?"

„Nein, Vater", sagt Abraham, „ich habe sie in den Fluß geworfen und

gesagt, daß sie ans andere Ufer schwimmen sollen. Aber sie hörten nicht auf mich und ließen sich vom Strom mitnehmen."

„Junge, du wirst jeden Tag dümmer", sagt Terach zornig, „du weißt doch, daß Tonfiguren nicht hören, sehen und sprechen können!"

„Ja, nun sagst du es selbst. Die Götterbilder haben Ohren, aber sie hören nicht; sie haben Augen, aber sie sehen nicht; sie haben einen Mund, aber sie sprechen nicht. Du glaubst also selbst auch nicht, daß die Tonfiguren Menschen helfen können."

„Paß auf!" warnt Terach. „Wenn der König hört, was du über die Götter dieses Landes sagst, dann läßt er dich ins Gefängnis werfen."

„Und doch gibt es nur einen Gott", sagt Abraham. „Wir können ihn mit unseren Augen nicht sehen, aber ich will nur zu diesem einen Gott beten."

Ins unbekannte Land

Durch das Land Babylon bewegt sich langsam ein langer Zug von Menschen und Tieren. Es sind Hirten mit ihren Frauen und Kindern, Schafen und Ziegen.
An der Spitze des Zuges reitet der Führer der Herde auf seinem Kamel. Das ist Abraham. Hinter ihm reitet, ebenfalls auf einem Kamel, seine Frau Sara. Dann folgen Esel, die auf ihrem Rücken die kleinen Kinder der Hirten tragen. Viele Esel sind auch mit zusammengefalteten Zelten, ledernen Schläuchen für Wasser und Säcken mit dem Essen für unterwegs bepackt. Die Hirten und die Hirtinnen laufen mit Schafen und Ziegen zu Fuß hinterher.
Der Vater Abrahams ist gestorben. Abraham gehören nun viele Tiere. Seine Hirten sind es gewöhnt, sich mit der Herde immer wieder auf die Suche nach frischem Gras und Sträuchern zu machen. Aber nun machen sie eine sehr lange Reise. Sie ziehen aus dem Land Babylon fort. Niemand weiß, wohin sie gehen. Die Hirten nicht, Sara nicht und auch Abraham nicht. Sie haben von ihren Familien Abschied genommen.
Lot, der Sohn eines Bruders von Abraham, ist mitgezogen. Der Vater Lots lebt nicht mehr, und sein Onkel Abraham und seine Tante Sara sorgen für ihn. Lot findet es spannend, eine solch lange Reise zu machen. Er ist neugierig auf das unbekannte Land, in dem sie sich niederlassen wollen.
Sara war überrascht, als Abraham ihr sagte, daß er Gottes Stimme gehört habe, die sagte: „Abraham, zieh fort aus diesem Land, verlaß deine übrige Familie und geh in das Land, das ich dir zeigen werde. Du wirst der Stammvater eines großen Volkes werden. Ich werde dafür sorgen, daß es dir gut geht. Und durch dich wird es allen Menschen auf der Welt gut gehen."

Sara sagte: „Wie kann das sein? Du der Stammvater eines großen Volkes? Wir haben noch nicht einmal ein Kind? Und wir sind schon so viele Jahre verheiratet." Aber Abraham vertraute auf die Worte, die er gehört hatte.
Sie sind schon Tage, Wochen und Monate unterwegs. Sie verlassen das Land Babylon. Das Land, durch das sie ziehen, ist eine einsame Wüste. Sie ziehen über Hügel und Berge. Sara fragt Abraham: „Wie lange dauert die Reise noch?" Abraham weiß keine Antwort, aber voller Zuversicht reitet er auf seinem Kamel vor der Herde her. Nach einem langen Weg kommen sie endlich in ein Land, das an einem Fluß liegt, wo sie vorher noch nie waren. Es ist der Fluß Jordan. Es gibt dort viel Gras, und viele Früchte wachsen auf den Bäumen. Hier läßt Abraham die Zelte aufstellen.
„Bleiben wir hier?" fragt Lot.
„Nein, hier wohnen bereits Menschen", sagt Abraham, „ihr habt doch sicher die Stadt gesehen, die dort drüben liegt."
„Ja", sagt Lot, „ich will gern einmal hinübergehen".
„Es ist nicht gut, in der Nähe einer Stadt zu wohnen", sagt Abraham, „siehst du nicht, wie feindselig uns die Leute aus der Stadt ansehen? Die wollen nicht, daß Hirten ihre Zelte dicht bei der Stadt aufschlagen."
Nach einigen Wochen läßt Abraham alles wieder einpacken. Sie ziehen nun am Jordan entlang, bis sie zu einer Stelle kommen, an der das Wasser flach ist. Dort überqueren sie den Fluß. Die kleinen Kinder und die jungen Tiere werden getragen.
Dann ziehen sie weiter in das Land, das man Kanaan nennt. Sie kommen an einen fruchtbaren Ort, der zwischen zwei Bergen liegt. Dort gibt es eine Quelle und eine große Eiche, die viel Schatten spendet. Dort läßt Abraham die aus Ziegenfellen gemachten Zelte wieder aufstellen.
Als es Abend geworden ist, und die Menschen und Tiere im Zeltlager schlafen, steht Abraham vor seinem Zelt. Er hört auf das leise Säuseln des Windes in den Blättern des großen Baumes.

Dann hört er wieder, genau wie damals im Land Babylon, die Stimme Gottes, die ihm sagt: „Dies ist das Land, das ich dir und deinen Nachkommen geben werde." Nun weiß Abraham, daß sie im Land Kanaan bleiben können, und auch er kann ruhig schlafen gehen.
Sara ist glücklich, als Abraham ihr am nächsten Morgen berichtet, daß die lange Reise endlich vorbei ist. Doch auch in Kanaan müssen sie von einem Ort zum anderen ziehen, um genügend Futter und Wasser für die Tiere zu finden. Darum wohnen sie immer noch in Zelten.

Lot darf wählen

Lot hat nun eine eigene Herde von Schafen und Ziegen. Im Frühjahr werden viele Lämmer und Zicklein geboren. Abraham und Lot bekommen so immer mehr Tiere.
Es geht ihnen gut im Land Kanaan. Aber es wird immer schwieriger, gute Weiden und Wasser für das ganze Vieh zu finden.
Eines Tages ziehen die Hirten Lots zu einer Weide, die nicht weit vom Zeltlager entfernt ist. Sie sind kaum da, als die Hirten Abrahams ankommen. Die wollen ihre Herde auf derselben Weide grasen lassen. Aber die Hirten Lots sagen: „In einiger Entfernung gibt es auch noch gute Weiden, geht doch dorthin!"
Die Hirten Abrahams sind wütend, denn nun müssen sie mit ihrer Herde viel weiter laufen. Als sie am Abend mit ihren Tieren zum Brunnen zurückkehren, werden sie noch zorniger. Denn die Hirten Lots sind ihnen schon wieder zuvorgekommen. Sie fangen gerade an, ihre Tiere zu tränken.
„Geht zur Seite!" rufen Abrahams Hirten. „Abraham ist der älteste, seine Tiere müssen zuerst trinken."
„Wir waren hier zuerst!" schreien die Hirten Lots zurück.
Abrahams Hirten wollen die anderen mit Gewalt vom Brunnen verdrängen. Aber plötzlich sehen sie, daß einige Schafe ihrer Herde weglaufen. Sie müssen sie sofort wieder einfangen. Als sie mit viel Mühe ihre Herde wieder zusammengetrieben haben, sind die Hirten Lots schon weg.
Die Hirten Abrahams kommen mit ihrer Herde später als sonst zurück. Abraham hält bereits nach ihnen Ausschau. An den zornigen Mienen seiner Hirten sieht er, daß etwas passiert ist. Nachdem er alles gehört hat, sagt er: „Ich werde mit Lot darüber sprechen."
Am nächsten Morgen geht Abraham zu ihm und sagt: „Laß uns auf den Berg gehen." Lot erschrickt, er hat auch vom Streit zwischen den Hirten gehört. Was hat sein Onkel vor?
Oben auf dem Berg sagt Abraham: „Es soll zwischen dir und mir kein Streit entstehen, und auch nicht zwischen deinen und meinen Hirten. Weil unsere Herden so groß geworden sind, können wir nicht mehr am selben Ort leben. Von dieser Stelle aus können wir die Umgebung gut überblicken. Wähle dir also einen Platz, an dem du leben willst."

Lot schaut über das Land. Rechts sieht er die Berge. Links sieht er die Gegend am Jordan, ein sehr fruchtbares Land mit reichlich Wasser und Gras.
„Ich werde in der Gegend am Jordan leben", sagt er. Er zieht mit seinen Leuten und seinen Tieren fortss.
Abraham und Sara bleiben im Bergland von Kanaan. Sie haben noch immer keine Kinder. Aber als Abraham eines Abends spät vor seinem Zelt steht, hört er wieder die Stimme Gottes, die sagt: „Schau zum Himmel. Siehst du, wieviel Sterne es gibt? Kannst du sie zählen? So groß wird das Volk werden, dessen Stammvater du sein wirst."

Hagar

Abraham und Sara werden alt, noch immer haben sie keinen Sohn. Sara glaubt schon lange nicht mehr, daß sie noch ein Kind bekommen wird. Auch Abraham beginnt zu zweifeln.
Damals war es möglich, daß ein Mann mehr als eine Frau heiraten konnte. Deshalb sagt Sara zu Abraham: „Wenn du Hagar heiratest, bekommt sie vielleicht ein Kind. Und weil Hagar meine Sklavin ist, wird das Kind dann auch von mir sein."

Abraham hört auf den Rat Saras und heiratet Hagar. Die arme Sklavin wird nun die Frau eines reichen Mannes. Darauf ist sie stolz. Und als sie merkt, daß sie ein Kind bekommen wird, denkt sie: Wenn ich einen Sohn bekomme, wird er später Herr über alle Knechte und Tiere Abrahams sein. Sie befolgt nicht mehr alle Anweisungen Saras. Eines Tages, als sie Wasser vom Brunnen holen soll, bleibt sie stehen und unterhält sich lange mit den anderen Frauen am Brunnen. Mit dem Krug auf dem Kopf geht sie langsam zurück. Sie sieht, daß Sara auf sie wartet, aber sie geht keinen Schritt schneller.
„Warum bleibst du so lange weg?" fragt Sara zornig.
Hagar setzt den Krug auf die Erde. Sie sieht Sara an und sagt mit hocherhobenem Kopf: „Ich bekomme ein Kind!"
Sara sollte sich darüber freuen. Aber als Sara sieht, wie hochmütig Hagar nun ist, wird sie zornig.
„Deshalb mußt du trotzdem nicht so lange wegbleiben!" sagt sie mit scharfer Stimme. „Du mußt noch einen Krug Wasser holen! Komm dann schnell zurück!"
„Es ist schon zu warm, um noch Wasser zu holen!" protestiert Hagar.
„Wirst du auch noch frech?" Du bist und bleibst meine Sklavin, merke dir das gut!" sagt Sara.
Schmollend geht Hagar wieder zum Brunnen. Sara ist neidisch, weil sie kein Kind hat, denkt Hagar. Sie will mich fühlen lassen, daß sie über mich bestimmen kann.
In den folgenden Wochen wird es immer schlimmer. Sara verhält sich so gemein, daß Hagar es nicht mehr ertragen kann. Eines Abends denkt Hagar: Ich bleibe hier nicht länger!
Ganz früh am Morgen, noch bevor es hell wird, schleicht sie sich aus ihrem

Zelt und flüchtet in die Wüste, nur weg von Sara. Sie will nach Ägypten zurück, in das Land, aus dem sie herstammt.

Stundenlang läuft sie durch die Wüste, bis sie zu einem Brunnen kommt, wo sie frisches Wasser trinken kann. Hier will sie ausruhen. Sie ist todmüde, und die Sonne steht schon hoch am Himmel.

Sie hatte gehofft, unterwegs andere Reisende zu treffen, um mit ihnen weiterzuziehen. Aber sie sieht niemanden. Kann sie allein den Weg durch die Wüste finden? Oder wird sie vor Hunger und Durst sterben?

Sie fühlt, daß sich das Kind in ihrem Bauch bewegt. Soll sie zurückgehen? Dann kann ihr Kind dort auf die Welt kommen. Sie ist so müde! Und es ist so warm! Sie legt sich in den Schatten eines Strauches und schläft ein. Im Traum sieht sie einen Engel, der sie fragt: „Hagar, woher kommst du und wohin willst du?"

Sie sagt: „Ich bin vor Sara geflüchtet. Ich bin ihre Sklavin und wurde von ihr schlecht behandelt."

„Du wirst die Mutter einer großen Familie werden", sagt der Engel. „Du wirst einen Sohn bekommen und ihn Ismael nennen, denn Gott hat deine Klage gehört."

Hagar öffnet ihre Augen. Der Engel ist verschwunden, aber sie glaubt, daß der Gott Abrahams durch einen Engel zu ihr gesprochen hat. Sie ruft: „Gott, der mich hört, so werde ich dich nennen, denn du hast mich in meinem Kummer gehört." Dann steht sie auf und geht zurück zu Abraham und Sara.

Einige Monate später wird ihr Sohn geboren. Er bekommt den Namen Ismael. Der Name bedeutet „Gott hört".

Die Geburt Isaaks

Eines Mittags sitzt Abraham vor seinem Zelt im Schatten einer großen Eiche. Es ist die Zeit der größten Tageshitze, und Abraham schläft ein wenig ein.
Als er seine Augen wieder öffnet, stehen plötzlich drei Männer vor ihm. Es sind Fremde.
Abraham steht auf und sagt: „Euch wird warm sein und müde werdet ihr auch sein. Setzt euch in den Schatten dieses Baumes. Ich werde schnell Wasser holen lassen, damit ihr eure Füße waschen könnt. Ich werde für Brot sorgen, dann könnt ihr essen, bevor ihr weiterzieht."
Es geschieht nicht oft, daß Leute vorbeikommen, und deshalb ist Abraham froh, Besuch zu haben. Er gibt seinen Gästen nicht nur Brot, wie er gesagt hat: Er läßt ein Festmahl herrichten.
Schnell läuft er zu Saras Zelt und sagt: „Back aus dem besten Mehl ein paar Brote für unsere Gäste!"
Ein Knecht erhält den Auftrag, ein leckeres Stück Fleisch zu braten. Als es fertig ist, bringt Abraham es selbst zu den Gästen, dazu Butter und Milch. Während sie essen, bleibt er bei ihnen unter dem Baum. Er fragt sie, ob es ihnen gut schmeckt und ob sie noch etwas brauchen.
Sara bleibt im Zelt, so wie das alle Frauen damals taten, wenn ihr Mann Besuch hatte. Sie kann aber hören, was geredet wird, und sie späht auch ein wenig nach draußen, um zu sehen, was für Männer da bei Abraham zu Besuch sind.
Dann hört sie, daß die Männer Abraham fragen: „Wo ist deine Frau Sara?"
„Dort im Zelt", sagt Abraham erstaunt. Wie können die Männer wissen, daß seine Frau Sara heißt?
Sara ist nun noch neugieriger geworden. Vorsichtig läuft sie zum Zelteingang und lauscht gespannt. Dann sagt einer der Männer: „Innerhalb eines Jahres wird deine Frau Sara einen Sohn haben."
Sara denkt: Soll ich nun noch ein Kind kriegen, wo ich doch schon so alt bin? Da muß sie lachen. Aber dann hört sie dieselbe Stimme sagen: „Warum lacht Sara? Und warum sagt sie: Soll ich nun noch ein Kind bekommen, wo ich doch schon so alt bin? Ist für Gott denn etwas unmöglich? In einem Jahr wird Sara einen Sohn haben."
Sara erschrickt! Sie hat nicht laut gelacht oder gesprochen. Wie ist es

möglich, daß die Männer sie gehört haben? Sie sagt: „Ich habe nicht gelacht!" Dann hört sie die Worte: „Du hast wohl gelacht, Sara!" Danach gehen die Gäste. Abraham schaut ihnen nach und sagt: „Dies waren keine gewöhnlichen Leute, Sara. Das waren Boten Gottes!"
Ein Jahr später lachen Abraham und Sara vor Glück. Sie bekommen wirklich noch einen Sohn. Sie nennen ihn Isaak, das bedeutet: „der, der lacht".

Ismael

Hagar lacht nicht, als Isaak geboren wird. Sie weiß, daß Ismael später Herr über alle Leute und Tiere Abrahams werden wird.
Ismael ist zwar der Älteste, aber Isaak ist der Sohn Saras, der ersten Frau Abrahams. Es scheint so, als ob Abraham und Sara nur noch an Isaak denken.

Als Isaak nicht mehr gestillt werden muß, läßt Abraham ein Festmahl herrichten. Viele Gäste sind gekommen. Sara will ihnen zeigen, wie gut Isaak schon laufen kann, aber er fällt hin. Ismael sieht das und lacht ihn aus. Zornig schickt Sara ihn weg.

Nachdem alle Gäste gegangen sind, sagt Sara zu Abraham: „Ismael ist neidisch auf Isaak. Sag Hagar, daß sie mit ihrem Sohn verschwinden muß!" Erschrocken schaut Abraham Sara an: „Auch Ismael ist mein Sohn!" sagt er, „ich kann ihn doch nicht einfach wegschicken!"

Aber Sara besteht darauf. Sie sagt: „Wenn du stirbst, wird es Streit geben zwischen Isaak und Ismael. Dann will Ismael Herr sein!"

In dieser Nacht kann Abraham nicht einschlafen. Er geht nach draußen, um zu beten.

Als es hell zu werden beginnt, weckt er Hagar und Ismael. Er sagt: „Ismael, du sollst wie Isaak der Vater eines großen Volkes werden. Darum ist es besser, daß du mit Hagar eine neue Heimat suchst."

Abraham gibt ihnen Brot und einen Schlauch mit Wasser. Er legt seine Hand auf Ismaels Kopf und sagt: „Gott wird mit dir sein, mein Sohn."

Hagar sieht den Schmerz in Abrahams Augen, aber sie ist wütend. So weggeschickt zu werden! Sie nimmt Ismael an der Hand und sagt: „Komm, wir gehen!" Abraham schaut ihnen nach, bis sie in der Ferne verschwunden sind.

Hagar und Isamel ziehen durch die Wüste. Es wird immer wärmer. Und der Wasserschlauch ist leer, bevor sie zu einem Brunnen kommen. Sie sehen keine anderen Menschen und können nirgendwo Wasser finden. So irren sie durch die stille, leere Wüste, bis sie erschöpft unter einem Strauch niederfallen. Ismael ist totenbleich, er schreit: „Wasser … Ich habe solch einen Durst!"

Wird Ismael hier sterben? denkt Hagar. Ist es denn nicht wahr, daß Gott uns sieht und hört? Völlig verzweifelt ruft sie weinend: „O Gott, siehst du, daß wir hier vor Durst umkommen? Hörst du, wie mein Kind nach Wasser ruft? Oder läßt du uns auch im Stich?"

Dann hört Hagar den Engel Gottes sagen:

„Fürchte dich nicht, Hagar, denn Gott hat die Stimme des Jungen gehört. Steh auf, dein Sohn wird der Stammvater eines großen Volkes werden."

Hagar schaut auf und sieht einen Brunnen ganz in der Nähe. Sie schreit vor Überraschung und füllt den Schlauch mit Wasser. Damit geht sie zu Ismael und sagt: „Hier ist Wasser, mein Junge, du wirst leben. Abrahams Gott läßt uns nicht im Stich. Er wird dich zum Stammvater eines großen Volkes machen."

Rebekka

Isaak wird Hirte wie sein Vater. Zusammen mit den Knechten macht er sich jeden Morgen in der Frühe auf den Weg mit den Schafen und den Ziegen. Abends, wenn Isaak zurückkommt, sitzt Abraham unter der Eiche, um nach ihm Ausschau zu halten. Sara ist nicht mehr da, sie ist gestorben.
Ich werde auch nicht mehr lange leben, denkt Abraham, dann ist Isaak allein. Es wird Zeit, daß er heiratet.

Er läßt seinen alten treuen Knecht Eleasar zu sich kommen und sagt: „Geh ins Land Babylon, aus dem ich gekommen bin. Ich weiß nicht, ob mein Bruder Nahor noch lebt. Aber seine Kinder und Enkel wohnen noch bei der Stadt Haran. Wenn du dort ein kluges und schönes Mädchen siehst, das die Frau Isaaks werden will, dann nimm es mit."
Eleasar findet, daß dies ein schwieriger Auftrag ist. Er fragt: „Wenn das Mädchen nun nicht mit in dieses Land will, muß ich Isaak dann ins Land Babylon bringen?"
„O nein", sagt Abraham, „Gott hat gesagt, daß ich in diesem Land wohnen soll und daß er dieses Land meinen Enkeln geben wird, und darum muß Isaak hierbleiben."
Eleasar macht sich mit zehn Kamelen, die Essen und Getränke für die lange Reise tragen, auf den Weg. Er nimmt auch kostbare Geschenke für das Mädchen mit, das Isaak heiraten will: silberne und goldene Ringe, Ketten, Armbänder und schöne Kleider.
Nach einer langen Reise kommt er zu der Stadt Haran. Außerhalb der Stadtmauern ist ein Brunnen. Dort läßt er die Kamele lagern, damit sie sich ausruhen können. Es wird Abend. Aus der Stadt und der Umgebung kommen Frauen und Mädchen mit ihren Krügen zu dem Brunnen, um Wasser zu holen.
Aber wie kann Eleasar nun feststellen, welches Mädchen ein gute Frau für Isaak sein könnte? Er sagt: „O Gott, laß hier die Frau für Isaak herkommen. Ich werde ein Mädchen um Wasser bitten. Wenn es dann sagt: ‚Trink, und ich werde auch deinen Kamelen Wasser geben', laß das das Zeichen sein, daß es das richtige Mädchen ist."
Ein wenig später sieht Eleasar ein Mädchen mit einem Krug auf der Schulter ankommen. Es schaut neugierig zu dem Fremden herüber und geht mit einem Krug zum Brunnen. Mit dem vollen Krug kommt es wieder zurück.

Eleasar läuft zu dem Mädchen und fragt: „Darf ich ein wenig aus deinem Wasserkrug trinken?"

Das Mädchen sagt freundlich: „Trink!" Es nimmt den Krug von der Schulter und gibt ihm zu trinken.

„Ich werde auch für deine Kamele Wasser holen", sagt es. Schnell gießt es das Wasser in die Tränke der Tiere und läuft hinunter, um erneut Wasser zu holen.

Kamele können lange Zeit ohne Wasser durch die Wüste laufen. Aber wenn sie trinken, trinken sie das Wasser kübelweise. Um zehn Kamelen Wasser zu geben, muß das Mädchen sehr oft mit dem Krug hin und zurück laufen. Es wird davon müde, und ihm wird auch ganz heiß, aber es macht weiter, bis alle Kamele genug getrunken haben.

Eleasar sitzt schweigend da und schaut dem Mädchen zu, während es so beschäftigt ist. Er denkt: Das ist eine gute Frau für Isaak.

Als es zum letzten Mal den Krug gefüllt hat, um damit nach Hause zu gehen, geht Eleasar zu ihm. In seinen Händen hat er einen goldenen Ring und goldene Armbänder. Erstaunt schaut das Mädchen auf den schönen Schmuck. Als Eleasar ihm den Schmuck gibt, fangen die Augen des Mädchens zu glänzen an. „Wie schön!" sagt es.

„Wie heißt du, und wessen Tochter bist du?" fragt Eleasar. „Ich bin Rebekka", sagt das Mädchen, „mein Vater heißt Betuel, und mein Großvater hieß Nahor."

Wie glücklich ist Eleasar, als er das hört! Rebekka ist also eine Enkelin von Abrahams Bruder. „Ist im Haus deines Vaters Platz genug, daß ich darin übernachten kann?" fragt er.

„Ja", sagt Rebekka, „und wir haben genug Stroh und Futter für deine Kamele". Dann dreht sie sich um und läuft schnell nach Hause, um den schönen Schmuck zu zeigen.

Als ihr Bruder hört, von wem sie den bekommen hat, läuft er Eleasar schnell entgegen. „Ich bin Laban, der Bruder Rebekkas", sagt er, „komm doch mit zu unserem Haus!"

Eleasar wird von den Eltern Rebekkas herzlich empfangen. Es wird eine leckere Mahlzeit für ihn zubereitet. Aber Eleasar sagt: „Ich will erst berichten, warum ich gekommen bin. Ich bin der Knecht Abrahams!"

Der Vater Rebekkas ruft erstaunt: „Abraham, der Bruder Nahors? Lebt er noch? Erzähl doch, wie es ihm geht!"

„Gott hat gut für Abraham gesorgt", sagt Eleasar. „Er ist reich geworden. Und als Abraham und Sara schon alt waren, haben sie noch einen Sohn bekommen. Nun hat Abraham mich hierher geschickt, um eine Frau für seinen Sohn Isaak zu suchen. Und Gott hat mir geholfen, die richtige Frau zu finden."

Während Eleasar dies sagt, schaut er Rebekka an, die ihm aufgeregt zuhört. „Nun möchte ich dich bitten, Rebekka mit mir gehen zu lassen, um Isaak zu heiraten", sagt Eleasar.

Es ist ganz still. Jeder schaut nun auf Rebekka, die gespannt auf die Antwort ihres Vaters wartet. Er sagt: „Wir glauben, daß Gott es so will. Nimm Rebekka also mit und laß sie Isaaks Frau werden."

Aber als Eleasar schon am nächsten Tag mit Rebekka fortziehen will, sagt ihre Mutter: „Laß sie noch etwa zehn Tage bei uns bleiben."

„Das geht nicht", sagt Eleasar, „ich muß so schnell wie möglich wieder zurück."

„Dann soll Rebekka selbst entscheiden, ob sie sofort mitgehen will", sagen ihre Eltern.

Rebekka sagt: „Ja, ich will gehen!" Und sie nimmt Abschied von ihren Eltern und der übrigen Familie. Alle umarmen sie und wünschen ihr Glück.

Auf ihrem Kamel zieht Rebekka auf demselben Weg, auf dem auch Abraham und Sara gezogen sind. Ihr wird die Reise doch sehr lang, und sie ist froh, als sie endlich in das Land Abrahams und Isaaks kommen.

„Nun sehe ich den Mann, den ich heiraten werde", denkt sie, „wird er wirklich so schön und klug sein, wie Eleasar mir berichtet hat?"

Plötzlich läßt sie ihr Kamel halt machen. „Wer ist der Mann dort, der uns auf dem Feld entgegenläuft?" fragt sie.

„Das ist Isaak!" sagt Eleasar.

Rebekkas Herz schlägt schneller. Sie steigt vom Kamel und bedeckt ihr Gesicht mit einem Schleier. Isaak darf ihr Gesicht erst sehen, wenn er mit ihr verheiratet ist.

Eleasar berichtet Isaak, wer das Mädchen ist. Dann nimmt Isaak Rebekka an der Hand und bringt sie in das Zelt, das seiner Mutter gehörte. Und er heiratet sie. Sie lieben einander sehr und führen zusammen ein glückliches Leben.

Jakob und Esau

Als Abraham fühlt, daß er bald sterben wird, ruft er Isaak zu sich und sagt: „Gott hat mich gesegnet. Er ist gut zu mir gewesen. Ich durfte lange leben. Alles, was ich besitze, gebe ich nun dir. Aber das Allerbeste, das ich dir geben kann, ist der Segen, den ich von Gott bekommen habe."
Isaak kniet vor seinem Vater nieder. Abraham legt seine rechte Hand auf den Kopf Isaaks und sagt: „Gott möge gut für dich sorgen und dir Kinder schenken. Denn er hat gesagt, daß wir zu einem großen Volk werden sollen." Dann stirbt Abraham.
Isaak und Rebekka bleiben erst kinderlos. Aber nachdem sie schon viele Jahre verheiratet sind, bekommt Rebekka überraschend zwei Babys! Ein Zwillingspaar, zwei Jungen!
Zumeist ähneln Zwillinge sich sehr. Aber die Söhne von Isaak und Rebekka sehen ganz verschieden aus. Der erstgeborene Junge hat dickes, kräftiges rotes Haar und wird Esau genannt. Der andere Junge hat schwarzes Haar. Er bekommt den Namen Jakob. Der Unterschied zwischen den beiden Jungen wird noch größer, als sie heranwachsen. Esau bekommt auch an seinen Armen und am ganzen Körper rote Haare, während Jakob eine glatte Haut hat. Aber sie sehen nicht nur unterschiedlich aus, sie sind auch ganz verschieden.
Sobald Jakob weit genug laufen kann, geht er abends zum Brunnen, wo die Hirten den Tieren Wasser geben. Er streichelt die kleinen Lämmer und Ziegen und bittet seinen Vater, ihm auch einige Tiere zu geben, für die er sorgen kann. Als er ein Lamm und eine kleine Ziege bekommt, ist er sehr glücklich. Jakob wird ein richtiger Hirte.
Esau ist ganz anders. Er zieht lieber durch Wälder und Felder. Als er größer wird, nimmt er Pfeil und Bogen und geht auf Jagd. Er liebt das gebratene Fleisch wilder Tiere. Auch seinem Vater Isaak schmeckt das gut. Esau wird ein großer Jäger.
Rebekka stört es, daß Esau immer weg ist. Von Jakob hat sie mehr. Am Abend bleibt er immer im Zeltlager und hört gern die Erzählungen Isaaks über seinen Großvater Abraham, der aus dem Land Babylon fortgezogen ist. Dann erzählt Rebekka, daß sie auch dort, in der Nähe der Stadt Haran, gewohnt hat und daß sie die gleiche Reise gemacht hat.
Als Jakob hört, daß Abraham von Gott gesegnet worden ist, weil er der Stammvater eines großen Volkes werden soll, sagt er: „Ich werde immer gut

sorgen für alles und den Segen, den Abraham bekommen hat, später an meine Kinder weitergeben."

Aber Isaak sagt: „Esau ist zuerst geboren. Er hat also das Erstgeburtsrecht. Wenn ich sterbe, wird Esau Herr über alles, auch über dich."

Da erschrickt Jakob. „Aber Esau will überhaupt kein Hirte werden", sagt er.

„Ja", sagt Rebekka besorgt, „ich finde es auch schade, daß du nicht zuerst geboren worden bist. Du könntest deinem Vater viel besser nachfolgen."

Erstgeburtsrecht und Segen

Eines Tages hat Jakob Linsen gepflückt. Das sind rotbraune Erbsen. Daraus kocht er mit viel Gewürzen eine leckere dicke Suppe. Er sitzt vor seinem Zelt und rührt im Topf, der über dem Feuer hängt.

Da kommt Esau. Der ist den ganzen Tag auf der Jagd gewesen und kommt todmüde und hungrig zurück. Er riecht die Linsensuppe und geht direkt darauf zu.

„He, Jakob!" ruft er. „Ich komme um vor Hunger. Gib mir doch was von deiner roten Suppe."

Jakob sagt: „Du kannst den ganzen Topf mit Suppe haben, wenn du mir das Erstgeburtsrecht überläßt."

„Ach, was kümmert mich das Erstgeburtsrecht!" sagt Esau. „Gib mir rasch die Suppe, dann kannst du das Erstgeburtsrecht haben." Gierig ißt er.

So verkauft Esau sein Erstgeburtsrecht für einen Teller Suppe. Jakob freut sich darüber und geht sofort zu seiner Mutter, um es ihr zu erzählen.

Esau hat dies alles längst vergessen, als er eines Tages zu seinem Vater kommen soll.

Isaak sagt: „Esau, ich werde alt und blind. Vielleicht lebe ich nicht mehr lange. Darum will ich dir meinen Segen geben. Geh auf die Jagd, und wenn du ein Stück Wild erlegt hast, mach daraus eine leckere Mahlzeit für mich. Wenn ich davon gegessen und Kraft bekommen habe, will ich dich segnen."

„Gut, Vater", sagt Esau. Er füllt seinen Köcher mit Pfeilen, hängt den Bogen über seine Schulter und geht in die Wälder.

Rebekka hat gehört, was Isaak gesagt hat. Sie denkt: Jakob hat nun das Erstgeburtsrecht, also muß er auch den Segen bekommen.

Schnell läuft sie zu Jakob und erzählt ihm, was sie gehört hat. „Aber ich habe einen Plan. Laß einen Ziegenbock schlachten. Dann bereite ich daraus eine Fleischmahlzeit, wie sie dein Vater gern mag. Wenn du ihm die Mahlzeit bringst, denkt er, daß du Esau bist, und wird dir den Segen geben."

Aber Jakob sagt: „Vater kann mich nicht sehen, aber er kann wohl fühlen, daß ich nicht Esau bin. Esau hat so viele Haaare auf seiner Haut!"

„Da wird mir schon etwas einfallen", sagt Rebekka. Während sie das Fleisch braten läßt, holt sie Kleider Esaus und gibt sie Jakob. Nachdem Jakob diese Kleider angezogen hat, legt Rebekka ein Stück Fell des geschlachteten Ziegenbockes um seine Arme und seinen Hals.

So geht Jakob mit einer Schale gebratenen Fleisches zu seinem Vater und sagt: „Hier bin ich, Vater!"
„Welcher meiner Söhne bist du?" fragt Isaak, der auf seinem Bett liegt.
„Ich bin Esau", sagt Jakob, „ich habe getan, was du gesagt hast. Setz dich, mein Vater, und iß von diesem Fleischgericht, damit du mir danach den Segen geben kannst."
„Wie schnell du zurückgekommen bist!" sagt Isaak. „Komm doch näher heran, damit ich fühlen kann, ob du wirklich Esau bist."
Isaak streicht mit seinen Fingern über Jakobs Arme und sagt: „Deine Stimme ist die Stimme Jakobs, aber deine Arme sind die Esaus. Bist du wirklich Esau?"

„Ja, Vater", sagt Jakob.
„Setz die Schale ganz dicht neben mich, damit ich essen kann", sagt Isaak.
Nachdem Isaak gegessen hat, kniet Jakob vor seinem Vater nieder. Die Kleider, die er trägt, riechen nach den Feldern, die Esau immer durchstreift. Als Isaak den Geruch wahrnimmt, zweifelt er nicht mehr und ist überzeugt, daß Esau bei ihm ist.
Er legt die Hände auf Jakobs Kopf und spricht den Segen.
Danach legt er sich ermüdet wieder hin.
Jakob steht auf und läuft schnell aus dem Zelt seines Vaters. Er ist kaum draußen, da kommt Esau mit einem Tier, das er erlegt hat, von der Jagd zurück. Er brät das Fleisch und bringt es seinem Vater.
„Iß, Vater", sagt er, „dann kannst du mich segnen."
Isaak, der eingeschlafen war, wacht erschrocken auf und fragt: „Wer bist du?"
„Ich bin dein erstgeborener Sohn Esau!" hört Isaak sagen.
„Aber wer hat mir dann gerade gebratenes Fleisch gebracht?" fragt er besorgt. „Das habe ich gegessen, bevor du kamst, und dem, der es gebracht hat, habe ich den Segen gegeben."
Esau begreift, daß sein Bruder vor ihm da war.
Er schreit vor Wut: „Erst hat Jakob mir das Erstgeburtsrecht abgeluchst, und dann hat er mir auch noch den Segen genommen!"
Und während er voller Zorn zu seinem Zelt läuft, spricht er laut zu sich selbst: „Ich kriege Jakob noch. Wenn Vater gestorben ist, werde ich ihn ermorden!"
Einige Leute im Zeltlager hören, was Esau sagt. Sie berichten Rebekka, was Esau plant.
„Das darf nicht geschehen", denkt Rebekka und läßt Jakob sofort zu sich kommen. „Esau will dich töten!" sagt sie. „Du mußt flüchten. Geh zu meinem Bruder Laban, der im Land Babylon in der Stadt Haran lebt. Bleib dort, bis Esau nicht mehr so wütend ist."
Hastig macht Jakob sich für die Reise fertig. Er füllt einen ledernen Schlauch mit Wasser. Rebekka gibt ihm Brot mit für die Reise und erklärt ihm, auf welchen Wegen er nach Haran kommt.
So flüchtet Jakob. Fort von seinem Bruder Esau, fort von Vater und Mutter. Fort von den Tieren, für die er immer gesorgt hat. Fort vom Acker, auf dem er gearbeitet hat.
Er läuft, so schnell es geht, und dreht sich nur ab und zu einmal um. Er hat Angst, daß Esau ihn verfolgt, und deshalb läuft er weiter, bis es dunkel ist. Nun kann Esau ihn nicht mehr finden. Todmüde sucht er sich einen

geschützten Platz und legt sich auf den Boden, den Kopf auf einen Stein. Da liegt Jakob ganz allein. Er schaut hinauf zum Himmel mit all den Tausenden Sternen. Er weiß, daß er seinem Vater großen Kummer gemacht hat. Und sein Bruder ist so zornig, daß er ihn töten will. Seine Mutter kann ihm nun nicht mehr helfen. Von wem kann er noch Hilfe erwarten? Voller Sorgen schläft Jakob ein.

Er träumt, daß dicht bei ihm eine Leiter steht, die bis zum Himmel reicht. Und auf der Leiter bewegen sich Engel hinauf und hinab. Dann hört Jakob die Stimme Gottes, die sagt: „Das Land, auf dem du liegst, will ich dir und deinen Kindern und Enkeln geben. Ich werde bei dir sein und dich beschützen, wohin du auch gehst. Und ich werde dich in dieses Land zurückbringen."

Jakob erwacht und sieht sich um. Die Leiter mit den Engeln sieht er nicht mehr. Es ist noch immer dunkel, aber nun weiß er: Ich bin nicht allein. Gott ist bei mir. Er wird mir helfen.

Als es hell wird, nimmt Jakob den Stein, auf den er seinen Kopf gelegt hatte, und stellt ihn auf. Durch den aufrecht stehenden Stein wird er später die Stelle wiederfinden, an der er solch einen schönen Traum hatte. Danach geht Jakob weiter auf seinem Weg zu seinem Onkel Laban in Haran.

Jakob im Land Babylon

Jakob ist schon lange unterwegs, als er in der Ferne eine Stadt sieht. Außerhalb der Stadt haben sich einige Hirten mit ihren Herden an einem Brunnen niedergelassen.
Jakob geht auf sie zu und fragt: „Ist das die Stadt Haran?"
Die Hirten nicken und schauen ihn neugierig an.
„Oh, dort wohnt mein Onkel Laban!" sagt Jakob froh. „Kennt ihr ihn?"
„Ja", sagen die Hirten, „schau, da kommt gerade seine Tochter Rahel mit den Ziegen und Schafen Labans."
„Hier hat mein Großvater Abraham gewohnt", erzählt Jakob, „und meine Mutter stammt auch von hier." Und er denkt: Das ist der Brunnen, wo Rebekka Eleasar und seinen Kamelen Wasser gegeben hat.
Ein großer Stein liegt auf dem Brunnen.
„Warum nehmt ihr den Stein nicht herunter, um den Tieren Wasser zu geben?" fragt Jakob verwundert die Hirten.
„Der Stein ist sehr schwer", sagen sie, „wir warten noch auf andere Hirten, dann schaffen wir es zusammen."
Jakob schaut auf das Mädchen, das nun mit den Tieren ganz nah am Brunnen ist. Er denkt: Wie schön sie ist! Dann geht er zum Brunnen und schiebt den Stein mit aller Kraft vom Brunnen. Danach schöpft er Wasser und gießt es in die Tränken für die Tiere Rahels.

Die bleibt erstaunt stehen und sieht ihn voller Verwunderung an. Als die Tiere genug getrunken haben, schaut Jakob Rahel an und sagt: „Ich gehöre zu deiner Familie. Ich bin Jakob, der Sohn von Rebekka."
„Von Rebekka, der Schwester meines Vaters?" ruft Rahel überrascht aus. „Das werde ich gleich meinem Vater berichten." So schnell wie möglich treibt sie ihre Tiere zusammen und geht nach Hause.
„Ein Sohn von Rebekka ist am Brunnen!" ruft sie. „Wie stark der ist! Er hat ganz allein den Stein vom Brunnen geschoben!"
Als Laban das hört, läuft er Jakob entgegen. Er umarmt ihn und sagt: „Sei willkommen in meinem Haus!"
Jakob arbeitet für seinen Onkel. Und als Laban sieht, daß Jakob ein guter Hirte ist, wünscht er sich, daß Jakob bei ihm bleibt.
„Du brauchst nicht umsonst zu arbeiten", sagt er nach einem Monat zu Jakob, „sag einfach, was du verdienen willst?"
Jakob hat sich in Rahel verliebt. Er sagt: „Ich will sieben Jahre für dich arbeiten, wenn ich Rahel heiraten darf."
Laban findet das gut. „Das ist also abgemacht", sagt er.
Sieben Jahre sind eine lange Zeit, aber Jakob sieht Rahel jeden Tag und wird immer verliebter in sie.
Endlich ist es soweit. Laban läßt ein Festmahl herrichten, zu dem er Freunde einlädt. Es wird viel gegessen und getrunken, aber Rahel sitzt nicht an der Festtafel. Erst als das Fest zu Ende ist, und es schon dunkel ist, wird das Mädchen zu Jakobs Zelt gebracht. Es trägt ein schönes Kleid und einen Schleier vor dem Gesicht. Die Familie und die Freunde Labans sehen, daß das Mädchen in Jakobs Zelt geht. Dann sind sie verheiratet.
Als Jakob am nächsten Morgen erwacht, ist es hell. Nun hat Rahel keinen Schleier mehr vor ihrem Gesicht. Jakob sieht sie an, aber... das ist nicht Rahel! Es ist ihre Schwester Lea. Er ist mit Lea verheiratet! Wütend läuft Jakob aus dem Zelt und geht zu seinem Onkel. „Warum hast du mich betrogen?" ruft er. „Ich habe doch sieben Jahre wegen Rahel für dich gearbeitet?"
„Lea ist meine älteste Tochter, und hier ist es Brauch, daß erst die älteste heiratet", sagt Laban. „Wenn du noch einmal sieben Jahre für mich arbeitest, darfst du auch Rahel heiraten."
Das tut Jakob. Nach einer Woche heiratet er auch Rahel und arbeitet dann noch sieben Jahre für seinen Onkel.

Jakob liebt Rahel am meisten. Dennoch wird Rahel eifersüchtig auf Lea. Lea bekommt viele Kinder. Rahel nicht. Jakob hat bereits zehn Söhne und eine Tochter, als Rahel endlich ein Baby bekommt. Es ist ein Junge, und sie nennt ihn Josef. Rahel und Jakob sind sehr glücklich. Jakob ist nun Vater von elf Söhnen und einer Tochter.

Jakob geht zurück

Jakob arbeitet auch noch sechs Jahre bei Laban für eine eigene Herde. Aber die ganze Zeit weiß Jakob, daß er nicht in Haran bleiben kann. Er hat ja den Segen bekommen! Was mit Abraham begonnen wurde, muß mit Jakob weitergehen. Darum geht er eines Tages mit Rahel und Lea, seinen Kindern und seinen Tieren zurück nach Kanaan. Auch seine Knechte mit ihren Frauen und Kindern gehen mit.

Als Flüchtling ist Jakob gekommen, als Herdenführer, auf einem Kamel reitend, kehrt er zurück. Er macht nun dieselbe Reise wie sein Großvater Abraham, von Haran nach Kanaan. Auch seine Mutter Rebekka hat mit Eleasar diese lange Reise gemacht, um Isaak zu heiraten. Jakob sehnt sich danach, seine Eltern wiederzusehen. Werden sie noch am Leben sein? Und wird Esau noch zornig auf ihn sein? Jakob schickt zunächst einige Knechte auf Kamelen mit folgendem Auftrag voraus: „Sucht meinen Bruder Esau. Berichtet ihm, daß ich zurückkomme und daß ich mich wieder mit ihm vertragen will."

Als die Knechte zurückkommen, sagen sie: „Wir sind bei deinem Bruder Esau gewesen. Er kommt euch mit 400 Männern entgegen."

Jakob erschrickt. Plant Esau, ihn zu überfallen, und will er seinen Kindern Gewalt antun? Jakob teilt seine Leute und seine Tiere in zwei Gruppen auf, denn er denkt: „Wenn Esau die eine Gruppe angreift, dann kann die andere in der Zwischenzeit fliehen." Und er sagt: „O Gott, ich habe Angst vor meinem Bruder. Willst du mir helfen?"

In dieser Nacht träumt Jakob, daß ein Mann mit ihm kämpft. Ist es Esau? Oder ist es ein Engel? Nach einem längeren Kampf sagt er: „Du sollst nicht mehr Jakob heißen. Dein Name soll Israel sein. Denn du hast mutig gekämpft." Durch diesen Traum bekommt Jakob neuen Mut. Er denkt: „Bevor Esau mich sieht, muß er wissen, daß ich Frieden mit ihm schließen will."

Sobald es hell wird, sucht er aus seiner Herde eine große Zahl von Ziegen, Schafen, Kühen und Kamelen aus. Die will er seinem Bruder schenken. Er gibt einigen Knechten den Auftrag, mit diesen Tieren vorauszuziehen, Esau entgegen. Aber nicht mit der ganzen Herde. Die Tiere sollen in mehreren Herden zu Esau kommen. Erst eine Herde Kamele, dann eine Herde Kühe, dann eine Herde Ziegen und schließlich eine Herde Schafe.

Zum Knecht, der mit den Kamelen vorausgeht, sagt Jakob: „Wenn du meinen Bruder siehst, sollst du sagen: Diese Tiere sind ein Geschenk Jakobs. Der Knecht, der danach mit den Kühen kommt, soll ebenfalls sagen: Diese Tiere sind ein Geschenk Jakobs. Und so auch der dritte und vierte Knecht."

Wenn Esau kurz nacheinander vier große Geschenke von mir bekommt, kann er nicht mehr zornig sein, wenn er mich wiedersieht, denkt Jakob. Dennoch hat er noch immer Angst vor der Begegnung mit seinem Bruder. Da sieht er schon eine große Gruppe Männer auf Kamelen ankommen. An der Spitze reitet ein großer Mann mit einem roten Bart. Das muß Esau sein. Jakob steigt von seinem Kamel herab und läuft seinem Bruder langsam entgegen. Dabei hält er siebenmal an und beugt sich siebenmal so tief hinunter, daß sein Kopf den Boden berührt.

Aber als Esau seinen Bruder sieht, läuft er schnell auf ihn zu und umarmt ihn. Jakob sieht an Esaus Gesicht, daß er nicht mehr zornig ist. Die Tränen laufen ihm über die Wangen. Auch Jakob muß weinen. Nach zwanzig Jahren sehen sie einander endlich wieder. „Was wolltest du mit all den Tieren, die mir entgegenkamen?" fragt Esau.

„Die will ich dir zum Geschenk machen, um alles zwischen uns wieder gutzumachen", sagt Jakob. „Ach Jakob", sagt Esau, „ich hab schon soviel. Was dein ist soll dein bleiben."

Aber Jakob sagt: „Nein Esau, wenn du wirklich nicht mehr zornig bist, dann nimm meine Geschenke an. Gott ist gut zu mir gewesen, und ich behalte noch viel übrig."

Schließlich nimmt Esau die Geschenke an. Danach nehmen die Brüder als gute Freunde Abschied, und jeder geht wieder seinen eigenen Weg.

Seine Mutter Rebekka ist schon gestorben, aber Jakob kommt noch rechtzeitig, um seinen Vater wiederzusehen. Kurz danach stirbt auch Isaak. Jakob läßt sich im Land Kanaan nieder.

Josef, der Träumer

„Josef ist anders als seine zehn älteren Brüder", sagt Lea zu Jakob. „Schau ihn an, wie er dort unter dem Baum sitzt, statt zu arbeiten. Er träumt wieder. Warum sagst du ihm nicht, daß er an die Arbeit gehen soll? Du hast Josef verwöhnt, Jakob!"
„Mach dir doch keine Sorgen um Josef", sagt Jakob, „er ist noch jung. Aber er denkt schon gut über alles nach."
Jakob liebt Josef sehr. Er ist der erste Sohn Rahels, und Rahel liebte Jakob auch sehr. Aber Rahel ist gestorben, nachdem ihr zweiter Sohn Benjamin geboren wurde.
Lea sorgte gut für alle Kinder, auch für Josef und seinen kleinen Bruder Benjamin, aber Josef vermißte seine Mutter. Darum war er gern bei seinem Vater. Er fragte dann, ob Jakob nicht von früher erzählen will, als Jakob vor seinem Bruder Esau ins Land Babylon geflüchtet war, wo Rahel und Lea wohnten. Auch wollte Josef immer wieder Geschichten über seine Großeltern Isaak und Rebekka hören. Und über Abraham und Sara, die als erste aus dem Land Babylon fortgezogen waren.
Als Josef größer wird, muß er mit seinen Brüdern Schafe hüten. Abends erzählt er seinem Vater dann, was alles passiert ist, und auch, daß seine Brüder nicht immer gut für die Schafe sorgen. Dann werden seine Brüder von ihrem Vater bestraft. Die werden deshalb böse auf Josef. „Warte ab", sagen sie, „wir kriegen dich noch!"
Als Josef siebzehn Jahre alt ist, schenkt Jakob ihm einen schönen bunten Mantel. Er sieht mit all den schönen Farben wie ein Königsmantel aus. Josef ist glücklich darüber und läuft stolz damit herum.
Seine Brüder sind neidisch. Sie haben nie einen so schönen Mantel von ihrem Vater bekommen. Sie haben nur grobe Hirtenmäntel. Sie können Josef nun überhaupt nicht mehr ausstehen.

Eine Woche später mäht Josef mit seinen Brüdern Korn. Sie binden die abgemähten Halme zu Garben zusammen und stellen sie aneinander, damit sie trocknen. Es stehen viele Garben zusammen, als sie sich hinsetzen, um was zu essen. Die Brüder unterhalten sich, aber niemand sagt etwas zu Josef. Der schaut still vor sich hin. Er denkt an den Traum, den er gehabt hat.

„Hört einmal", sagt er, "in meinem Traum heute nacht waren wir auch dabei, Garben zu binden. Auf einmal stand meine Garbe auf. Eure Garben kamen dazu und verbeugten sich vor meiner Garbe."

Die Brüder beginnen laut zu lachen. Sie sagen: "Du bist ein Angeber! Du denkst bestimmt, daß du König über uns werden wirst, weil du so einen schönen Mantel bekommen hast." Um Josef fühlen zu lassen, daß er nichts Besonderes ist, reden sie den ganzen Tag nicht mit ihm.

In dieser Nacht hat Josef wieder einen Traum. Er wagt es zunächst nicht, ihn seinen Brüdern zu erzählen. Aber am Abend, als sie zu Hause beim Essen sitzen und sein Vater dabei ist, kann er sich doch nicht zurückhalten. Er erzählt: „Ich träumte heute nacht, daß sich die Sonne, der Mond und elf Sterne vor mir verneigten."

Jakob schaut Josef erstaunt an. „Was ist das für ein seltsamer Traum", sagt er streng, „denkst du, daß ich, deine Mutter und deine Brüder sich vor dir verneigen sollen?"

Die Brüder sagen nichts, aber sie schauen Josef sehr böse an.

Josef in Ägypten

Die Brüder Josefs sind schon ein paar Wochen mit den Schafen unterwegs, um sie in der Nähe einer Stadt, die Sichem heißt, grasen zu lassen. Jakob sagt zu Josef: „Geh nach Sichem und sieh nach, wie es deinen Brüdern und den Schafen geht!"

Josef zieht seinen schönen Mantel an und macht sich auf den Weg.

Seine Brüder sehen ihn schon von weitem kommen. „Da kommt Josef, der Träumer", sagen sie zueinander, „er kommt sicher, um zu sehen, ob wir unsere Arbeit ordentlich machen. Sollen wir uns den Angeber nicht schnell packen? Wollen wir ihn nicht erschlagen und in einen Brunnen werfen?"

„Nein", sagt Ruben, der Älteste. „Wir dürfen unseren Bruder nicht erschlagen! Werft ihn einfach in den ausgetrockneten Brunnen dort." Und er denkt: Wenn es dunkel ist, hole ich Josef wieder aus dem Brunnen. Dann bringe ich ihn zum Vater zurück.

Als Josef zu seinen Brüdern kommt, erschrickt er vor dem drohenden Blick in ihren Augen. Bevor er etwas sagen kann, ergreifen sie ihn und ziehen ihm seinen schönen Mantel aus.

„He, was fällt euch ein? Zehn gegen einen?" ruft Josef zornig. Er denkt, daß es allein um seinen Mantel geht und daß sie ihn ärgern wollen.

Aber sie schleppen ihn zu dem ausgetrockneten Brunnen und werfen ihn hinein. Dann setzen sie sich zum Essen nieder.

„Holt mich doch wieder heraus!" ruft Josef.

Seine Brüder tun so, als ob sie nichts hören. Aber Ruben findet, daß sie es zu schlimm getrieben haben. Er kann es nicht länger mitanhören und sagt. „Ich gehe mit meinen Schafen zu dem Brunnen weiter oben, der noch Wasser hat." Er denkt: Wenn meine Brüder gleich ihren Tieren Wasser geben, kann ich Josef aus dem Brunnen holen.

Ruben ist gerade weg, da kommen Männer auf Kamelen an. Es ist eine Karawane von Kaufleuten, die mit ihren schwer beladenen Kamelen auf dem Weg nach Ägypten sind.

Juda sagt: „Laßt uns Josef an diese Männer verkaufen. Dann sind wir ihn los und kriegen auch noch Geld dafür."

Die anderen finden den Plan gut. Sie ziehen Josef wieder aus dem Brunnen und verkaufen ihn für zwanzig Silberstücke. Dann wird Josef auf einem Kamel festgebunden und mit nach Ägypten genommen.

Als Ruben zurückkommt und in den Brunnen schaut, sieht er Josef nicht

mehr. Er erschrickt und fragt seine Brüder: „Was habt ihr mit ihm gemacht? Wo ist der Junge?"
„Auf dem Weg nach Ägypten", sagen sie, „mach dir keine Sorgen."
Auf Josefs Mantel schmieren sie Blut von einem Ziegenbock, den sie schlachten.
So lassen sie den Mantel von einem Knecht mit folgender Botschaft zum Vater bringen: „Dies haben wir am Weg gefunden. Ist das nicht der Mantel Josefs?"

Natürlich erkennt Jakob den Mantel. Er schreit vor Schreck: „O, mein Sohn Josef ist von einem wilden Tier getötet worden!" Tagelang weint er. Niemand kann ihn trösten.
Aber Josef lebt. Er bekommt genug zu essen und zu trinken von den Kaufleuten, denn sie wollen, daß er gesund aussieht. Dann können sie viel Geld für ihn bekommen. Josef ist nun ein Sklave, der wie ein Tier verkauft werden kann und nicht tun kann, was er will.
Nach einer langen Reise durch die Wüste wird Josef auf dem Sklavenmarkt in Ägypten an Potifar verkauft. Das ist ein reicher Mann. Er ist der Hauptmann der Palastwache des Königs. Potifar wohnt in einem schönen großen Haus. Dort muß Josef für ihn als Sklave arbeiten.
Aus seinen schönen Träumen ist nichts geworden. Niemand verneigt sich vor ihm. Er muß sich nun selbst vor Potifar verneigen, in einem fremden Land, wo eine fremde Sprache gesprochen wird. Aber weil Josef gut zuhört, lernt er in kurzer Zeit die ägyptische Sprache verstehen und sprechen. Und als Potifar sieht, daß er ein verständiger und kluger Junge ist, dem er vertrauen kann, läßt er Josef dafür sorgen, daß alle Arbeiten in seinem Haus von den Sklaven ordentlich erledigt werden.

Im Gefängnis

Weil Josef nun der Chef der anderen Sklaven ist, bekommt er von Potifar einen schönen Mantel. Deshalb sieht Josef nicht mehr aus wie ein Sklave. Josef ist nun ein schöner Mann. Das bemerkt auch die Frau Potifars und verliebt sich in Josef.

Potifar ist den ganzen Tag über im Palast des Königs. Seine Frau ist oft allein und langweilt sich manchmal. Eines Tages läßt sie Josef zu sich kommen und will mit ihm schlafen. Josef erschrickt . Er sagt: „Du bist die Frau Potifars. Er vertraut mir. Ich will ihn nicht betrügen!"

Die Frau wird böse, weil Josef nicht tut, was sie von ihm verlangt. Als Josef aus ihrem Zimmer laufen will, hält sie seinen Mantel fest. Aber Josef läßt ihr den Mantel und flieht schnell.

Sobald Potifar nach Hause kommt, zeigt seine Frau den Mantel Josefs und sagt: „Schau, dein gewalttätiger Sklave zog hier im Zimmer seinen Mantel aus. Er wollte mit mir schlafen. Aber als ich anfing zu schreien, ist er weggelaufen."

Potifar glaubt, was seine Frau ihm erzählt. Er wird schrecklich zornig auf Josef und läßt ihn sofort in das Gefängnis unterhalb des Königspalastes bringen. Da merkt Josef, daß er noch immer ein gewöhnlicher Sklave ist, der nichts zu sagen hat.

Tage und Nächte sitzt Josef nun in einer dunklen Zelle. Er sieht weder Sonne noch Mond oder Sterne. Er denkt an die Träume, die er zu Hause gehabt hatte, und an die Erzählungen seines Vaters. Wie Jakob vor seinem Bruder Esau flüchten mußte und was er unterwegs träumte.

Gott war mit seinem Vater Jakob, auch im Land Babylon. Josef glaubt, daß Gott auch hier im Gefängnis in Ägypten bei ihm ist. Und er hofft, daß er einmal wieder frei sein wird.

Der Gefängniswärter merkt, daß Josef ein kluger Mann ist, und er läßt ihn im Gefängnis arbeiten. Josef muß den anderen Gefangenen Brot und Wasser bringen. So kommt er auch zu zwei Männern, von denen der eine

Mundschenk, der andere Bäcker des Pharaos – das ist der ägyptische König – gewesen war. Der Mundschenk mußte dem Pharao immer den besten Wein einschenken, und der Bäcker mußte dafür sorgen, daß der Pharao besonders leckeres Brot bekam. Ihm durfte es an nichts fehlen. Eines Tages war etwas mit dem Wein und dem Brot nicht in Ordnung. Der Mundschenk und der Bäcker wurden beschuldigt, den König vergiften zu wollen. Darum sitzen sie nun im Gefängnis, aber Josef denkt: Vielleicht sind sie genauso unschuldig, wie ich es bin.

Als Josef ihnen eines Morgens Brot und Wasser bringt, bemerkt er, daß sie ganz verwirrt sind.

„Was ist los mit euch?" fragt er.

„Wir haben alle beide einen Traum gehabt, der uns angst macht", sagen sie.

„In meinem Traum sah ich eine Traubendolde", erzählt der Mundschenk, „und daran wuchsen drei prächtige reife Trauben. Ich hatte den Becher des Pharaos in meiner Hand. Darin preßte ich die Trauben aus und gab dem Pharao den Becher."

Josef denkt lange nach. Dann sagt er: „Daß ist ein schöner Traum. Innerhalb von drei Tagen wird man dich aus dem Gefängnis holen, und du wirst wieder den Wein für den Pharao einschenken. Willst du dann dem Pharao berichten, daß ich hier auch unschuldig im Gefängnis sitze?" Das verspricht der Mundschenk.

Dann erzählt der Bäcker: "Ich träumte, daß ich auf meinem Kopf drei Körbe mit Brot trug. Der oberste Korb war voll mit herrlichem Gebäck für den Pharao. Aber es kamen Vögel angeflogen, die den ganzen Korb leer fraßen."

Josef denkt wieder lange nach. Dann sagt er ernst: „Es tut mir leid für dich, aber ich fürchte, daß du in drei Tagen getötet werden wirst."

Es geschieht, was Josef vorausgesagt hat. Der Bäcker bekommt die Todesstrafe. Der Mundschenk kommt frei und darf für den Pharao wieder den Wein einschenken. Aber er denkt nicht mehr an Josef und vergißt, was er versprochen hat.

Die Träume des Pharao

Zwei Jahre vergehen. Dann wacht der Pharao eines Morgens unruhig auf. Er hat in dieser Nacht zweimal einen seltsamen Traum gehabt. Nun will er wissen, was die Träume bedeuten. Darum läßt er alle gelehrten und weisen Männer aus Ägypten zu sich kommen. Aber niemand kann dem Pharao erklären, was seine Träume bedeuten.

Als der Mundschenk das hört, denkt er auf einmal wieder an Josef. Und als er beim Pharao ist, um Wein einzuschenken, sagt er: „Ich kenne jemand, der gut Träume deuten kann. Als ich mit dem Bäcker im Gefängnis saß, hatten wir alle beide einen Traum. Ein anderer Gefangener hat uns erklärt, was unsere Träume bedeuten, und das ist dann auch eingetroffen. Der Bäcker bekam die Todesstrafe, aber ich kam frei und wurde wieder dein Mundschenk."

„Sitzt der Mann noch im Gefängnis?" fragt der Pharao. „Laßt ihn sofort zu mir bringen."

Josef erschrickt, als einige Soldaten des Pharao plötzlich kommen, um ihn abzuholen. Er denkt: „Werde ich nun genau wie der Bäcker getötet?" Nein, glücklicherweise nicht. Sie bringen ihn zum Palast, wo er rasiert wird und neue Kleider bekommt. Dann wird er zum Pharao gebracht.

Josef denkt, daß er einen schönen Traum hat. Er ist plötzlich nicht mehr in dem schrecklichen, dunklen Gefängnis und steht nun im prächtigen Königssaal des Palastes. Wie hell es dort ist!

Der Pharao sitzt auf seinem Thron. Als Josef vor ihm steht, sagt er: „Ich habe gehört, daß du Träume deuten kannst. Hör zu: In meinem Traum stand ich am Ufer des Flusses Nil. Plötzlich tauchten sieben schöne fette Kühe aus dem Wasser auf. Sie erklommen das Ufer und grasten. Etwas

später kamen noch einmal sieben Kühe aus dem Wasser, aber diesmal häßliche, magere Tiere. Ich habe noch nie so häßliche Kühe gesehen. Die sieben mageren Kühe fraßen die ersten sieben schönen, fetten Kühe auf. Aber sie blieben so mager, wie sie waren. Ich schreckte aus dem Schlaf, aber schlief dann wieder ein.
Dann hatte ich einen zweiten Traum. Ich stand in einem Kornfeld. Plötzlich sah ich, daß aus einem Halm sieben schöne volle Ähren wuchsen. Danach kamen aus einem Halm sieben häßliche, dünne Ähren. Die dünnen Ähren fraßen die dicken Ähren auf, aber sie blieben so dünn, wie sie waren."
Josef hat andächtig zugehört. Er denkt lange nach und sagt dann: „König, durch diesen Traum will Gott dich wissen lassen, was geschehen wird. Die sieben fetten Kühe und die sieben dicken Ähren bedeuten sieben gute Jahre. Es werden sieben Jahre kommen, in denen sehr viel Korn wachsen wird. Es wird auch genug Gras und Nahrung für die Kühe und die anderen Tiere da sein. Die sieben mageren Kühe und die sieben dünnen Ähren bedeuten sieben schlechte Jahre. Nach den sieben guten Jahren werden sieben Jahre kommen, in denen sehr wenig Regen fallen wird. Dadurch wird wenig Korn wachsen, auch für die Tiere wird zu wenig Futter da sein. Dann kann eine Hungersnot kommen."
Der Pharao schaut Josef erschrocken an. „Wird das wirklich passieren?" sagt er. „Kann ich etwas tun, um zu verhindern, daß Menschen und Tiere vor Hunger sterben werden?"
„Ja", sagt Josef, „du kannst einen klugen und weisen Mann suchen. Laß ihn dafür sorgen, daß in den sieben guten Jahren Korn für die sieben schlechten Jahre aufgesammelt wird. Dann wird das Volk keinen Hunger leiden."
Der Pharao sagt zu seinen Dienern: „Können wir jemanden finden, der so weise ist wie dieser Mann?"
Zu Josef sagt er: „Ich mache dich zum Unterkönig von Ägypten." Er streift seinen Siegelring vom Finger und steckt ihn an Josefs Finger. Dann läßt er einen schönen Mantel für Josef holen und hängt ihm eine goldene Kette um den Hals.
So läßt er Josef in einer schönen Pferdekutsche durch das Land fahren, während Diener vor ihm herlaufen und rufen: „Ehrfurcht! Ehrfurcht!" Alle Leute sehen nun, daß Josef der Unterkönig ist, und verbeugen sich vor ihm. Er sieht mit seinem glattrasierten Gesicht nun wie ein echter Ägypter aus. Niemand kann erkennen, daß er ein Fremder ist und daß er ein Sklave war in Ägypten.

Der weise Unterkönig

In Kanaan sitzt Jakob unter einem Baum. Er schaut besorgt auf seine spielenden Enkel. Sie sind sehr abgemagert. Lange Zeit haben sie nicht genug zu essen gehabt. Weil es zu wenig geregnet hat, sind die Felder ausgetrocknet und das Korn kann nicht wachsen.
Mit traurigem Gesicht kommen Jakobs Söhne zu ihm. Sie waren ausgezogen, um bei anderen Bauern Korn zu kaufen. Aber sie sind mit leeren Säcken zurückgekommen.
„Auch für viel Geld können wir kein Korn mehr kaufen", sagt Ruben, „überall herrscht Hungersnot."
„Heute habe ich von Kaufleuten gehört, daß es in Ägypten noch genug Korn gibt", sagt Jakob.
„Wie kann das sein?" fragt Simeon erstaunt. „In Ägypten haben sie auch schon einige Jahre schlechte Ernten, weil in ihrem Fluß Nil nicht genug Wasser kam."
„Die Kaufleute erzählen, daß in Ägypten ein weiser Unterkönig lebt", sagt Jakob, „der hat in den sieben Jahren, als es einen Überfluß an Korn gab, immer Korn sammeln lassen. In großen Speichern liegt nun ein riesiger Vorrat. Genug Korn für sieben Jahre. Denn der ägyptische Unterkönig hat gesagt, daß sieben schlechte Jahre kommen werden."
Juda springt auf und ruft: „Sieben Jahre? So lange halten wir das nicht mehr aus. Dann werden wir alle verhungern!"
„Ja", sagt Jakob, „deshalb müßt ihr nach Ägypten gehen. Kauft dort Korn für uns. Nur Benjamin soll hier bleiben."
Die zehn Brüder senken ihre Augen. Sie wissen genau, daß ihr Vater Angst hat, auch Benjamin zu verlieren, wo Josef schon nicht mehr da ist.
Am folgenden Tag machen sie sich mit ihren Eseln und leeren Säcken auf den Weg durch die Wüste. Als sie in Ägypten ankommen, gehen sie zum Palast des Unterkönigs. Denn sie haben gehört, daß er selbst das Korn verkauft. Er sitzt auf seinem Thron, als die zehn Brüder zu ihm gebracht werden.
„Hier sind zehn Männer aus Kanaan, die Korn kaufen wollen", sagt ein Diener.
Die Brüder verneigen sich tief vor dem Unterkönig. Sie erkennen nicht, daß es Josef ist, vor dem sie sich verbeugen. Josef erkennt sie und ist erschrocken, als seine Brüder, die ihn als Sklaven verkauft haben, so

plötzlich vor ihm stehen und sich vor ihm verneigen. Werden seine Träume über die Korngarben und die Sterne nun doch wahr?
Aber Josef läßt sich nichts anmerken. Er spricht zu seinen Brüdern in ägyptischer Sprache und läßt seine Worte für sie in ihre eigene Sprache übersetzen.
„Was wollt ihr hier?" fragt er streng. „Ihr seid bestimmt Spione, die hierher kommen, um auszukundschaften, wo ihr mit Soldaten in unser Land einfallen könnt, um uns zu berauben."
Die Brüder erschrecken. Warum hat der Unterkönig kein Vertrauen zu ihnen?
„Wir sind keine Spione", sagt Ruben, „wir sind ehrliche Männer. Söhne

eines Vaters. Wir sind nur gekommen, um Korn zu kaufen. Unsere Familien müssen sonst verhungern."

„Habt ihr noch weitere Brüder?" fragt der Unterkönig.

„Ja, wir waren zwölf Brüder. Unser jüngster Bruder ist zu Hause bei unserem Vater, und ein Bruder lebt nicht mehr."

„Ich traue euch nicht", sagt der Unterkönig und läßt sie ins Gefängnis werfen. Will Josef seine Brüder fühlen lassen, was es bedeutet, in einer dunklen Zelle zu sitzen?

Nach drei Tagen läßt Josef die Brüder wieder zu sich bringen. Wieder verneigen sie sich tief vor ihm.

Er sagt: "Ihr dürft mit Korn nach Hause gehen, aber ich will, daß euer jüngster Bruder zu mir gebracht wird. In der Zwischenzeit muß einer von euch hier im Gefängnis bleiben."

Josef zeigt auf Simeon. Soldaten fesseln ihn und bringen ihn weg.

Die Brüder schauen ihm erschrocken nach. Sie sagen zueinander: „Das ist die Strafe für das Böse, das wir Josef angetan haben."

Sie ahnen nicht, daß Josef sie verstehen kann. Sie sehen auch nicht, daß Josef Tränen in den Augen hat. Mit Säcken voll Korn auf ihren Eseln läßt er die neun Brüder nach Hause ziehen.

Ihre Frauen und Kinder haben schon tagelang nach ihnen Ausschau gehalten. Die Kinder sehen sie zuerst und fangen an zu jubeln: „Da kommen sie! Sie haben volle Säcke auf ihren Eseln! Nun brauchen wir nicht mehr zu hungern!"

Jakob kommt schnell nach draußen. Wie glücklich er ist! Aber dann sieht er, daß Ruben zwei Esel führt. Er zählt seine Söhne. Es sind nur neun. Simeon ist nicht dabei! „Wo ist Simeon?" fragt er besorgt. Ruben erzählt ihm alles, was geschehen ist. „Der Unterkönig dachte, daß wir Spione wären. Um ihm zu zeigen, daß wir die Wahrheit gesagt haben, müssen wir Benjamin zu ihm bringen. Dann kommt Simeon wieder frei."

Mit bebender Stimme sagt Jakob: „Ihr dürft Benjamin nicht mitnehmen. Sein Bruder Josef ist tot. Benjamin ist das einzige Kind von Rahel, das ich noch habe."

Als die Brüder die Säcke öffnen, sehen sie auf dem Korn das Geld, das sie für das Korn bezahlt haben. Wie kann das sein? Hat der Unterkönig es mit Absicht in die Säcke legen lassen, damit er sagen kann, daß sie Diebe seien, wenn sie zurückkämen?

Ich bin euer Bruder

Nach einigen Monaten ist das Korn fast aufgebraucht. „Meine Söhne, ihr müßt wieder nach Ägypten gehen", sagt Jakob, „sonst werden wird doch noch vor Hunger sterben."
„Vater, der Unterkönig hat deutlich gesagt, daß wir ohne Benjamin nicht zurückkommen dürfen", sagt Juda. „Laß ihn doch mit uns gehen. Ich werde aufpassen, daß ihm nichts geschieht."
Jakob seufzt. Er begreift, daß es nicht anders geht. „Nehmt doppelt soviel Geld mit", sagt er, „auch das Geld, das in den Säcken gelegen hat. Vielleicht war es ein Irrtum. Und nehmt auch Geschenke für den Unterkönig mit: den besten Honig und die leckersten Mandeln."
In Ägypten werden die Brüder nun ganz anders empfangen. Sie werden direkt zum Palast des Unterkönigs gebracht. Dort sehen sie Simeon wieder, der aus dem Gefängnis geholt worden ist. Sie bekommen Wasser, um ihre Füße zu waschen, und dürfen dann zum Unterkönig kommen. Zum dritten Mal verneigen sich die Brüder tief vor Josef. Auch Benjamin erkennt seinen Bruder nicht. Der fragt: „Wie geht es euerem alten Vater? Lebt er noch?" Die Brüder nicken.
„Ist dies euer jüngster Bruder?" fragt Josef und zeigt auf Benjamin. Er sieht, wie ehrfürchtig er zu ihm aufschaut. Er hat dieselben Augen wie Rahel, unsere Mutter, denkt Josef.
Dann dreht er sich plötzlich um und geht in ein Nebenzimmer. Niemand darf sehen, daß er weinen muß, als er Benjamin endlich wiedersieht. Sein Bruder Benjamin war noch ein kleiner Junge, als Josef verschleppt wurde. Die Brüder sind verwirrt und ängstlich zurückgeblieben. Was wird nun mit ihnen geschehen? Aber dann werden sie in den Speisesaal gebracht. Sie dürfen an einer Tafel sitzen, die für elf Personen gedeckt ist. Ganz erstaunt sind sie, als ein Diener ihnen die Plätze anweist. Sie sitzen genau nach ihrem Alter geordnet an der Tafel, erst Ruben, der Älteste, dann Simeon,

Levi, Juda und so weiter. Benjamin, der Jüngste, sitzt auf dem letzten Platz. Wie seltsam. Wie können sie im Palast wissen, wie alt jeder der Brüder ist? Die Brüder bekommen dasselbe leckere Essen wie der Unterkönig, der an einem besonderen Tisch sitzt. Benjamin bekommt viel mehr als seine Brüder, aber sie dürfen alle so viel essen, wie sie es schon jahrelang nicht mehr konnten. Sie trinken auch wunderbaren Wein, der sie fröhlich macht. Am nächsten Morgen dürfen alle Brüder mit ihren Säcken voll Korn wieder nach Hause gehen. „Was ist der Unterkönig für ein großartiger Mann", sagt Benjamin, „ich verstehe nicht, daß ihr so viel Angst vor ihm hattet!" Er schaut sich noch einmal nach dem schönen Palast um. „He, da kommt ein Diener des Unterkönigs auf einem Pferd hinter uns her!"

Die Brüder erschrecken. Was ist nun wieder los?

Sobald der Mann sie eingeholt hat, ruft er: „Gemeine Diebe! Ihr habt den silbernen Becher des Königs gestohlen! Er war so gut zu euch. Warum habt ihr das getan?"

„Wie kann der König so etwas von uns denken", fragt Ruben. „Schaut doch in unseren Säcken nach. Der Mann, bei dem der Becher gefunden wird, soll getötet werden."

Die Säcke werden einer nach dem anderen geöffnet, erst der von Ruben, am Schluß der Sack Benjamins. Und wie ist es möglich? Darin findet der Diener den silbernen Becher. Benjamin zittert vor Schreck am ganzen Körper.

„Du mußt als Sklave in Ägypten bleiben", sagt der Diener. Aber seine Brüder lassen Benjamin nicht allein. Sie gehen mit ihm zum Palast zurück. Da verneigen sie sich zum vierten Mal vor Josef. Juda sagt: „O, König. Hab doch Mitleid mit unserem alten Vater. Er hat seinen Sohn Josef, den er am meisten liebte, bereits verloren. Er wird vor Kummer sterben, wenn auch sein jüngster Sohn nicht mehr zu ihm zurückkommt. Laß mich anstelle von Benjamin hier als Sklave zurückbleiben. Ich wage es nicht, ohne ihn zu meinem Vater zurückzukehren. Ich kann seinen Kummer nicht mitansehen."

Nun kann Josef sich nicht mehr verstellen. Er sieht, daß seine Brüder sich verändert haben. Sie lassen Benjamin nicht im Stich.

Josef schickt alle Diener weg, so daß er mit seinen Brüdern allein ist. Die sehen zu ihrem Erstaunen, daß Tränen über Josefs Wangen laufen. In ihrer eigenen Sprache hören sie ihn sagen: „Ich bin Josef, euer Bruder!"

Benjamin springt überrascht auf: „Josef? Mein Bruder?"

Die anderen Brüder bringen kein Wort heraus. „Josef? Wie kann der

Ägypter ihr Bruder sein? Sie erkennen ihn nicht. Aber nun spricht er ihre Sprache!"

„Ich bin euer Bruder", sagt Josef noch einmal, „Ihr habt mich damals an die Kaufleute verkauft, die mich nach Ägypten mitnahmen!"

Die Brüder treten erschrocken einen Schritt zurück. Wird Josef nun Rache nehmen? Wird er sie ins Gefängnis werfen lassen?

„Habt keine Angst!" sagt Josef. „Ich werde euch nichts Böses antun. Gott hat aus dem Bösen, das ihr mir angetan habt, etwas Gutes gemacht. Weil ich nach Ägypten gekommen bin, kann ich dafür sorgen, daß ihr nicht verhungert. Geht nach Hause und kommt mit Vater und euren Frauen und Kindern zurück. Denn die Hungersnot wird noch fünf Jahre dauern."

Dann umarmt Josef erst Benjamin und danach seine anderen Brüder. Wie glücklich ist Jakob, als seine elf Söhne wieder mit Korn zurückkommen. „Josef lebt!" erzählen sie. „Er selbst ist der Unterkönig von Ägypten!"

Das kann Jakob fast nicht glauben. „Aber Josefs Mantel war voll Blut!" sagt er. „Ist er denn nicht von einem wilden Tier getötet worden?"

„Nein", sagt Juda. Und er erzählt, was damals wirklich passiert ist und auch, daß sie einen Ziegenbock geschlachtet haben und dessen Blut auf Josefs Mantel geschmiert haben.

„Einen Ziegenbock?" sagt Jakob. Dann sieht er sich selbst wieder vor seinem Vater Isaak stehen mit dem gebratenen Fleisch eines Ziegenbocks. Über seinem Arm das Fell des Ziegenbocks. So hat er seinen eigenen Vater betrogen.

„Laßt uns alle zu Josef gehen", sagt er, „Gott hat das Böse, das wir getan haben, wieder gutgemacht. Durch ihn werden wir leben."

Das Volk Israel in Ägypten

„Mirjam, hier ist das Brot für Vater", sagt Mutter, „bring es ihm schnell."
Mit dem Brotkorb und einem Krug Wasser läuft Mirjam zum Fluß, wo ihr Vater arbeitet. Das Brot, das Mutter gerade gebacken hat, riecht lecker. Sie selbst bekommt auch Lust darauf.
Es ist nun mitten am Tag und sehr heiß. Aber die Männer, die am Fluß Steine herstellen müssen, bekommen nur wenig Zeit, um zu essen und auszuruhen. Mirjam sieht, wie ihr Vater am Ufer des Flusses schweren Lehm ausgräbt. Andere Männer machen den Lehm weich, indem sie darauf stampfen, und danach vermengen sie den Lehm mit Stroh. Dann formen sie große Steine daraus, die sie in der Sonne trocknen lassen.
Mirjam sieht, daß ihr Vater klitschnaß ist von Schweiß. Er richtet sich gerade auf und wischt den Schweiß aus seinen Augen. Dann sieht er Mirjam und winkt ihr zu. Aber plötzlich ist da ein ägyptischer Aufseher. Der schlägt ihn mit einer Peitsche auf den Rücken und schreit: „Weiterarbeiten! Nicht herumlungern!"
„Au!" ruft Mirjam erschrocken. Es ist ihr, als ob sie selbst einen Hieb mit der Peitsche bekommt. Aber ihr Vater beugt sich wieder hinunter, um Lehm auszugraben. Mirjam sieht einen langen roten Striemen auf seinem bloßen Rücken.

Kurze Zeit später wird das Signal zur Mittagspause gegeben. Die Männer dürfen essen. Der Vater kommt auf Mirjam zu. An seinem Gesicht kann sie erkennen, daß er Schmerzen hat. Sie gibt ihm schnell den Krug mit kühlem Wasser, aus dem er sofort trinkt. Dann setzt er sich in den Schatten einer Palme und ißt vom frischen Brot. Er will Mirjam auch ein Stück geben, aber sie hat nun kein Verlangen mehr danach.

„Wie gemein von dem Ägypter, dich so zu schlagen!" sagt sie.

„Psst! Laß ihn das nicht hören", sagt Vater, „es tut schon gar nicht mehr weh."

Aber Mirjam glaubt das nicht.

Als die Männer wieder zur Arbeit müssen, geht sie gleich nach Hause. Sie kann es nicht länger mitansehen, daß ihr Vater als Sklave arbeiten muß. Zurück in dem kleinen Haus, in dem sie mit ihren Eltern und ihrem kleinen Bruder Aaron wohnt, fragt sie: „Mutter, warum werden die Männer unseres Volkes von den Ägyptern als Sklaven behandelt?" Ist das immer so gewesen?"

„Nein", sagt Mutter, „es ist nicht immer so gewesen. Als unser Stammvater Jakob mit seinen Kindern und Enkeln nach Ägypten kam, herrschte hier ein weiser Unterkönig. Das war Josef, ein Sohn Jakobs. Er hat dafür gesorgt, daß in der Zeit der Hungersnot noch genug Korn hier in Ägypten vorhanden war. Darum wurden Jakob und seine Familie vom Pharao als Gäste empfangen."

„Aber warum sind die Ägypter nun so gemein zu uns?" fragt Mirjam.

Mutter seufzt. „Es ist schon mehr als vierhundert Jahre her, als Josef Unterkönig war. Inzwischen wurden in unseren Familien viele Kinder geboren, so daß wir zu einem großen Volk wurden. Der Pharao, der nun im Palast wohnt, will nicht, daß unser Volk noch größer und stärker wird. Darum läßt er die Männer so hart arbeiten."

„Und darum dürfen auch keine Jungen mehr geboren werden", sagt Mirjam.

„Ja", sagt Mutter, „der Pharao hat Angst, daß die Jungen, wenn sie groß werden, eine Armee bilden und gegen die ägyptischen Soldaten kämpfen."

Mirjam weiß, daß ihre Eltern sich große Sorgen machen. Mutter erwartet ein Baby. Wenn es ein Junge ist und die Soldaten des Pharao ihn sehen, nehmen sie ihn mit und werfen ihn in den Nil.

Ich hoffe, daß ich ein Schwesterchen bekomme, denkt Mirjam, ich habe schon einen Bruder. Und sie schaut zu Aaron, der draußen spielt.

Aus dem Wasser gerettet

Eines Morgens wird Mirjam durch das Weinen eines Kindes geweckt. Sie springt aus ihrem Bett und sieht schnell nach. Dann sieht sie, daß ihre Mutter ein Baby in den Armen wiegt.
„Was ist es?" fragt Mirjam gespannt.
„Es ist ein Junge", sagt Vater besorgt.
Es ist ein sehr liebes Kind. Doch sie können nicht wirklich froh darüber sein. Sie haben Angst, daß die Soldaten des Pharao den Jungen hören und ihn mitnehmen könnten. Sie wollen ihn verstecken, aber ihr Haus ist so klein. Mirjam und Aaron können nicht mehr spielen gehen wie sonst immer. Sie bleiben jetzt immer dicht beim Haus. Sodald sie Soldaten sehen, müssen sie Mutter warnen. Wenn ihr Brüderchen weint, läßt Mutter ihn schnell trinken, damit er still ist. Aber Babys weinen oft, und ihre Stimme wird immer lauter. Als der kleine Junge drei Monate alt ist, sagt Mutter: „So geht es nicht weiter. Mirjam, geh zum Fluß und schneide dort kräftige Schilfrohrstengel ab."
Als Mirjam damit zurückkommt, flechtet Mutter daraus einen Korb. Die Innenseite verschmiert sie mit Lehm, die Außenseite mit Teer. „Nun kann kein Wasser hineinkommen", sagt sie. Dann erzählt sie Mirjam ihren Plan. Ganz früh am Morgen, wenn es noch dunkel ist, gehen Mutter und Mirjam zu einer flachen Stelle am Fluß, wo viel hohes Schilf wächst. Mutter trägt den Korb. Darin liegt ihr Kind. Es schläft, denn Mutter hat es vorher noch trinken lassen.
Als sie am Fluß sind, setzt Mutter den Korb zwischen das Schilf vorsichtig auf das Wasser, so daß er nicht wegtreiben kann. Nun ist es ein Boot, denkt Mirjam.
Mutter geht wieder nach Hause, aber Mirjam versteckt sich ein Stück weiter oben im Schilf und wartet. Es ist noch ganz still. Langsam wird es hell, und die Vögel fangen an zu singen.
Als die Sonne aufgeht, hört Mirjam Frauenstimmen. Sie schaut durch das Schilf. O, da kommt die Prinzessin mit ihren Hofdamen, denkt sie. Sie versteckt sich noch tiefer im Schilf.
Die Prinzessin badet sich im flachen Wasser. Die Frauen unterhalten sich und lachen. Mirjams Bruder wird wach und beginnt zu weinen. Die Prinzessin hört das und schaut sich um.

„Da zwischen dem Schilf treibt ein Korb auf dem Wasser!" sagt sie zu einer Hofdame, „bringt ihn zu mir. Es liegt bestimmt ein Baby darin."
Die Frau zieht den Korb aus dem Wasser und bringt ihn der Prinzessin. Als sie den Korb öffnet, wird der kleine Junge wieder ruhig und sieht sie mit großen Augen an.
„Was für ein liebes Kind!" sagt die Prinzessin.
„Es ist bestimmt ein Junge von den Sklaven, die dort in den kleinen Häusern wohnen. Aber dieser Junge darf nicht getötet werden. Ich will ihn für mich selbst behalten. Ich nehme ihn mit in den Palast." Der kleine Junge beginnt wieder zu weinen.
„Er hat Hunger", sagt eine Hofdame, „und ihr könnt ihn nicht stillen."
Nun kommt Mirjam, die alles gehört hat, aus dem Schilf heraus. Sie sagt: „Ich kenne eine Frau, die ihn stillen kann."
„Geh und hole die Frau schnell her", sagt die Prinzessin.
Mirjam rennt weg und kommt kurze Zeit später mit ihrer Mutter zurück.
„Nimm dieses Kind mit", sagt die Prinzessin, „und stille es für mich. Ich werde dich gut dafür bezahlen. Wenn es nicht mehr trinken braucht, mußt du ihn zum Palast bringen. Dann wird es mein Sohn. Und ich nenne ihn Mose, denn ich habe ihn aus dem Wasser gerettet."
Überglücklich gehen Mutter und Mirjam mit dem kleinen Mose wieder nach Hause. Er ist gerettet. Er darf leben!

Mose und sein Volk

Mose ist noch sehr klein, als seine Mutter ihn zu der Prinzessin in den Palast bringen muß. Dort wächst er als ein Prinz auf und lernt schreiben und lesen. Er denkt, daß die Prinzessin seine Mutter ist. Aber als er ein Mann geworden ist, hört er, daß er kein wirklicher Prinz ist und daß er zum Volk Israel gehört.
Darum geht er zu den Plätzen, wo die Israeliten Steine herstellen und Mauern und Städte für den Pharao bauen müssen. Er sieht, wie hart sie als Sklaven von morgens früh bis abends spät arbeiten. Der Pharao und die Prinzessin wollen nicht, daß Mose zu den Häusern geht, wo er geboren ist. Dennoch sucht er eines Abends seine Familie auf. Er spricht mit seiner Schwester Mirjam und seinem Bruder Aaron. Sie erzählen ihm über Josef, der Unterkönig war, und über Jakob, der mit seiner Familie während einer Hungersnot nach Ägypten kam.
„Warum geht ihr nicht zurück nach Kanaan, wo unsere Ahnen hergekommen sind?" fragt Mose. „Warum laßt ihr euch hier als Sklaven behandeln?"
„Denkst du, daß uns der Pharao so einfach gehen läßt?" sagt Aaron.
„Er will nicht, daß unser Volk größer und stärker wird. Und so viele Männer, die als Sklaven für ihn arbeiten, will er auch nicht entbehren."
„Kannst du uns nicht helfen?" fragt Mirjam Mose.
„Ich werde darüber nachdenken", sagt Mose.
Zurück im Palast hat Mose keine Freude mehr an all den schönen Dingen, die ihn dort umgeben. Er muß immer an die Menschen denken, zu denen er gehört. Wie kann er ihnen helfen?
Am nächsten Morgen geht er wieder zu einer Stelle, an der die Israeliten arbeiten. Er wird immer zorniger, als er sieht, wie sie mißhandelt werden. Schaut, dort hinter einer Mauer wird ein alter Mann, der vor Erschöpfung nicht mehr arbeiten kann, von einem Ägypter geschlagen. Wutentbrannt läuft Mose dorthin. Er reißt dem Ägypter die Peitsche aus der Hand und schlägt ihn nieder. Er ist so wütend, daß er immer weiter zuschlägt. Bis er merkt, daß sich der Ägypter nicht mehr bewegt. Er ist tot! O, was habe ich getan! denkt Mose. Das wollte ich nicht! Er schaut sich um. Er sieht niemanden. Der alte Mann ist geflohen, erstaunt darüber, daß sich der ägyptische Prinz für ihn einsetzte. Hastig begräbt Mose den Ägypter im Sand und geht weg.

Einige Tage später kommt Mose wieder an dieselbe Stelle. Nun sieht er, wie ein Sklave einen anderen Sklaven mit einem Stock schlägt. „He, laß das!" ruft Mose. „Warum schlägst du einen Mann deines eigenen Volkes?"
Der Mann bleibt mit erhobenem Stock stehen und schaut Mose an: „Was kümmert es dich?" sagt er. „Willst du mich vielleicht auch erschlagen – wie den Ägypter vor ein paar Tagen?"
Mose erschrickt. Jemand hat also doch gesehen, was ich getan habe, denkt er. Dann wird es wohl auch bald dem Pharao berichtet werden. Und wenn der es hört, läßt er mich töten.
Mose wagt nicht mehr, in den Palast zurückzukehren. Er flieht in die Wüste, wo er tagelang umherirrt. Von umherziehenden Hirten bekommt er etwas zu essen und zu trinken.
Eines Abends kommt er an einen Brunnen. Dort setzt er sich nieder, einsam und verzweifelt. Muß ich nun für immer wie ein Flüchtling durch die Wüste irren? Weil er in seinem Zorn einen Ägypter erschlagen hat, kann er seinem Volk nicht mehr helfen.
Da sieht er sieben Mädchen mit ihren Schafen ankommen. Sie schauen

neugierig auf Mose und füllen dann schnell die Tränken für ihre Tiere. In der Zwischenzeit kommen auch einige Hirten an. Sie beschimpfen die Hirtinnen und jagen sie weg. Dann lassen sie ihre eigenen Tiere von dem Wasser trinken, das die Mädchen geschöpft haben.
„Das ist gemein!" ruft Mose. „Die Hirtinnen waren hier zuerst. Geht weg!"
Und er selbst läßt die Schafe der Mädchen trinken. Die Hirten schauen ihn

erstaunt an. „Wer ist dieser Mann?" sagen sie. „Er sieht aus wie ein ägyptischer Prinz."

Als die Mädchen nach Hause kommen, sagt Jitro, ihr Vater: „Was seid ihr heute abend früh fertig. Wie kommt das?"

Seine älteste Tochter Zippora erzählt aufgeregt: „Es war ein Ägypter am Brunnen. Er hat uns gegen die Hirten verteidigt, die uns immer wegjagen. Und er hat unsere Schafe getränkt."

„Wo ist dieser Mann jetzt?" fragt ihr Vater. „Sitzt er noch am Brunnen? Geht und fragt ihn, ob er bei uns essen möchte."

So kommt Mose als Gast zu Jitro. Er bleibt dort, denn Jitro hat keine Söhne und ihm gefällt es, daß Mose als Hirte bei ihnen bleibt. Nun ist Mose nicht mehr einsam. Er verliebt sich in Zippora und heiratet sie. Als sie einen Sohn bekommen, nennen sie ihn Gerschom.

„Warum nennst du ihn Gerschom?" fragt Zippora. „Das bedeutet: Fremder!" „Ja", sagt Mose, „denn ich bin hier ein Fremder in einem fremden Land. Mein Volk lebt in Ägypten, aber dort gehört es auch nicht hin. Ich würde mein Volk gern nach Kanaan zurückbringen, wo unsere Vorfahren herstammen. Aber ich allein kann das nicht schaffen. Nur Gott kann dem Volk helfen". Darum nennt Mose seinen zweiten Sohn „Eleasar", denn der Name bedeutet: „Gott hilft".

Mose wird berufen

Ein Hirte zieht mit seiner Herde durch die Wüste. Es ist Mose.
Kein Ägypter würde ihn wiedererkennen. Er sieht nicht mehr aus wie ein ägyptischer Prinz mit glattrasiertem Gesicht.
Mose trägt nun einen langen Bart und einen groben Hirtenmantel. Als die Sonne hoch am Himmel steht, wird es sehr heiß.
In der Nähe eines hohen Berges sucht Mose einen schattigen Platz für die Schafe. Er selbst setzt sich in den Eingang einer großen Höhle, um sich auszuruhen.
Wie still es ist. Mose schaut auf die steinige Wüste. Hier und da sieht man einige Sträucher und Kakteen. Er denkt an sein Volk in Ägypten. Von Kaufleuten, die vorüberzogen, hat er gehört, daß der Pharao gestorben ist. Aber der neue Pharao ist genauso streng und gemein zu den Israeliten wie sein Vorgänger. Plötzlich sieht Mose etwas Seltsames. Es scheint, als ob der Brombeerstrauch vor ihm in Brand steht. Wie kann das sein? Niemand hat ihn angezündet. Noch seltsamer ist, daß der Strauch nicht verbrennt. Mose springt auf und geht zum Strauch. Aber dann hört er eine Stimme, die ihn ruft: „Mose! Mose!" Erschrocken bleibt Mose stehen. Wer ruft ihn bei seinem Namen? „Hier bin ich!" antwortet er. Wieder hört er die Stimme:
„Ich bin der Gott deines Vaters, der Gott Abrahams, Isaaks und Jakobs."
Mose senkt seinen Kopf und hält die Hände vor die Augen. Er lauscht auf die Stimme, die ihm sagt:
„Ich habe das Elend meines Volkes in Ägypten gesehen. Seine Klagen über seine Unterdrücker habe ich gehört. Ich werde mein Volk aus Ägypten befreien und es in ein Land bringen, in dem es ihm gut geht. Ich schicke dich zum Pharao. Du sollst mein Volk aus Ägypten herausführen."
„Wie könnte ich das?" fragt Mose. „Wie kann ich die Israeliten aus Ägypten befreien? Und wer bist du? Wenn ich zu den Israeliten komme und sage: Der Gott unserer Väter schickt mich zu euch, werden sie mich fragen: Wie ist sein Name? Was soll ich ihnen dann antworten?"
Darauf sagt Gott: „Ich bin bei euch. Sag dies den Israeliten: der Gott, der bei euch ist, hat mich zu euch gesandt!"
Mose ist über den schwierigen Auftrag, den er bekommen hat, erschrocken. Er sagt: „O, Gott, kannst du nicht lieber einen anderen schicken? Ich kann nicht so gut reden. Es ist für mich viel zu schwierig, zum Pharao und zum Volk zu sprechen.

„Dein Bruder Aaron ist doch auch noch da", hört Mose die Stimme sagen. „Er ist ein guter Redner und er hat sich bereits auf den Weg gemacht, um dir entgegenzugehen. Er wird sich freuen, wenn er dich sieht. Berichte ihm, was er sagen soll. Dann wird er für dich zum Volk und zum Pharao reden. Geht zusammen, ich werde bei euch sein."
Es wird wieder still. Mose sieht auf. Die Feuerglut im Brombeerstrauch ist verschwunden. Mose denkt: „Das war kein Traum. Gott hat mich berufen. Mit seiner Hilfe kann ich mein Volk aus Ägypten befreien."
Er bringt die Schafe zu Jitro zurück und erzählt ihm, was er gehört hat. „Ich will zu meinem Volk nach Ägypten zurückgehen", sagt er.
„Geh in Frieden", sagt Jitro.
Dann macht sich Mose auf den Weg. Zippora und ihre beiden Söhne gehen mit.

Laß mein Volk gehen!

Mose geht mit seinem Stock voraus. Hinter ihm reitet Zippora auf einem Esel. Sie hat für die Reise etwas zu essen und einen Krug mit Wasser mitgenommen. Gerschom und Eleasar reiten zusammen auf einem Esel. „Der Pharao wohnt in einem schönen Palast", erklärt Gerschom seinem Bruder. Die Jungen finden es aufregend, daß sie nun nach Ägypten ziehen. Aber es ist eine sehr lange Reise, und sie haben oft Durst.
Der Wasserkrug ist schnell leer, und manchmal dauert es lange, bis sie zu einem Brunnen kommen. Als Gerschom Palmen sieht, ruft er: „Vater, dort gibt es Wasser!" „Ja", sagt Mose, „da ist eine Oase. Dort können wir uns ausruhen."
Sie setzen sich unter die schattigen Palmen und können wieder einmal so viel Wasser trinken, wie sie wollen. Zippora gibt ihnen ein Stück Brot. Sie sind nun in der Nähe des großen Berges, wo Mose die Stimme Gottes gehört hat.
„Gerschom sagt, daß wir sehr viele Onkel und Tanten in Ägypten haben", sagt Eleasar, „haben die auch viele Kinder, Vater?"
„Ja", sagt Mose, „unser Stammvater Jakob hatte zwölf Söhne. Ihre Familien sind zu großen Sippen geworden, zwölf Volksstämmen."
„Dann können wir gut mit den Kindern spielen", sagt Gerschom, „sieh, da kommt ein Mann."
Mose steht auf. Er schaut genauer hin und läuft dem Mann entgegen.
„Vielleicht ist das Aaron, der Bruder eures Vaters", sagt Zippora zu den Jungen. „Aaron soll uns entgegenkommen."
Sie sehen, wie Mose und Aaron sich umarmen. Ganz ins Gespräch vertieft kommen sie angelaufen. Sie haben sich viel zu erzählen. Nachdem sie sich ausgeruht haben, machen sie sich gemeinsam auf den Weg und kommen nach einer langen Reise in Ägypten an.
Dort gibt es für die beiden Jungen viel zu sehen und zu erleben. Wie viele Menschen in den kleinen Hütten leben! Sie wohnen bei ihrer Tante Mirjam. Die Hütte Aarons ist mit seiner eigenen Familie schon überfüllt.

Eines Morgens gehen Gerschom und Eleasar mit den anderen Kindern zum Nil. Was für ein breiter Fluß das ist! Aber sie reden darüber nicht weiter, als sie sehen, wie schwer die Israeliten arbeiten müssen und daß sie von den Ägyptern mit Peitschen geschlagen werden. Nun verstehen sie, warum ihr Vater das Volk Israel aus Ägypten herausführen will.

Als sie zurückkommen, sehen sie, wie Mose und Aaron mit den Stammesältesten sprechen. Das sind die Leiter der zwölf Stämme. Still setzen sie sich dazu und lauschen.

Aaron berichtet, daß er mit Mose beim Pharao gewesen ist. „Wir haben folgendes zum Pharao gesagt: Der Gott Israels läßt dir sagen: Laß mein Volk gehen. Aber der Pharao sagte: ‚Ich kenne euren Gott nicht. Ich kann euch nicht gehen lassen!'"

„Natürlich will er seine Sklaven nicht gehen lassen", sagen die Stammesältesten verbittert. „Wie konntet ihr das glauben?"

„Wir dürfen nicht so schnell aufgeben", sagt Mose, „Gott hat euer Elend gesehen. Er wird uns helfen."

An diesem Abend kommen die Männer, die für den Pharao Sklavenarbeit leisten müssen, wieder todmüde nach Hause. Aber sie sind dennoch zornig auf Mose und Aaron.

„Was habt ihr getan?" schreien sie. „Ihr habt nur erreicht, daß es uns noch schlechter geht! Wir müssen noch härter arbeiten. Der Pharao sagt, daß wir faul sind. Nun müssen wir auch noch das Stroh für die Steine selbst von den Feldern holen. Aber wir müssen noch immer dieselbe Anzahl von Steinen pro Tag fertig haben. Das ist doch unmöglich! Wenn nicht genug Steine fertig sind, werden wir geschlagen. Ist das alles, was ihr beim Pharao erreicht habt?"

Erschrocken wenden Gerschom und Eleasar ihren Blick von den zornigen Männern zum Vater.

Was wird er tun? Mose steht eine Zeitlang mit gesenktem Kopf schweigend da und stützt sich auf seinen Stock. Vater betet zu Gott, denkt Gerschom.

Dann sagt Mose: „Der Pharao wird uns nicht so einfach gehen lassen, aber ich vertraue weiter darauf, daß es geschehen wird. Laßt die Frauen und Kinder mitarbeiten, sie können morgen über die Felder gehen und das Stroh einsammeln."

Jeden Tag gehen Gerschom und Eleasar nun mit ihrer Mutter und ihrer Tante Mirjam auf die Felder. Das Korn ist abgemäht, aber es gibt noch viele Strohstoppeln. Sie packen das Stroh in Körbe. Zum Spielen bleibt keine Zeit.

Endlich frei

In dieser Zeit kommt viel Unglück über Ägypten. Zuerst wird das Wasser des Nil so faulig, daß die Ägypter es nicht mehr trinken können. Danach kommt eine Froschplage. Der Nil wimmelt von Fröschen. Sie kriechen aus dem Nil in die Häuser der Ägypter.
Als der Pharao eines Morgens erwacht, sieht er viele Frösche in seinem Schlafzimmer. Sie sitzen auf den Bettdecken und den Kopfkissen. Sie springen sogar auf sein Gesicht. Zornig schreit der Pharao seine Diener an: „Bringt sie weg!" Aber dann kommen wieder andere Frösche. Sie springen überall herum. Auch auf dem Brot und dem Wein des Pharao. Der Pharao hat Angst. „Vielleicht ist der Gott der Israeliten zornig, weil ich sein Volk nicht gehen lassen will?" denkt er.
Er läßt Mose und Aaron zu sich kommen und sagt: „Wenn die Frösche verschwinden, dürft ihr fortziehen!"
Die Frösche sterben, im Palast, in den Häusern, in den Höfen und auf dem Land. Sie werden zu großen Haufen zusammengefegt und in der Erde verscharrt.
Aber nun will der Pharao die Israeliten nicht mehr gehen lassen. Er will seine Sklaven behalten.
Dann kommen über die Ägypter die Mückenplage und die Stechfliegenplage. Als diese Plagen vorüber sind, wird das Vieh der Ägypter krank, und viele Ägypter bekommen Geschwüre. Danach kommt ein schreckliches Unwetter mit Hagelschauern, die die Früchte an den

Bäumen und die Pflanzen auf den Feldern zerstören. Dann gibt es eine Heuschreckenplage. Die Heuschrecken fressen alles Grüne auf. Und auf einmal wird es mitten am Tag dunkel, nur über den Hütten der Israeliten bleibt es hell.

Jedes Mal, wenn eine solche Plage über das Land kommt, verspricht der Pharao Mose, daß er das Volk gehen lassen wird, aber immer, wenn das Unglück vorüber ist, müssen die Israeliten doch bleiben. Wieder steht Mose vor dem Pharao. Wieder hört man dieselben Worte: „Dies sagt der Gott Israels: Laß mein Volk gehen!" Aber der Pharao läßt sie nicht.

An diesem Abend werden Gerschom und Eleasar nicht ins Bett geschickt, als es dunkel wird. Sie müssen Mutter und Tante beim Packen helfen. Auf dem Tisch steht eine Schüssel mit gebratenem Lammfleisch. Daneben liegen flache Brotfladen. Die hat Mutter schnell gebacken. Es blieb keine Zeit, den Teig gehen zu lassen.

Mose ist wieder zum Palast gegangen. Gespannt warten sie auf ihn. Was für eine seltsame Nacht das ist, denkt Eleasar. Als sein Vater endlich zurückkommt, fragt er: „Vater, warum ist diese Nacht so anders als die anderen Nächte?"

Mose sagt. „Heute ziehen wir aus Ägypten fort. Nun wird der Pharao uns gehen lassen. Sein ältester Sohn, der Kronprinz, ist gestorben. Die zehnte Plage ist über Ägypten gekommen."

Dies hat er auch den Stammesältesten berichtet. In allen Häusern haben sich die Leute darauf vorbereitet wegzugehen. Überall essen sie hastig das mit bitteren Kräutern gewürzte Fleisch.

Dann hören sie plötzlich, wie die Ägypter schreien: „Geht weg aus unserem Land, bevor noch weiteres Unglück passiert!"

Mose nimmt seinen Stock und sagt: „Kommt, wir gehen."

Jeder nimmt sein Reisegepäck auf die Schultern und verläßt das Haus. Mose geht mit seiner Familie voran. Aus allen Häusern kommen die Familien und folgen ihm. Ein langer Zug von Männern, Frauen und Kindern. Sie nehmen ihre Tiere mit. Sie sind frei. Endlich frei! Sie machen sich auf den Weg nach Kanaan, dem Land von Abraham, Isaak und Jakob.

Der Weg durch das Meer

Im Licht des Vollmondes laufen alle, Menschen und Tiere, die ganze Nacht weiter. Die Kinder werden müde, aber sie weinen nicht. Sie wollen auch so schnell wie möglich fort, weg von dem bösen Pharao. Sie haben noch immer Angst, daß seine Soldaten sie verfolgen.
Als es hell wird, sehen sie, daß sie nahe beim Schilfmeer sind.
Das ist kein gewöhnliches Meer. Es ist ein Sumpf, in dem viel hohes Schilf wächst. Manchmal ist dort viel Wasser, manchmal so wenig, daß man hindurchgehen kann.
Jetzt steht das Wasser hoch. Die Israeliten müssen warten, bis das Wasser sinkt. Gerschom und Eleasar sind nun auch zu müde, um noch weiterzugehen. Sie sind froh, daß sie sich ausruhen können. Sie haben schon einige Stunden geschlafen, als sie plötzlich aus dem Schlaf schrecken.
„Da kommen die Soldaten Pharaos!" hören sie rufen. „O, sie wollen uns zurückholen!" Frauen schreien, Kinder weinen. Jeder hat große Angst. Gerschom sieht in der Ferne eine große Staubwolke. Ja, da kommen viele Soldaten, mit Pferden und eisernen Wagen.
Männer kommen zu Mose und rufen: „Was wird nun aus uns?" Wir sind verloren! Es ist deine Schuld! Du hast gesagt, daß wir Ägypten verlassen sollen!"
Gerschom findet es ungerecht, daß die Männer seinem Vater die Schuld geben. Aber er sieht, daß Mose ganz ruhig bleibt. „Habt keine Angst", sagt er, „haltet durch. Gott wird uns helfen. Folgt mir!"
Mose läuft zum Ufer des Schilfmeeres.
„Willst du, daß wir ertrinken?" rufen die Männer voller Zorn. Mose antwortet nicht, sondern zeigt auf das Wasser. Plötzlich beginnt es heftig zu stürmen. Das Wasser wird zurückgetrieben. Die Männer sehen, wie die schlammige dunkle Erde zum Vorschein kommt. „Kommt mit!" rufen sie ihren Frauen und Kindern zu. „Es gibt einen Weg durch das Meer!"
So schnell wie möglich laufen sie ans andere Ufer, denn das Wasser kann jederzeit zurückkommen. Die Soldaten kommen immer näher. Als sie sich ängstlich umschauen, sehen sie deren Waffen im Sonnenlicht glänzen.
Mose ist bereits auf der anderen Seite. Gerschom und Eleasar sind dicht bei ihrem Vater geblieben. Sie sehen, daß die ägyptischen Soldaten ans Ufer des Meeres kommen.

„O, sieh doch!" ruft Gerschom. „Sie verfolgen uns. Nun werden sie uns doch noch einholen!"
Wie kann sein Vater noch so ruhig bleiben?
Aber die Soldaten kommen nicht mehr so schnell voran. Ihre Pferde und die schweren Wagen sacken tief in den Meeresboden ein. Inzwischen kommen die letzten Israeliten mit ihren Tieren am anderen Ufer an.
Es stürmt nun nicht mehr so stark. Der Wind legt sich. Und siehe, plötzlich kommt das Wasser zurück!
Die Ägypter können nicht mehr ans Ufer kommen.
„Gott hat uns gerettet!" sagt Mose und singt ein Lied für Gott. Alle Männer, Frauen und Kinder singen mit. Mirjam schlägt ihr Tamburin, und alle Frauen tanzen vor Freude. Was für ein Fest!

In der Wüste

Nun sind sie wirklich frei. Jetzt können die Ägypter sie nicht mehr mit Peitschen antreiben. Aber Mose weiß, daß ihnen noch ein langer beschwerlicher Weg durch die Wüste bevorsteht, ehe sie in Kanaan ankommen.

In Ägypten gibt es viele Kornfelder am Nil und Gärten mit Früchten und Blumen. Aber in der Wüste gibt es nicht genug Nahrung für so viele Menschen. Manchmal laufen sie tagelang über kahle Sandflächen. Dann wieder ziehen sie über steinige Berge. Am Tag brennt ihnen die Sonne auf den Kopf, nachts ist es sehr kalt.

Weil Mose lange Zeit als Hirte mit Jitros Schafen durch die Wüste gezogen ist, weiß er, wo Wasser zu finden ist. Aber die Wasserschläuche sind zumeist schon leer, bevor sie an einen neuen Brunnen kommen. Dann weinen die Kinder vor Durst.

Auch ihre Eltern können nur noch an Wasser denken und an saftige Gurken, Melonen und andere Früchte, die in Ägypten wachsen. Sie werden zornig auf Mose und sagen: „Warum hast du uns aus Ägypten in dieses schreckliche Land ohne Wasser geführt? Wir werden vor Durst sterben!"

Mose ist ganz verzweifelt, weil das Volk ihn so angreift. Er betet zu Gott: „O, Gott, wie schwer es doch ist, eine so große Zahl von Menschen durch die Wüste zu führen. Bleib bei uns und hilf uns!"

Als sie an den großen Berg Sinai kommen, läßt Mose die Zelte aufschlagen. Hier ist er mit den Schafen Jitros oft gewesen und so weiß er, wo es Wasser gibt. An dieser Stelle ist Mose auch von Gott berufen worden.

Die Menschen sind froh, daß sie ein paar Wochen ausruhen können. Aber das Essen, daß sie aus Ägypten mitgebracht haben, wird immer weniger. In der Wüste können sie nicht genug Nahrung finden. Sie fangen wieder an zu murren. „In Ägypten hatten wir keinen Hunger", sagen sie. Sie vergessen ganz, wie schwer sie es dort hatten. Nun fürchten sie, in der Wüste zu verhungern.

An diesem Abend, als sie hungrig vor ihren Zelten sitzen, kommt plötzlich ein großer Schwarm Vögel angeflogen. Es sind Wachteln, die nicht gut fliegen können und sich vom Wind tragen lassen. Erschöpft lassen sich die Vögel zwischen den Zelten nieder.
Jauchzend springen die Menschen auf. Die Wachteln lassen sich leicht fangen, und an diesem Abend haben sie genug zu essen.
Als die Kinder am nächsten Morgen aus den Zelten kommen, können sie zuerst nicht viel sehen. Es ist neblig. Ein schwerer Tau bedeckt alles. Aber als die Sonne aufgeht und der Tau verdunstet, sehen sie überall weiße Kügelchen auf den Sträuchern und auf dem Wüstensand liegen.
„Man na?" sagen die Kinder in ihrer Sprache. Das bedeutet: „Was ist das?" Sie fragen ihre Eltern, aber die wissen es nicht. Die gehen zu Mose und fragen ihn. Er sagt: „Das ist das Brot, das Gott uns in der Wüste gibt."
Die Kinder probieren es. „Mmmh, wie schön süß das ist. Es schmeckt wie Honig", sagen sie. Sie können so viel davon essen, wie sie wollen. Die Mütter machen Honigkuchen daraus.
Jeden Morgen gehen die Menschen zu den Sträuchern, auf denen sie die weißen Kügelchen finden. Manna nennen sie sie nun. Sie sammeln sie ein, bevor die Sonne alles erwärmt, denn dann schmelzen sie weg.
So bekommen sie doch immer etwas zu essen in der Wüste.

Die Zehn Gebote

Weil es in der Wüste wenig Nahrung und wenig zu trinken gibt, muß alles ehrlich geteilt werden. Aber die Kinder haben dennoch immer Hunger, noch bevor Essenszeit ist.
So geht es auch Ben. Er hat Streit mit seinem Freund und langweilt sich nun ein wenig. Seine Mutter hat ihn weggeschickt, als er ein Stück Honigkuchen haben wollte. Wie lange er noch warten muß, bevor es was gibt! Je mehr er daran denkt, um so hungriger wird er.
Seine Mutter ist gerade im Zelt der Nachbarin. Wenn er nun einfach ein ganz kleines Stückchen Honigkuchen nimmt? Das merkt niemand. Leise schleicht er ins Zelt. Er weiß, wo der Honigkuchen liegt und bricht ein Stückchen davon ab. Lecker! Er sieht den Wasserschlauch und verspürt Durst. Er nimmt einen Schluck Wasser. Noch ein Stückchen Kuchen, noch ein Schluck Wasser… Er kann nun nicht mehr aufhören. O, da kommt Mutter. Schnell legt Ben den Kuchen und den Wasserschlauch wieder zurück. Etwas später kommen Bens Schwestern und Brüder ins Zelt. Mutter verteilt nun den Honigkuchen und das Wasser. Aber dann bemerkt sie, daß ein Stück vom Honigkuchen fehlt und daß der Wasserschlauch leerer geworden ist. „Wer hat das getan?" ruft sie.
Ben versucht sich hinten aus dem Zelt herauszuschleichen, aber Mutter ruft ihn zurück und fragt: „Hast du den Kuchen und das Wasser genommen?"
Ben schaut zu Boden. Er wagt nichts zu sagen. Mutter wird zornig, und seine Schwestern fangen an zu weinen, weil sie nun weniger bekommen.
Sein Bruder ruft: „Gemeiner Dieb!"
„Ich bin kein Dieb!" schreit Ben zurück.
„Natürlich bist du das. Du hast unseren Kuchen und unser Wasser gestohlen."
„Halt du doch den Mund! Paß lieber auf dich selber auf! Du bist faul und brutal! Das hat dir Vater erst gestern noch gesagt!"
Die Jungen gehen aufeinander los und rollen kämpfend über den Boden, bis sie von zwei starken Armen getrennt werden. Es ist ihr Vater, der aber auch sehr böse wird, als er hört, was Ben getan hat. Er bekommt nichts mehr. Der Rest wird unter die anderen aufgeteilt.
An diesem Abend kann Ben nicht einschlafen. Er liegt auf seiner Matratze und hört das Gespräch zwischen Mutter und Vater, die am Eingang des Zeltes leise miteinander sprechen.

„Auch zwischen den Erwachsenen gibt es viel Streit", sagt Vater, „es wird viel gekämpft. Heute ist bei einem solchen Kampf sogar jemand getötet worden. Jeden Tag steht eine lange Schlange von Menschen vor Moses Zelt, denn sie kommen mit allen Streitigkeiten zu ihm. Morgen geht er auf den Berg."
Warum geht Mose auf den Berg? denkt Ben, aber dann schläft er ein.
Als er am nächsten Morgen aufwacht, stehen seine Eltern schon vor dem Zelt und schauen nach oben. Ben sieht, wie Mose auf den Berg steigt.
„Was macht Mose da?" fragt er.
„Ich glaube, daß er dort in der Stille auf Gottes Wort hören will", sagt sein Vater.
Als Mose wieder zurückkommt, ruft er alle Leute zusammen und sagt: „Gott will einen Bund mit uns schließen, wie er es auch mit Abraham getan hat. Wenn wir auf Gott hören und zusammenleben, wie er es uns lehrt, werden wir sein Volk sein, und er wird immer bei uns sein."
Die Menschen sagen: „Wir werden Gott gehorsam sein und alles tun, was er von uns verlangt."
Dann sagt Mose: „Hört! Das sind die Zehn Gebote Gottes, die ich auf dem Berg gehört habe.

– Ich bin euer Gott. Ich habe euch befreit!
– Mach dir keine Götterbilder, um sie anzubeten!
– Mißbrauche meinen Namen nicht für Dinge, die mit mir nichts zu tun haben!
– Halte den Feiertag heilig!
– Ehre Vater und Mutter!
– Morde niemanden!
– Sei treu zu jedermann!
– Stehle nicht!
– Lüge nicht!
– Begehre nicht, was einem anderen gehört!"

Ben hat zugehört und an seinen Fingern bis zehn gezählt. Er begreift, daß es die Zehn Gebote geben muß, damit die Menschen gut zusammenleben. Das zehnte Gebot besagt, daß man nichts begehren soll, was einem anderen gehört. Aber wie verhält es sich mit dem ersten Gebot? Er kann nicht alle Gebote im Gedächtnis behalten. Das ist auch für Erwachsene schwierig. Deshalb geht Mose am folgenden Tag wieder auf den Berg. Dort meißelt er die Gebote in zwei Platten aus Stein.

Das goldene Kalb

Die Israeliten werden ungeduldig, weil Mose sehr lange wegbleibt. „Mose ist nun schon ein paar Wochen auf dem Berg. Es ist bestimmt ein Unglück passiert", sagt ein Mann.
„Dann kommt er nie mehr zurück", sagt eine Frau, „und dann haben wir niemand mehr, der für uns Gottes Stimme hören kann." Sie sprechen mit anderen Leuten darüber, schließlich geht eine große Gruppe zu Aaron.
„Wir sollten hier nicht länger auf Mose warten", sagen sie. „Da er jetzt nicht mehr hier ist, brauchen wir einen Gott, den wir sehen können. Einen Gott, der dafür sorgt, daß wir genug zu essen und zu trinken bekommen. Einen Gott, der uns beschützt, wenn wir nach Kanaan weiterziehen. Wir wollen ein Standbild dieses Gottes haben."

Aaron zögert. In den Zehn Geboten hat Gott gesagt, daß sie keine Götterbilder machen dürfen, um sie anzubeten. Aber Aaron fürchtet, daß ein Aufstand im Volk entstehen wird.
Er sagt: „Um ein schönes Standbild zu machen, brauchen wir Gold. Dafür müßt ihr eure goldenen Ohrringe hergeben." Die Leute nehmen sofort ihren Schmuck von den Ohren und geben ihn Aaron. Er macht daraus ein Standbild: ein goldenes Kalb.

Die Menschen finden es wunderbar. Sie freuen sich daran. „Nun haben wir einen Gott, den wir sehen können!" rufen sie. Und sie beginnen, um das Kalb zu singen und zu tanzen.

Sie haben Mose und die Zehn Gebote vergessen. Sie sehen nicht, daß er den Berg mit zwei steinernen Platten in seinen Armen heruntersteigt.

Aber Mose erschrickt furchtbar, als er sieht, was das Volk getan hat. Haben sie Gott und seine Gebote nun schon vergessen? Mose wird wütend. Er wirft die zwei Steinplatten gegen die Felsen und zwängt sich durch die tanzenden Menschen zum goldenen Kalb. Er wirft es um, nimmt einen Stein und haut das Standbild in Stücke.

Dann wird es ganz still. Das Singen und Tanzen hat aufgehört. Die Menschen sind vor Schreck wie versteinert. Mose schreit: „Warum habt ihr das getan? Ihr habt euch nicht an die Gebote Gottes gehalten! Ihr habt den Bund mit Gott gebrochen! Aaron, warum hast du dies zugelassen? Wie soll es nun mit unserem Volk weitergehen?"

Dann dreht Mose sich um und geht langsam weg. Er ist nun sehr müde und betrübt.

Die Menschen gehen still mit gesenktem Kopf zu ihren Zelten. Was wird geschehen? Werden sie bestraft werden?

Am nächsten Morgen geht Mose wieder auf den Berg. Dort betet er:
„O Gott, vergib meinem Volk."

Gott sagt: „Bring dem Volk erneut meine Gebote, Mose!"

Zum zweiten Mal meißelt Mose die Zehn Gebote in zwei Steinplatten. Damit geht er zum Volk zurück. Er liest die Regeln jeden Tag vor, so daß jedermann sie auswendig kennt. Er läßt auch eine Truhe machen, in der die beiden Steine aufbewahrt werden. Die Truhe wird die „Bundeslade" genannt, denn die Regeln gehören zu dem Bund, den Gott mit seinem Volk geschlossen hat.

Für die Lade wird ein schönes Zelt gemacht, das in der Mitte des Lagers aufgestellt wird. So werden die Israeliten immer wieder an die Zehn Gebote Gottes erinnert.

Aaron und seinen Söhnen befiehlt Mose, als Priester für das Zelt und die Bundeslade zu sorgen.

Die zwölf Kundschafter

„Warum ziehen wir nicht weiter nach Kanaan?" fragt Ben seinen Vater. „Das ist doch das Land, wohin wir gehen sollen? Warum bleiben wir hier so lange am Berg Sinai?"
„Wir müssen lernen, als ein Volk zusammenzuleben", antwortet Vater. „Wenn es immer Streit gibt, werden wir schwach. Dann können wir uns nicht verteidigen. In Kanaan könnten wir von Menschen angegriffen werden, die nicht wollen, daß wir uns dort niederlassen."
„Leben dort schon Menschen?" fragt Ben.
„Ja, aber es wird für uns noch genug Platz sein", sagt Vater. „Wir gehen bald dorthin. Mose hat zwölf Männer ausgewählt, aus jedem Stamm einen, um das Land zu erkunden. Sie müssen herausfinden, wie wir am besten nach Kanaan kommen und wo wir wohnen können."
Endlich gibt Mose das Zeichen zum Aufbruch. Die Zelte werden zusammengefaltet und alles wird eingepackt. Dann machen sich die Israeliten wieder auf den Weg. Vier Priester tragen die Bundeslade und gehen vor dem Volk her.

An einem Berg werden die Zelte wieder aufgestellt. Hinter dem Berg liegt das Land Kanaan. Die zwölf Kundschafter besteigen den Berg, und alle Menschen schauen ihnen nach, bis sie auf der anderen Seite verschwunden sind. Die Männer bleiben lange weg. Aber am Abend des 40. Tages erhebt sich ein großer Jubel: „Da kommen sie!"
Langsam steigen die zwölf Kundschafter den Berg hinunter. Sie tragen Körbe mit Feigen, Oliven und Äpfeln. Zwei Männer tragen gemeinsam etwas an einem Stock.

79

„Was ist das?" fragt Ben.

„Das sind Trauben", sagt seine Mutter, „aber so eine große Dolde habe ich in Ägypten nie gesehen!"

„Kann man die essen?" Mutter nickt. Ben ist in der Wüste geboren und hat noch nie eine Traube probiert.

Die Kundschafter verteilen die Früchte. „Mmmh, wie lecker!" sagt Ben, als er einige Trauben probiert.

Josua, einer der Kundschafter sagt: „Wie ihr seht, wachsen viele Früchte in Kanaan."

Aber andere sagen: „Es wohnen große starke Menschen dort. Verglichen mit ihnen sind wir nur magere Heuschrecken. Wenn sie uns angreifen, kommen wir nicht gegen sie an!" So reden zehn von den zwölfen. Sie machen dem Volk angst.

Die zwei anderen Kundschafter, Josua und Kaleb, sagen: „Wir brauchen keine Angst zu haben, Gott ist bei uns. Dann können wir sicher auch in diesem Land wohnen!"

Aber die Menschen hören auf die zehn Männer, die ihnen Angst machen. Und sie werden zornig auf Mose. „Wären wir nur in Ägypten geblieben", sagen sie. „Wir sollten besser einen anderen Führer wählen, einen Führer, der uns zurückbringt nach Ägypten."

Mose dreht sich um und geht in das Zelt, in dem die Bundeslade steht. Als er wieder nach draußen kommt, spricht er zum Volk: „Gott hat uns aus Ägypten befreit, und mit seiner Hilfe sind wir nun bis hierhin gekommen. Aber noch immer habt ihr kein Vertrauen zu Gott. So können wir nicht nach Kanaan ziehen. Wenn die Kinder groß sind, sollen sie mit Josua und Kaleb in das Land gehen."

Erschrocken hört Ben diese Worte. Er begreift, daß sie noch lange in der Wüste bleiben werden. Er ist enttäuscht. Er möchte nun so gern in das Land, in dem die leckeren Trauben wachsen.

Die fünf Mädchen

Vierzig Jahre zieht das Volk Israel durch die Wüste. Die Kinder, die während der langen Reise geboren werden, werden erwachsen und bekommen selbst Kinder. Die alten Menschen sterben, auch Aaron und Mirjam. Aber Mose lebt noch. Er ist sehr alt geworden. Eines Tages läßt er die Führer der zwölf Stämme zu sich kommen. Er sagt: „Jetzt ist die Zeit gekommen, daß ihr nach Kanaan ziehen dürft. Zählt die Menschen, die zu euerem eigenen Stamm gehören. Wir müssen wissen, wie groß jeder Stamm ist. Jede Familie bekommt in Kanaan ein Stück Land, um darauf zu leben. Je größer die Familie, desto größer muß das Land sein."
Die Führer gehen jeweils zu ihrem eigenen Stamm zurück. Dann gehen sie an den Zelten entlang und fragen die Familienoberhäupter, wieviel Leute zu ihrer Familie gehören.
In einem der Zelte gibt es keinen Vater mehr. Dort wohnen fünf Mädchen allein: Machla, Noa, Hogla, Milka und Tirza. Ihre Eltern sind gestorben.
„Werden wir auch ein eigenes Stück Land bekommen, um darauf zu leben?" fragt Machla, das älteste der Mädchen, den Führer ihres Stammes.
„Nein", sagt er, „ihr wißt doch wohl, daß nur ein Sohn den Besitz des Vaters erben kann! Euer Vater hatte keinen Sohn. Ihr gehört nun zur Familie eures Onkels, des Bruders eures Vaters." Hastig läuft der Führer des Stammes zum nächsten Zelt.
„Das finde ich nicht gerecht", sagt Machla zu ihren Schwestern. „Kommt, laßt uns zu Mose gehen!"
Mose sitzt vor dem Zelt, in dem die Bundeslade mit den Zehn Geboten steht. Er spricht mit dem Sohn von Aaron, der Priester ist, und mit den Ältesten des Volkes. Überrascht und auch ein wenig unfreundlich schauen die Männer zu den fünf Mädchen, die vor Mose stehen. Wie können sie es wagen, so einfach zu Mose zu gehen? Zumeist sind es Männer, die zu ihm kommen und ihn um Rat fragen, wenn sie Schwierigkeiten haben. Aber Mose möchte gern hören, was die Mädchen zu sagen haben.
Machla sagt: „Unser Vater ist in der Wüste gestorben."
„Ja", sagt Noa, „aber wenn er noch lebte, hätte er auch das Recht auf ein Stück Acker im gelobten Land."
Hogla sagt: „Unser Vater hatte keinen Sohn. Wenn er einen Sohn gehabt hätte, würde der Sohn das dem Vater zustehende Land bekommen."
„Wird unser Vater nun vergessen, weil er keinen Sohn hat?" fragt Milka.

„Warum bekommen wir nicht das Stück Land unseres Vaters?" fragt Tirza.
„Weil wir Töchter sind?"
Mose gibt nicht sofort Antwort. Er steht auf und geht in das Zelt mit der Bundeslade.
„Vielleicht betet Mose zu Gott und fragt ihn, was zu tun ist", flüstert Machla.
Gespannt warten die Mädchen.
Als Mose zurückkommt sagt er: „Gott sagt, daß ihr recht habt. Der Besitz eines Vaters kann auch einer Tochter gegeben werden."
Machla und ihre Schwestern sind sehr froh über die Antwort von Mose.
Hand in Hand laufen sie zu ihrem Zelt zurück.

Kanaan

Mose spürt, daß er nicht mehr lange leben würde und daß er das Volk nicht selbst nach Kanaan bringen könne. Eines Morgens läßt er das ganze Volk bei dem Zelt mit der Bundeslade zusammenkommen.
Vor dem Zelt steht Josua neben Mose. Josua war einer der zwei Kundschafter, die das Volk nicht geängstigt hatten, wie die anderen zehn Kundschafter. Er sagte, daß sie mit Gottes Hilfe nach Kanaan ziehen könnten.
Mose sagt zum Volk: „Vierzig Jahre haben wir in der Wüste gelebt. Nun sollt ihr in das Gelobte Land gehen, und Josua wird euch den Weg zeigen. Hört auf ihn und vergeßt nie die Zehn Gebote Gottes."
Dann nimmt Mose Abschied vom Volk. Er geht zum Berg Nebo. Langsam geht er hinauf, ganz allein. Alle Menschen schauen ihm nach. Niemand darf mit ihm gehen, Mose weiß, daß Gott bei ihm ist. Oben auf dem Berg kann er das Land Kanaan sehen, durch das der Fluß Jordan fließt. Dorthin soll Josua das Volk bringen. Mose kann nun ruhig sterben, er hat getan, was Gott ihm aufgetragen hatte.
Als Mose nicht zurückkommt, weiß das Volk, daß er gestorben ist. Dreißig Tage trauern sie um ihn. Aber dann, eines Morgens, bläst Josua auf dem Widderhorn. Das ist das Zeichen, daß das Volk Israel nach Kanaan aufbrechen soll. Die Zelte werden zusammengefaltet und in einem langen Zug machen sich die zwölf Stämme auf den Weg.
An der Spitze gehen die Priester, die die Bundeslade tragen. Sie ziehen zum Jordan. Den müssen sie überqueren, um ins gelobte Land zu kommen. An einer Stelle, an der das Wasser sehr flach ist, gehen die Priester in den Fluß. Mitten im Jordan bleiben sie mit der Bundeslade stehen, während das ganze Volk sicher ans andere Ufer gelangt.
Dann wählt Josua aus jedem Stamm einen Mann aus, den er in die Mitte des Flusses zurückschickt, wo noch immer die Priester mit der Bundeslade stehen. Die zwölf Männer suchen dort jeweils einen großen Stein, den sie auf den Schultern zum Ufer tragen. Diese zwölf Steine legen sie in einen Kreis.
„Seht", sagt Josua zum Volk, „wenn eure Kinder später fragen: ‚Was bedeuten diese Steine?' Dann sollt ihr ihnen berichten, wie wir hier sicher durch den Jordan ins gelobte Land gekomen sind. Und wie Gott uns aus Ägypten zurückgebracht hat ins Land, in dem Abraham und Sara und später Jakob mit seinen zwölf Söhnen gewohnt haben."

Die Priester kommen mit der Bundeslade zum Ufer. Endlich ist das Volk Israel in Kanaan.
Es dauert noch lange, bis jeder Stamm ein eigenes Stück Land hat, um sich darauf anzusiedeln. Die Kanaaniter wollen die Israeliten nicht als Nachbarn dulden. Sie sind ihnen feindlich gesonnen.
Doch allmählich bekommt jeder Stamm ein eigenes Stück Land.
Auch Machla und ihre Schwestern können auf einem eigenen Stück Acker wohnen.
Die Stämme Israels wohnen verstreut zwischen den anderen Einwohnern Kanaans. Deshalb können sie nicht mehr als ein Volk leben wie in der Wüste. Aber sie haben genug Land, um Korn anzubauen. Und es gibt dort Weiden für ihre Tiere.

Gideon

Gideon kommt mit einem Arm voll Korn von einem Feld, auf dem er das Korn gerade abgemäht hat. Er wirft es in einen Trog, der unter einer Eiche steht. Dann nimmt er den Dreschflegel und schlägt damit die Körner aus den Ähren.
Die Bauern dreschen ihr Korn immer unter freiem Himmel, damit der Wind die Spreu wegweht. In einem Trog zu dreschen, ist schwer. Doch Gideon muß es so machen. Es ist sicherer. Aus der Ferne kann so niemand sehen, daß Korn gedroschen wird.
Schnell steckt Gideon die Körner in einen Sack. So rasch wie möglich steigt er damit auf einen Berg und versteckt den Sack in einer Höhle. Denn jeden Augenblick können Männer aus der Wüste auftauchen, die das Korn stehlen wollen. Das sind Männer aus Midian, die Midianiter. Sobald das Korn reif ist und abgemäht wird, kommen sie plötzlich auf ihren Kamelen angeritten, um das Korn zu rauben.
Wenn die Bauern sich wehren, werden sie niedergeschlagen.
Darum flüchten sie mit ihren Frauen und Kindern in die Berge, wenn die Midianiter kommen, und verstecken sich in Höhlen. Sie gehen erst zurück, wenn die Midianiter wieder verschwunden sind, aber die haben dann die Bauernhöfe geplündert. Das geht schon sieben Jahre so. Die Bauern sind dadurch arm geworden.
„Warum verteidigen wir uns nicht?" hat Gideon seinen Vater Joasch gefragt. „Zusammen mit den anderen Stämmen Israels können wir die Midianiter doch verjagen?"
„Die Stämme wohnen weit über das Land verstreut", sagt sein Vater, „und sie haben oft Streit untereinander. Wir sind kein einiges Volk mehr. Hätten wir nur wieder einen guten Führer wie Mose oder Josua."
Gideon denkt an die Erzählungen seines Großvaters. Wie das Volk Israel unter der Führung von Mose durch die Wüste gezogen ist. Auch damals gab es oft Streit. Damit alle lernen, gut miteinander auszukommen, hat Mose die Zehn Gebote vom Berg Sinai mitgebracht. Sie wurden in der Bundeslade mit durch die Wüste getragen. Und unter der Führung Josuas ist das Volk mit der Lade nach Kanaan gezogen.
Aber Josua lebt schon lange nicht mehr. Gideon weiß nicht, wo die Bundeslade nun geblieben ist. Und wer denkt noch an die Zehn Gebote? Gideon hat sie von seinem Großvater gelernt, aber er sieht, daß viele

Israeliten sich nicht nach ihnen richten. Es scheint, als ob sie selbst an Gott nicht mehr denken.

Selbst Joasch, der Vater Gideons, hat auf seinem Kornfeld für den Gott der Kanaaniter einen Pfahl aufgestellt. Sie nennen diesen Gott Baal. Sie glauben, daß ein solcher Pfahl das Korn wachsen läßt.

Aber wie kann ein hölzerner Pfahl überhaupt etwas bewirken, denkt Gideon, als er unter der Eiche das Korn drischt. Er glaubt nicht daran. Gerade ruht er sich ein wenig aus. Er wischt den Schweiß von seiner Stirn und schüttelt das Stroh aus seinen Haaren.

Dann sieht er auf einmal einen fremden Mann bei dem Baum stehen. Er erschrickt. Ist das ein Midianiter, der sein Korn stehlen will?

Gideon springt auf. Aber der Mann sagt ruhig: „Gideon, du bist tapfer und stark. Du kannst Israel von den Midianitern befreien."

„Wie könnte ich das tun?" fragt Gideon erstaunt. Ich gehöre zu der kleinsten Familie und bin der jüngste Sohn meines Vaters.

„Gott wird dir helfen, Gideon", sagt der Fremde. Plötzlich ist er wieder verschwunden.

Gideon reibt seine Augen. Habe ich geträumt? denkt er. Oder war das ein Botschafter Gottes? Gideon geht wieder an die Arbeit. Aber den ganzen Tag über muß er an die Worte des Fremden denken.

Es ist schon spät am Abend, als das ganze Korn gemäht und gedroschen ist. Es liegt nun sicher in einer Höhle auf dem Berg. Gideon ist müde, aber er kann nicht schlafen.

Beim Mondlicht geht er zum Kornfeld und schaut sich den hohen Pfahl an. Er denkt wieder an die Erzählungen seines Großvaters.

Als Mose auf dem Berg Sinai war, haben die Menschen ein goldenes Kalb gemacht und es angebetet. Wie zornig Mose war, als er zurückkam. Er hat das goldene Kalb in Stücke geschlagen.

Als Gideon daran denkt, weiß er, was er zu tun hat. Er geht zum Bauernhof und holt ein Beil aus der Scheune. Damit hackt er den Pfahl um. Dann erst kann er schlafen.

Am folgenden Morgen sehen Männer aus dem Dorf, daß der Pfahl umgehauen worden ist.

„Wer hat das getan? Nun wird Baal zornig auf unser Dorf", sagen sie ängstlich, „was wird mit uns geschehen?"

„Ich weiß, wer es getan hat", sagt ein Knecht von Joasch, „heute nacht wurde ich durch irgendeinem Lärm aufgeweckt. Dann sah ich, daß Gideon sich hier zu schaffen machte."

Wütend laufen die Männer zum Bauernhof von Joasch und schreien:
„Joasch, bring deinen Sohn Gideon nach draußen. Er muß bestraft werden, denn er hat den Pfahl Baals umgehauen."
Aber Joasch sagt: „Wollt ihr für Baal kämpfen? Wenn er ein Gott ist, hat er keine Hilfe nötig. Warten wir erst einmal ab, ob Baal selbst Gideon bestrafen wird."
Gideon ist von dem Geschrei aufgewacht. Als er nach draußen kommt, wird es totenstill. Die Männer treten ein paar Schritte zurück.
Sie erwarten, daß ein Blitz aus dem Himmel kommt und Gideon tötet. Aber es geschieht nichts. Einer nach dem anderen dreht sich um und geht an seine Arbeit.

Blase auf dem Widderhorn!

„Flieht, flieht in die Berge!" hört Gideon eines Morgens rufen und geht schnell nach draußen. Die Menschen aus dem Dorf laufen zusammen. Ein Mann schreit: „Die Midianiter sind wieder da! Eine sehr große Armee! Nicht weit von hier in der Ebene haben sie ihre Zelte aufgeschlagen. Jederzeit können sie uns angreifen! Flieht!"
Aber Gideon sagt laut: „Nein, wir dürfen nicht fliehen. Wir müssen unsere Feinde verjagen!"
Er bläst auf einem Widderhorn und ruft alle Männer aus seinem Dorf auf, mit ihm zu gehen. Und er schickt Männer über das ganze Land zu allen Stämmen Israels. Sie blasen überall auf dem Widderhorn und rufen: „Wir haben einen neuen Führer. Folgt Gideon! Dann werden wir uns von den Midianitern befreien."
Mehr als dreißigtausend Männer schließen sich Gideon an. Ein großes Heer. Aber es ist eine ungeordnete Truppe. Die Männer kennen einander nicht und wissen nicht, wie sie sich gemeinsam gegen einen Feind verteidigen müssen. Werden sie aus Angst vor den Midianitern fliehen, wenn es darauf ankommt?
„Wer Angst hat, sollte besser nach Hause gehen", sagt Gideon. Viele Männer gehen weg. Es bleiben noch zehntausend übrig.
Gideon kommt mit diesem Heer zu einem Bach, an dem sie trinken können. Es sind Männer dabei, die sich auf den Bauch fallen lassen und das Wasser wie Hunde aufschlürfen. Das ist eine kleine Gruppe. Die meisten Männer knien nieder und schöpfen das Wasser mit den Händen.
„Die Männer, die knien, um zu trinken, können auch nach Hause gehen", sagt Gideon. Es bleiben noch dreihundert Männer übrig. Mit dieser kleinen Gruppe will Gideon das Volk befreien, doch nicht aus eigener Kraft: Gideon vertraut auf Gott.
Es ist schon dunkel, als sie an einen Berg kommen. Dort läßt Gideon seine Männer ausruhen. Hinter dem Berg ist die Ebene, in der die große Armee der Midianiter lagert.
Gideon geht allein mit seinem Diener Pura den Berg hinauf. Sie haben keine Waffen bei sich. Auf der anderen Seite des Berges kriechen sie auf Händen und Füßen durch die Sträucher nach unten. Dann schleichen sie sich in das Zeltlager der Midianiter. Es ist nun mitten in der Nacht. Die Soldaten schlafen, nur in einem Zelt nicht. Dort sprechen zwei Männer miteinander. Gideon und Pura kriechen dorthin und lauschen.

„Was für einen verrückten Traum ich gehabt habe!" sagt der eine Soldat. „Ich sah ein rundes Gerstenbrot den Berg hinabrollen. Es rollte in unser Lager und stieß plötzlich unser Zelt um. Alles über den Haufen!"
Der andere Soldat sagt: „Ich habe gehört, daß die Israeliten einen neuen Führer haben. Er heißt Gideon und will mit einem kleinen Heer gegen uns kämpfen. Darüber mußte ich lachen. Aber dein Traum kann bedeuten, daß Gideon uns mit seinem kleinen Heer doch schlagen kann."
Als Gideon und Pura dies hören, bekommen sie neuen Mut. Sie schleichen sich weg und gehen zu ihren eigenen Männern zurück. Gideon weckt sie und sagt: „Wir werden siegen, ohne zu kämpfen. Legt euere Waffen ab."
Er gibt allen Männern ein Widderhorn, einen Krug und eine Fackel. Damit schleichen sie sich ganz leise zum Lager der Midianiter. Sie bilden einen Kreis um die Zelte. Ihre Fackeln haben sie bereits angesteckt, aber sie verbergen das Licht noch in den Krügen.
Dann bläst Gideon auf seinem Widderhorn. Die dreihundert Männer blasen nun auch auf ihren Hörnern und schlagen ihre Krüge in Stücke. Es ist ein Höllenlärm. Alle Männer Gideons rufen nun gleichzeitig: „Für Gott und für Gideon!"
Die Midianiter schrecken aus dem Schlaf und kommen schnell aus ihren Zelten. Rund um ihr Lager sehen sie hunderte brennende Fackeln. Sie denken, daß sie von einer gewaltigen Armee umringt sind. Schreiend vor Angst fliehen sie. Sie wagen es vorläufig nicht zurückzukommen.
Israel ist befreit. Die Bauern können wieder in Ruhe ihr Korn mähen und es unter freiem Himmel dreschen.
„Gideon, du mußt unser König werden", sagen die Männer Israels, „du hast uns befreit."
Aber Gideon schüttelt den Kopf und sagt: „Gott hat uns befreit, er soll unser König sein!"

Rut, die Frau aus Moab

In dem Städtchen Betlehem spielen zwei Jungen vor dem Haus, in dem sie wohnen. Ihre Mutter Noomi kommt gerade mit einem Krug Wasser vom Brunnen zurück.
„Kann ich ein Stück Brot haben, Mutter?" fragt Machlon. „Ich habe Hunger."
„Nein, Machlon, es ist noch nicht Zeit zum Essen", sagt Noomi.
„Ich habe auch so einen Hunger", klagt Kiljon, „wir haben heute früh nur ein kleines Stückchen Brot gehabt!"
Noomi seufzt. „Du weißt doch, daß wir mit dem Mehl, das wir noch haben, sehr sparsam sein müssen! Trinkt mal etwas von dem Wasser, das ich geholt habe. Es ist noch schön kühl. Wenn Vater bald mit dem Korn nach Hause kommt, bekommt ihr mehr Brot."
Machlon sagt: „Sollen wir Vater entgegenlaufen, Kiljon?" Zusammen laufen sie weg. Dann sehen sie ihren Vater Elimelech schon ankommen. Sie rennen ihm entgegen. Aber der Sack, den Vater bei sich trägt, ist leer.
„Hast du kein Getreide bekommen können?" fragt Machlon. „Nein", antwortet Elimelech, „auch die Bauern, die große Getreidefelder haben, verkaufen kein Korn mehr."
Elimelech selbst hat nur ein kleines Stück Land. Aber darauf wuchs immer genug Getreide für seine Familie. Nun hat es lange Zeit nicht geregnet. Auf dem Feld konnte nichts wachsen. Elimelech hat noch einige Getreidekörner aufbewahrt, um sie im Herbst erneut auszusäen. Aber nun müssen sie auch dieses Getreide aufessen. Und was dann?
„Seht einmal", sagt er zu seinen Jungen, „ich habe ein paar getrocknete Fische auf dem Markt gekauft. Die sind für euch."
Während Machlon und Kiljon die Fische essen, sagt Elimelech zu Noomi: „So geht es nicht weiter. Ich habe gehört, daß in Moab genug Getreide ist. Dort hat es rechtzeitig geregnet. Laßt uns dorthin gehen. Hier werden wir verhungern."
Noomi erschrickt. „Nach Moab gehen? Da glauben die Menschen an andere Götter. Wir werden dort Fremde sein. Und wie kommen wir an Geld, um Korn zu kaufen?"
„Wir müssen unser Haus und unser Feld verkaufen", sagt Elimelech betrübt. Noomi findet das alles sehr schlimm, aber sie begreift, daß es nicht anders geht. So ziehen sie aus Betlehem weg.
In Moab wird Elimelech Knecht bei einem Bauern. Sie brauchen nun

keinen Hunger mehr zu leiden. Als Machlon und Kiljon größer werden, gehen sie auch arbeiten.
Es geht ihnen gut, bis Elimelech krank wird und stirbt. Noomi und die Jungen sind ganz verzweifelt. Noomi will nun gern wieder nach Betlehem zurück, wo ihre Familie wohnt. Aber Machlon und Kiljon heiraten zwei moabitische Mädchen, Orpa und Rut. Sie sorgen gut für Noomi und versuchen sie zu trösten.
Ein paar Jahre später kommt erneut ein großes Unglück über Noomi. Machlon und Kiljon sterben. Noomi weint viel und sehnt sich nach ihrem eigenen Land zurück, in dem nun keine Hungersnot mehr herrscht.
Eines Morgens macht sie sich auf den Weg nach Betlehem. Orpa und Rut gehen mit, aber unterwegs bleibt Noomi stehen. Sie sagt: „Ihr seid zu mir und zu meinen Söhnen sehr lieb gewesen. Geht nun zurück zu euren eigenen Familien. Ich hoffe, daß ihr einmal wieder glücklich werdet."
Orpa und Rut wollen Noomi nicht allein gehen lassen. Aber es ist auch schwer für sie, aus dem Land wegzugehen, in dem sie geboren sind. Orpa küßt Noomi und geht dann zu ihren Eltern zurück.
Rut will Noomi nicht im Stich lassen. „Ich gehe mit dir", sagt sie. „Ich will zu deinem Volk gehören. Und dein Gott ist auch mein Gott." Noomi ist froh, daß Rut sie begleitet.

Als sie nicht mehr weit von Betlehem entfernt sind, sehen sie, daß auf den Feldern viel Getreide wächst. Die Mäher schneiden die Halme ab und binden sie zu Garben zusammen. Hinter den Mähern laufen einige Frauen. Sie sammeln die Ähren auf, die liegengeblieben sind. Es sind arme Frauen wie Noomi und Rut.
„Dürfen sie das Korn behalten?" fragt Rut.
„Ja", sagt Noomi, „in unserem Land dürfen arme Leute das Getreide, das auf dem Feld liegenbleibt, mitnehmen."
Am Stadttor von Betlehem stehen einige Frauen und reden miteinander. Sie schauen neugierig zu Noomi und Rut. Sie erkennen Noomi zuerst nicht. Aber dann ruft eine der Frauen erstaunt: „Die alte Frau, das ist Noomi! Wie betrübt sie aussieht!"
Noomi hört, was die Frau sagt. Sie geht auf die Frauen zu und erzählt ihnen, daß ihr Mann und ihre Söhne gestorben sind. Da erschrecken die Frauen. Sie erzählen es den anderen Leuten in Betlehem, und jeder hat Mitleid mit Noomi. Sie kann mit Rut bei einer Familie wohnen.

Keine Fremde mehr

Sobald es hell wird, steht Rut auf. Sie geht zum Kornfeld und fragt die Mäher, ob sie die Ähren aufsammeln kann, die liegengeblieben sind. Es wird ihr erlaubt, und Rut beginnt eifrig zu suchen. Sie merkt, daß sich die Mäher nach ihr umsehen und über sie sprechen, weil sie eine Fremde ist. Gegen Mittag kommt Boas, der Bauer, selbst auf das Feld. Als er Rut sieht, fragt er einen Knecht: „Wer ist die junge Frau da?"
„Das ist eine moabitische Frau", sagt der Knecht, „sie ist mit Noomi gekommen. Sie war schon früh am Morgen hier und hat den ganzen Tag gearbeitet."
Kurze Zeit später steht Boas vor Rut. Sie erschrickt. Wird er sie fortschicken, weil sie eine Frau aus Moab ist?
Aber Boas schaut sie freundlich an und sagt: „Hör zu, du kannst jeden Tag hierherkommen, und wenn du Durst hast, trink aus unseren Wasserkrügen." Rut verneigt sich vor Boas und fragt: „Warum bist du so gut zu mir, wo ich doch eine Fremde bin?"
„Ich habe gehört, daß dein Mann gestorben ist", sagt Boas, „und daß du deine Familie und dein Land verlassen hast, um für Noomi zu sorgen. Komm, es ist Zeit, um zu essen. Setz dich zu uns und iß von unserem Brot."
Rut ist überrascht. Sie darf bei Boas und seinen Mähern sitzen und mit ihnen das Brot essen. Damit will Boas zeigen, daß sie nicht länger als Fremde behandelt werden soll. Boas meint, daß sie nun zum Volk Israel gehört. Er gibt ihr so viel Brot und geröstetes Getreide, daß sie noch einiges übrig behält.
Als sie wieder Ähren sammelt, sagt Boas zu seinen Knechten, die die Garben binden: „Laßt absichtlich einige Ähren liegen, damit sie viel findet. Und seid nicht grob zu ihr."
Am Abend schlägt Rut auf dem Dreschplatz die Körner aus den Ähren. Es bleibt ein ganzer Sack voll. Es ist spät und schon fast dunkel, als sie zu Noomi kommt.
„Wie hast du das alles an einem Tag sammeln können?" fragt Noomi erstaunt. „Wo bist du gewesen?"
„Auf dem Feld eines Bauern, der sehr freundlich zu mir war", sagt Rut. „Sein Name ist Boas".
„O", sagt Noomi, „Boas gehört zu unserer Familie. Geh ruhig jeden Tag zu ihm und suche Ähren."

Das tut Rut, und jeden Tag kommt auch Boas auf das Feld. Er sorgt dafür, daß Rut viele Ähren findet und zu essen und zu trinken bekommt. Als die Ernte vorbei ist, hat Rut so viel Korn gesammelt, daß es für den ganzen Winter reicht.

Aber das Schönste ist, daß sich Boas und Rut ineinander verliebt haben. Sie heiraten und bekommen einen Sohn, den sie Obed nennen. Auch Noomi ist sehr froh darüber. Sie wohnt nun auf dem Bauernhof von Boas und Rut und freut sich, daß sie sich um das kleine Kind kümmern kann. Nach all dem Unglück kann sie wieder lachen.

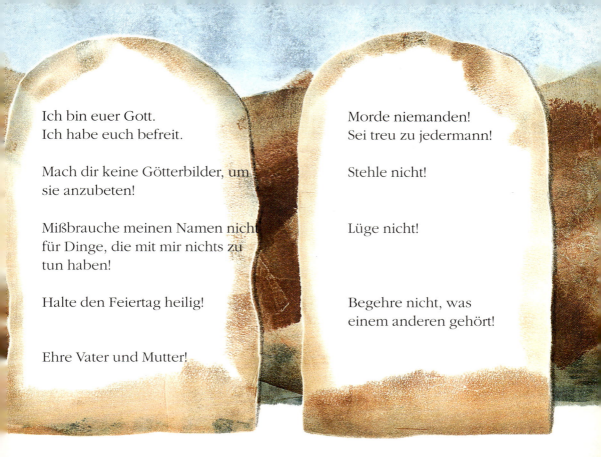

Ich bin euer Gott.
Ich habe euch befreit.

Mach dir keine Götterbilder, um sie anzubeten!

Mißbrauche meinen Namen nicht für Dinge, die mit mir nichts zu tun haben!

Halte den Feiertag heilig!

Ehre Vater und Mutter!

Morde niemanden!
Sei treu zu jedermann!

Stehle nicht!

Lüge nicht!

Begehre nicht, was einem anderen gehört!

Samuel

Weißt du noch, daß Mose die Zehn Gebote Gottes in der Wüste aufgeschrieben hat? Die zehn Regeln meißelte er in zwei Steinplatten. Die Priester haben die Platten in eine Truhe gelegt, die Bundeslade genannt wird. Die Lade ist reich mit Gold verziert und auf dem Deckel sieht man zwei goldene Engelfiguren. Sie steht nun in einem kleinen Tempel auf einem Hügel bei der Stadt Schilo.
Aus dem ganzen Land kommen die Israeliten zu diesem Tempel, um zu beten. Sie bringen auch Geschenke für Gott: Getreide von ihren Feldern, ein Tier aus ihrer Herde oder Wein aus ihren Trauben. Das ist ihr Opfer. Ein Teil davon wird auf dem Altar, einem Tisch aus Stein, verbrannt. So wollen die Menschen Gott zeigen, daß sie dankbar sind für das Korn und die Früchte, die auf ihrem Land wachsen.

Ein anderer Teil des Opfers ist für die Priester, den Rest behalten die Leute für sich. Sie machen daraus ein Festmahl.

Der alte Priester Eli hat dafür zu sorgen, daß im Tempel alles reibungslos verläuft. Er kann nicht mehr viel tun, denn er ist schon alt und fast blind. Seine zwei Söhne helfen ihm. Aber sie sind keine guten Priester. Wenn die Menschen das Fleisch für eine Mahlzeit vorbereiten, kommen die Söhne Elis und holen mit einer großen Gabel für sich die besten Stücke aus dem Topf. Sie nehmen viel mehr, als ihnen zusteht. Arme Menschen, die wenig geben können, beschimpfen sie. An die Zehn Gebote denken sie überhaupt nicht mehr.

Aber im Tempel ist noch ein Junge, der Eli wirklich hilft. Das ist Samuel. Er sorgt dafür, daß die sieben Öllämpchen auf dem Ständer immer brennen. Er macht den Tempel sauber und bringt Eli alles, was er braucht.

Samuel ist von seiner Mutter zum Tempel gebracht worden, damit er ein Knecht Gottes wird. Er trägt genau wie die Priester weiße Kleider und eine weiße Kappe. Die Leute nennen ihn deswegen manchmal den „kleinen Priester". Sie mögen Samuel, der auch freundlich zu ihnen ist.

Eines Abends geht Samuel wie jeden Abend in sein kleines Zimmer im Tempel, um zu schlafen. Aber mitten in der Nacht schreckt er aus dem Schlaf. Er hört eine Stimme, die ruft: „Samuel!"
Sofort steht er auf und läuft zu Eli. „Hier bin ich", sagt er.
„Was ist los?" fragt Eli überrascht.
„Du hast mich doch gerufen!"
Aber Eli sagt: „Ich habe dich nicht gerufen, geh wieder schlafen."
Als Samuel in sein Zimmer zurückgekehrt ist, hört er die Stimme erneut. Er läuft zu Eli. „Hier bin ich, nun hast du mich aber doch wirklich gerufen?"
Eli schüttelt den Kopf: „Nein, mein Junge, ich habe dich nicht gerufen, geh ruhig schlafen."
Samuel legt sich wieder hin. Aber er hört die Stimme zum dritten Mal: „Samuel!" Und er steht wieder auf und geht zu Eli.
Nun weiß der alte Priester, wer den Jungen ruft. „Es ist Gott, der dich ruft", sagt er. „Geh wieder in dein Zimmer und höre gut zu."
Mit klopfendem Herzen geht Samuel in sein Bett und wartet gespannt, was passiert. Wieder hört er die Stimme. „Samuel! Samuel!" Er senkt seinen Kopf und lauscht.
Dann hört Samuel, daß er von nun an die Worte Gottes an die Menschen weitergeben soll. Die Söhne Elis sollen nicht länger Priester am Tempel bleiben. Mit ihnen wird es ein böses Ende nehmen.
Samuel denkt lange nach. Er würde gern mit Eli darüber sprechen, aber er geht doch nicht zu ihm. Er weiß, daß es Eli sehr schmerzen wird, wenn er hört, was Gott über seine Söhne gesagt hat.
Als es hell wird, steht Samuel auf und öffnet wie jeden Morgen die Türen des Tempels. Eli ruft ihn und fragt: „Was hat Gott dir heute nacht erzählt? Du mußt es mir sagen."
Dann erzählt Samuel, was er gehört hat.
Eli ist traurig, aber er sagt: „Gott tut, was er für richtig hält."
Im Tempel ändert sich zunächst nichts. Eli warnt seine Söhne und hofft, daß sie ihre Arbeit nun gewissenhafter ausführen. Aber sie hören nicht auf ihren Vater.

Die Bundeslade und die Philister

„Die Philister kommen wieder in unser Land!" rufen die Bauern. Die Philister, die auch in Kanaan wohnen, haben schon früher versucht, das Land der Israeliten zu erobern. Die Soldaten Israels haben ihre Feinde aber stets verjagen können. Aber diesmal verlieren sie die Schlacht.
Einige Männer in Israel sagen: „Laßt uns die Bundeslade aus dem Tempel in unser Lager bringen. Vielleicht bringt die Lade uns Glück, und wir können uns von den Philistern befreien."
Sie gehen zum Tempel in Schilo und sprechen mit Elis Söhnen darüber. Sie halten das auch für einen guten Plan, aber der alte blinde Eli ist vor Schrecken starr, als er hört, was sie vorhaben. „Ihr dürft die Lade nicht mitnehmen", sagt er, „die Lade gehört in den Tempel!"
Aber die Söhne geben nichts auf das, was ihr Vater sagt. Sie tragen die Lade nach draußen und bringen sie wie eine Zauberkiste ins Lager der Soldaten. Die Soldaten Israels jauchzen vor Freude, als sie die Lade sehen. Sie schreien so laut, daß die Philister es hören.
„Was soll das bedeuten?" fragen sie sich, „warum jauchzen die Israeliten so?"
Von Spionen hören sie, daß die Lade ins Lager gebracht worden ist. Dann sagen sie: „Der Gott Israels wohnt bestimmt in der goldenen Truhe. Jetzt, wo ihr Gott bei ihnen ist, müssen wir noch viel tapferer kämpfen."
Es wird ein schrecklicher Kampf. Erneut werden die Israeliten geschlagen. Die Söhne Elis, die die Lade trugen, werden getötet.
Die Lade wird von den Philistern mitgenommen.
In einem feierlichen Zug tragen die Soldaten der Philister die schöne goldene Truhe in die Stadt, in der ihr Tempel steht. Dort wird der Sieg gefeiert.
Musik erklingt, und Frauen umtanzen die Soldaten, die die Lade tragen. Die Kinder schauen voller Verwunderung auf die schöne Truhe mit den goldenen Engeln.
Dann wird die Lade in den Tempel gebracht. Hier steht ein großes steinernes Standbild des Gottes der Philister. Die Soldaten verneigen sich vor dem Standbild und setzen die Lade ab. „Nun kann jedermann sehen, daß unser Gott stärker ist als der der Israeliten", sagen sie.
Am nächsten Morgen kommen viele Menschen aus der Stadt zum Tempel, um vor dem Standbild ihres Gottes zu beten und sich die Lade

anzuschauen. Aber als die Türen geöffnet werden, erschrecken sie. Das Standbild ist umgefallen, Kopf und Arme liegen auf den Stufen. „Hat das die Zauberkiste getan?" wird geflüstert.
Einige Tage später werden viele Menschen in der Stadt ernstlich krank. Die Philister glauben, daß das von der Lade kommt, und haben Angst.
„Die Zauberkiste bringt nur Unglück", rufen sie. Sie schicken die Lade wieder zurück nach Israel.
Die Israeliten sind froh, daß ihre Bundeslade wieder da ist. Aber es gibt keine Priester mehr im Tempel in Schilo. Der alte Eli ist vor Kummer gestorben, als er hörte, daß die Philister die Bundeslade mitgenommen haben. Die Lade wird ins Haus eines Bauern gebracht. Sein Sohn soll sie bewachen.
Samuel sagt zu den Leuten: „Die Lade ist keine Zauberkiste! Die Zehn Gebote Gottes, die in der Lade aufbewahrt werden, zeigen uns, wie wir leben müssen."
Samuel wird ein guter Führer des Volkes. Aber als er alt geworden ist, fragen sich die Menschen: „Wer soll unser Führer sein, wenn Samuel nicht mehr da ist? Wir werden bestimmt wieder von den Philistern angegriffen. Wir brauchen einen König, der unsere Soldaten anführt, wenn sie gegen Feinde kämpfen müssen."
Eines Tages gehen die Stammesältesten zu Samuel und sagen: „Wir wollen einen König haben, genauso wie die anderen Völker."
Samuel erschrickt: „Habt ihr vergessen, daß Gott unser König ist?" sagt er. „Seht ihr nicht, daß die Könige der anderen Völker mehr an sich selbst denken als an ihre Völker? Ein König will in einem schönen Palast wohnen. Das müßt ihr dann bezahlen. Und eure Söhne und Töchter müssen für ihn als Knechte und Mägde arbeiten."
„Wir wollen einen guten König", sagen die Männer.
Als sie wieder weg sind, denkt Samuel: Wie finde ich einen gerechten König, der das Volk gut regiert? Er betet zu Gott und fragt ihn, was er tun soll.

Saul bei Samuel

Saul, ein großer junger Mann, zieht mit einem Knecht seines Vaters durch die Berge. Sie suchen entlaufene Esel. Obwohl sie schon drei Tage suchen, haben sie die Tiere noch immer nicht gefunden.
„Komm!" sagt Saul zum Knecht, „laß uns nach Hause gehen, sonst wird Vater unruhig, weil wir so lange wegbleiben."
„Warte noch", sagt der Knecht, „wir sind nun ganz nah bei der Stadt, in der Samuel wohnt. Er ist ein Prophet und weiß viel mehr als ein gewöhnlicher Mensch. Vielleicht kann er uns helfen."
„Gut", sagt Saul, „wir können ihn ja mal fragen."
Als sie am Stadttor ankommen, geht gerade ein alter Mann durch das Tor. Saul läuft zu ihm und fragt: „Kannst du uns wohl sagen, wo Samuel wohnt?"
Der alte Mann antwortet: „Ich bin Samuel." Und er schaut Saul mit einem durchdringenden Blick an.
„Wenn du mich etwas fragen willst, geh mit mir", sagt Samuel, „ich bin auf dem Weg zu einem Festmahl außerhalb der Stadt."
Unterwegs berichtet Saul, daß sie die Esel seines Vaters suchen.
„Mach dir keine Gedanken über die Tiere", sagt Samuel, „die kommen schon zu deinem Vater zurück. Es gibt wichtigere Dinge, über die ich mit dir sprechen will."
Saul schaut Samuel erstaunt an. „Ich bin nur ein einfacher Bauernjunge und gehöre zum kleinsten Stamm Israels. Ich kann nicht verstehen, warum du mit mir etwas Wichtiges besprechen willst."
„Ihr könnt zusammen mit uns essen", sagt Samuel, „danach können wir reden."
In einem Haus auf einem Hügel über der Stadt sitzen etwa dreißig Leute an einer großen Tafel und warten auf Samuel. Saul darf neben Samuel sitzen. Zu seiner Überraschung bekommt er das beste Stück Fleisch.
Nach dem Essen nimmt Samuel ihn mit in sein Haus. Er geht mit Samuel auf das flache Dach des Hauses, und während alle anderen schon schlafen, spricht Samuel mit Saul dort über das Volk Israel, das einen König haben will. Samuel sagt: „Saul, du kannst ein guter König werden, wenn du nie vergißt, daß du immer auch ein Knecht Gottes bist."
Saul fragt erstaunt: „Warum soll ich ausgewählt werden?"
Samuel gibt darauf keine Antwort. Er geht hinunter, und Saul bleibt allein auf dem Dach zurück. Bevor er schlafen geht, schaut er zu den Tausenden

von Sternen am dunklen Himmel und denkt: Kann ich der König sein, den das Volk verlangt?

Sobald die Sonne aufgeht, weckt Samuel Saul und sagt: „Steh auf, ich werde dich begleiten." Und als er mit Saul und dem Knecht außerhalb der Stadt ist sagt er: „Laß den Knecht vorausgehen. Ich habe dir etwas zu sagen."

Mit gesenktem Kopf steht Saul vor Samuel, der einen kleinen Krug mit Öl in der Hand hält. „Gott hat mich beauftragt, dich zum König über sein Volk zu machen", sagt Samuel. Und während er den Krug über Sauls Kopf ausschüttet, sagt er: „Mit diesem Öl salbe ich dich zum König."

Saul weiß nicht, wie ihm geschieht, er glaubt zu träumen.

„Sprich noch mit niemandem darüber", sagt Samuel, „warte, bis ich dir sage, was du tun sollst."

Samuel geht zur Stadt, Saul und sein Kecht kehren zum Bauernhof des Vaters zurück. Der ist froh, daß sie unbeschadet wieder da sind. Die Esel sind inzwischen von allein wieder zurückgekommen.

Saul arbeitet wieder auf dem Hof, so, als sei nichts geschehen. Niemandem sagt er, daß er von Samuel zum König gesalbt worden ist. Er versteht noch immer nicht, warum man gerade ihn ausgewählt hat.

König Saul

„Habt ihr es schon gehört?" sagt Sauls Vater. „Samuel ruft alle Leute zusammen, um einen König zu wählen. Da gehen wir natürlich mit unserer Familie auch hin."
Saul erschrickt. Soll es nun geschehen? Oder hat Samuel es sich überlegt, wählt er nun doch einen anderen? Saul ist zwar gesalbt, aber so lange niemand davon weiß, ist er noch nicht wirklich König. Und ob das Volk ihn wohl zum König haben will?
Als die zwölf Stämme sich versammelt haben, sagt Samuel: „Gott hat unser Volk aus der Hand des ägyptischen Königs befreit. Nun wollt ihr einen eigenen König. Gut, einer von euch soll König werden, aber vergeßt nie, daß Gott unser einziger wahrer König ist. Wer König von Israel wird, der muß selbst den Worten Gottes gehorchen."
Jeder schaut Samuel erwartungsvoll an. Wer soll gewählt werden? Samuel ruft aus: „Saul soll König werden!"
Die Leute sehen sich um. Wo ist Saul? Niemand sieht ihn. Einige Männer gehen los, um ihn zu suchen, und finden ihn hinter den Wasserkrügen. Da hat er sich versteckt, weil er plötzlich Angst bekommen hat. Nein, ich habe nicht den Mut, denkt er, ich kann nicht König werden. Aber sie bringen ihn zu Samuel, und als jeder sieht, wie groß und stark Saul ist, jubelt das Volk: „Es lebe der König!"
Das macht Saul Mut. Er hört zwar ein paar Männer sagen: „Wie soll uns so ein Bauernjunge von der Philistern befreien können?" Aber daraus macht er sich nichts, da ihm so viele Menschen zujubeln.
Es gibt noch keinen Palast, in dem Saul wohnen könnte. Er geht nach Hause zurück und arbeitet am nächsten Tag wie gewöhnlich auf dem Bauernhof.
Aber eines Tages wird eine israelitische Stadt von Feinden überfallen. Saul wird wütend, als er davon hört. Er ruft Männer aus allen Stämmen zusammen, und mit dem Heer verjagt er die Feinde. Danach wird ein Fest gefeiert, und jeder jubelt wieder: „Saul ist unser König!" Nun jubeln auch die Männer, die zuerst kein Vertrauen zu Saul hatten.
Es ist für einen Bauernjungen schwierig, von heute auf morgen König zu sein. Aber Samuel hilft Saul. Er gibt ihm immer gute Ratschläge.
Saul heiratet. Für ihn und seine Frau wird ein schönes Haus gebaut. In diesem Palast wird ein Prinz geboren. Er bekommt den Namen Jonatan.

Später werden noch zwei Prinzen und zwei Prinzessinnen geboren, aber Jonatan ist der Kronprinz. Als er erwachsen ist, erweist er sich als genauso tapfer wie sein Vater. Saul und Jonatan müssen mit ihren Soldaten oft gegen Feinde kämpfen, die die Dörfer Israels überfallen.
Saul ist nun nicht mehr der schüchterne Bauernjunge. Nachdem er schon lange König ist, denkt er, daß er die Hilfe Samuels nun nicht mehr nötig hat. Er tut nur noch, was er selbst für richtig hält. Allmählich vergißt er, daß Gott der einzig wahre König ist.
Eines Tages kommt Samuel zu Saul und sagt: „Wenn du so weitermachst, kannst du nicht mehr länger König über Israel bleiben, Saul. Du hörst nicht mehr auf die Worte Gottes, er wird einen anderen König einsetzen!"
Dann dreht Samuel sich um und will weggehen. Erschrocken hält Saul Samuel am Mantel fest und versucht ihn festzuhalten. Aber der Prophet reißt sich los, so daß sein Mantel zerreißt. Saul hat ein Stück des Mantels in der Hand und sieht es an.
Samuel sagt: „So wird es auch deiner Königsherrschaft ergehen. Sie wird dir wie dieses Mantelstück entrissen werden."

Samuel geht fort und kommt nie mehr zu Saul zurück.
Saul bekommt Angst. Wird ein anderer König werden? Wird der ihn aus dem Palast vertreiben? Saul kann nicht mehr ruhig schlafen und wird sehr schnell zornig. Oft sitzt er stundenlang da und starrt vor sich hin, ohne mit jemandem zu sprechen.
„Es sieht so aus, als ob unser König krank ist", sagen die Diener. „Wir werden jemanden suchen, der für ihn Musik macht, damit er wieder fröhlicher wird."

David, der Hirte

In der Nähe der Stadt Betlehem läuft ein junger Hirte mit seinen Schafen über die grünen Hügel. Das ist David, der jüngste Sohn eines Bauern. Sein Vater Isai besitzt große Getreidefelder. Dort ernten die sieben älteren Brüder Davids das Korn.

David läuft vor den Schafen her, der Weg führt über einen steinigen Pfad. Er achtet darauf, ob sich nicht irgendwo eine Schlange bewegt, die ein Schaf anfallen könnte. Dann wieder schaut er sich um. Folgen ihm auch alle Schafe? Nein, ein Schaf knabbert an einem Strauch.

David nimmt seine Schleuder von der Schulter. Eine Schleuder ist ein Lederriemen mit einer kleinen Schlaufe. David legt einen Kieselstein hinein. Die Enden des Riemens hält er in seiner rechten Hand, schleudert sie im Kreis und läßt dann den Kieselstein herausschießen, so daß er direkt hinter dem Schaf aufkommt. Das Schaf erschrickt und läuft wieder zur Herde. So hält David die Schafe zusammen.

Wenn er an eine Stelle kommt, an der Gras wächst und ein Bach fließt, läßt er die Tiere grasen. Er trinkt Wasser aus dem Bach und ißt etwas. Aber die Schafe werden plötzlich unruhig. Was ist passiert? David hält genau Ausschau. Ein Bär schleicht sich heran! David sieht seine scharfen Zähne glänzen. Mit einem Sprung ist der Bär bei einem Lamm und packt es mit seiner Schnauze. Aber David hat schnell einen Stein in seine Schleuder gelegt und trifft den Bär hart am Kopf. Der läßt von dem Lamm ab und läuft jaulend davon.

Vorsichtig nimmt David das Lamm auf seinen Arm. Es blutet. Mit Öl reinigt David die Wunden und gibt etwas Salbe darauf. Dann legt er es zum Mutterschaf, damit es trinken kann.

Die Schafe grasen ruhig weiter. David nimmt seine kleine Harfe und zupft an den Saiten.

Plötzlich hört er seinen Namen: „David!" Ein Knecht seines Vaters kommt zu ihm. Er ist vom schnellen Laufen ganz kurzatmig. „David! Du mußt sofort nach Hause gehen, der Prophet Samuel erwartet dich!"

„Warum ist Samuel zu uns gekommen?" fragt David erstaunt.

„Das weiß ich nicht", antwortet der Knecht. „Deine Brüder mußten einer nach dem anderen zu ihm kommen. Beeil dich! Ich passe schon auf die Schafe auf."

Schnell macht sich David auf den Weg. Als er zum Hof kommt, sieht er bei

seinem Vater und seinen Brüdern einen alten Mann sitzen. Er erkennt Samuel und geht auf ihn zu, um ihn zu begrüßen. Samuel steht auf und schaut David lange an. Dann nimmt er einen kleinen Krug aus seinem Mantel und gießt daraus ein wenig Öl auf Davids Kopf. Er sagt: „So wie du heute für deine Schafe sorgst, sollst du einmal für das Volk Israel sorgen." Der Vater und die sieben Brüder Davids sehen das mit Erstaunen. Warum tut Samuel das? So hat er auch Saul zum König gesalbt. Aber Israel braucht keinen neuen König. Saul ist noch nicht sehr alt, und Jonatan, der Kronprinz, wird doch nach Saul König werden!
Und warum salbt Samuel den jünsten der acht Söhne Isais?
Die Brüder Davids sind alle größer und stärker als er. Warum wird nicht einer von ihnen ausgewählt? Sie wagen es aber nicht zu fragen, denn Samuel ist ein Prophet, und sie glauben fest daran, daß er tut, was Gott will. Als Samuel wieder gegangen ist, geht David zu den Schafen zurück. Dort denkt er darüber nach, was mit ihm passiert ist. Aber er spricht mit niemanden darüber. Auch sein Vater und seine Brüder erzählen niemandem, daß David zum König gesalbt worden ist. Denn wenn König Saul davon erfährt, wird er sicher sehr zornig werden.

David spielt vor dem König

Eines Morgens kommt ein Diener des Königs Saul zum Hof von Davids Vater. Der Knecht sagt zu Isai: „Dein Sohn David, der bei den Schafen ist, muß zum König kommen!"
„Warum?" fragt Isai erstaunt.
„Der König will, daß David für ihn auf der Harfe spielt", sagt der Mann, „er hat gehört, daß David sehr gut spielen kann. Vielleicht wird unser König dadurch etwas fröhlicher."
Am folgenden Tag geht David mit seiner Harfe zum Palast. Dort ist er noch nie gewesen, er hat König Saul noch nie gesehen. Aber er hat oft gehört, daß Saul ein sehr tapferer Mann ist. Als David zum König geführt wird, denkt er: „Ist das der tapfere König? Wie traurig er aussieht! Er merkt nicht einmal, daß ich gekommen bin." David zupft eine Melodie auf seiner Harfe und als er bemerkt, daß der König aufschaut und zuhört, fängt David an zu singen. Lieder, die er sich selbst ausgedacht hat: über Lämmer, die auf der grünen Weide springen, und über einen Bach, der dahinplätschert.
König Saul schaut nicht mehr so traurig. Er denkt: Ich mußte früher genau wie dieser Hirtenjunge auf die Schafe meines Vaters aufpassen. Damals vertraute ich noch auf Gott und war glücklich. Er seufzt tief. Und als David zu singen aufhört, sagt er: „Ich will, daß du im Palast bleibst. Dann kannst du jeden Tag für mich spielen und singen." Ein Diener des Königs geht zu Isai, um ihm zu sagen, daß David vorläufig nicht zurückkommt.
Eines Tages kommen die Philister wieder in das Land. König Saul muß die Feinde mit seinem Heer vertreiben. Die drei ältesten Brüder Davids müssen als Soldaten im Heer Sauls mitkämpfen. Dafür ist David noch zu jung. Der König schickt ihn zum Bauernhof seines Vaters zurück. David sorgt wieder jeden Tag für die Schafe.
Nach einigen Wochen sagt Isai zu David: „Du mußt nachschauen, wie es deinen Brüdern geht. Lauf zum Lager des Heeres und nimm für sie Brot und Käse mit."
David ist glücklich über diesen Auftrag seines Vaters. Er findet es sehr aufregend. Er möchte zu gern sehen, wie die Philister vertrieben werden. Mit einem Esel, der die Brote und den Käse trägt, macht sich David auf den Weg.

David und Goliat

Als David das Heer Sauls erreicht, sieht er, daß die Soldaten Israels auf einem Hügel stehen. Auf einem Hügel gegenüber stehen die Philister. Dazwischen liegt ein tiefes Tal. Die Israeliten wagen es nicht, das Tal zu durchqueren, um die Philister zu verjagen, weil sie dort leicht ein Opfer der feindlichen Pfeile werden könnten.
Plötzlich tritt aus dem Heer der Philister ein außergewöhnlich großer Mann vor, er sieht wie ein Riese aus.
„Da kommt Goliat wieder!" rufen die Israeliten ängstlich.
Goliat trägt einen festen Brustpanzer und hat einen Helm auf dem Kopf. In seiner Hand hält er einen langen Speer. Den schwenkt er und schreit: „Welcher Mann Israels wagt es, mit mir zu kämpfen? Wenn er mich besiegt, dann sollt ihr die Sieger sein. Wenn er verliert, dann werdet ihr unsere Sklaven!"
Kein Israelit wagt es, gegen diesen Riesen zu kämpfen. Goliat schreit erneut: „Habt ihr Angst? Auch König Saul ist ein Feigling, und euer Gott hat keine Macht!"
Als David das hört, wird er wütend. Er geht zu seinen großen, starken Brüdern, die auch auf dem Hügel stehen, und fragt sie: „Warum tut ihr nichts? Warum laßt ihr die Philister unseren Gott und unseren König beleidigen?"
„Was kümmerst du dich darum, kleiner Wichtigtuer!" sagt sein ältester Bruder zornig. „Geh schnell wieder zu den Schafen, hier hast du nichts zu suchen."
David dreht sich um, aber er geht nicht nach Hause. Er läuft zu König Saul und sagt: „Ich will gegen die Philister kämpfen."
Saul schaut ihn erstaunt an: „Du bist noch jung und warst noch nie Soldat. Goliat hat sein ganzes Leben lang gekämpft und ist auch viel größer und stärker als du."
„Als Hirte habe ich oft starke Bären vertrieben", sagt David, „ich habe sogar einmal gegen einen Löwen gekämpft, der eines meiner Schafe reißen wollte. So wie diese wilden Tiere werde ich auch diesen Philister besiegen, denn er hat Gott beleidigt. Gott wird mir helfen."
Wie tapfer der Junge ist, denkt Saul. „Gut", sagt er, „du darfst es versuchen, aber vorher mußt du meinen Brustpanzer anlegen."
Das tut David, und Saul setzt ihm selbst den Helm auf und gibt ihm sein Schwert.

David hat noch nie einen Brustpanzer getragen.
Er versucht damit zu laufen, aber der Brustpanzer ist viel zu schwer für ihn. Er kann sich darin kaum bewegen. Er setzt den Helm ab und zieht auch den Panzer wieder aus. „Ich werde auf meine eigene Art gegen Goliat kämpfen", sagt er.
Er läuft den Hügel hinunter und geht zu einem Bach. Dort sucht er fünf glatte Steine, die er in seine Hirtentasche legt. In der einen Hand seinen Hirtenstab und in der anderen Hand seine Schleuder läuft er weiter in das Tal hinein. Seine Brüder schauen ihm besorgt nach. Das kann nicht gutgehen, denken sie.
Vom Hügel auf der anderen Seite kommt Goliat mit seinem eisernen Brustpanzer und dem langen Speer. Er hat einen Knecht bei sich, der ein riesiges Schild trägt, um Goliat damit vor Angriffen zu schützen.
Als Goliat den Hirtenjungen mit seinen Stock auf sich zukommen sieht, ruft er: „Bin ich vielleicht ein Hund, den man mit einem Stock schlägt? Komm her, dann spieße ich dich mit meinem Speer auf!"
David ruft zurück: „Du kommst mit einem Speer und einem Schwert, aber ich vertraue auf unseren Gott, den du beleidigt hast!"

Saul und seine Soldaten schauen ganz gespannt zu. Davids Brüder wagen es kaum hinzusehen, denn sie haben große Angst, daß David von Goliat getötet wird.
Seht doch, der Philister läuft schon mit erhobenem Speer auf David zu. Aber David nimmt schnell einen Stein aus seiner Tasche, legt ihn in seine Schleuder und schleudert ihn auf Goliat. Der Stein trifft ihn genau an der Stirn unterhalb des Helms. Der riesige Mann beginnt zu wanken und fällt mit lautem Getöse zu Boden.
Goliat ist tot.
Die Israeliten jubeln. Sie greifen die Philister auf dem Hügel an. Die flüchten, da ihr stärkster Kämpfer tot ist.
Einige Soldaten nehmen David auf die Schultern und tragen ihn voller Freude zu Saul.
„Gut gemacht, Junge!" sagt der König, als David vor ihm steht.
Zu den Brüdern Davids sagt er: „Ihr könnt wieder auf euren Hof zurückkehren und sagt dort eurem Vater, daß David bei mir bleibt."
Saul nimmt David mit zu seinem Palast. Aber nicht nur, damit er für ihn auf der Harfe spielt. „So ein tapferer Soldat gehört in meine Armee", sagt Saul.

David und Jonatan

David wird ein guter Freund Jonatans, dem Sohn Sauls. Der Kronprinz bewundert David, weil er es gewagt hat, gegen Goliat zu kämpfen. Eines Tages schließen sie einen Bund. Sie versprechen sich feierlich, daß einer dem anderen helfen wird, was auch immer passiert.
Jonatan zieht seinen schönen Mantel aus und legt ihn David über die Schultern. Er gibt ihm auch sein Schwert. Tut er dies, weil er ahnt, daß David König werden wird?
Michal, die jüngste Tochter König Sauls, liebt David sehr. Sie heiratet ihn. König Saul macht David zum Befehlshaber seines Heeres. Und als die Philister Israel erneut angreifen, gelingt es David, sie nach schweren Kämpfen wieder zu vertreiben.
In feierlichem Zug kehrt David mit seinen Soldaten zur Stadt zurück. Die Frauen, die ihm entgegengezogen sind, jubeln David zu.
Sie schlagen ihre Trommeln und singen: „Saul hat tausend Männer

geschlagen, aber David noch viel mehr. David hat zehntausend Männer geschlagen!"

Saul steht auf der Dachterrasse des Palastes, um das Heer zu begrüßen. Als er hört, was die Frauen singen, wird er wütend. Das Volk liebt David mehr als mich, denkt er. Er geht in sein Zimmer und schließt alle Fenster und Türen. Er will den Gesang nicht mehr hören. Als seine Diener kommen, geht er wie ein Wahnsinniger auf sie los. Er will sogar mit Jonatan und Michal nicht mehr sprechen.

Sobald David in den Palast zurückgekehrt ist, sagt Michal: „Vater hat wieder einen schlimmen Anfall. Vielleicht kannst du ihn durch deine Musik ein wenig aufheitern."

David nimmt seine Harfe und geht zum König. Der sitzt stumm da, den Kopf in die Hände gestützt. Neben ihm steht der Speer, mit dem er früher viele Feinde besiegt hat. Er schaut nur kurz auf, als David hereinkommt, aber er begrüßt ihn nicht einmal.

David zupft die Saiten und singt. Doch diesmal wird Saul dadurch nicht ruhiger, sondern nur noch wütender. Plötzlich greift er den Speer und schleudert ihn auf David. Der bückt sich blitzschnell, und der Speer bleibt knapp über Davids Kopf in der Wand stecken.

Erschrocken wendet David den Blick vom Speer auf den König. Er sieht Haß in Sauls Augen und weiß plötzlich: „Saul will mich töten!" David nimmt seine Harfe, die auf den Boden gefallen war, und flieht aus dem Zimmer.

Als Jonatan und Michal hören, was geschehen ist, sagt Michal: „David, du kannst nicht länger im Palast bleiben. Ich fürchte, daß mein Vater erneut versuchen wird, dich zu töten. Versteck dich vor ihm."

Jonatan geht zu seinem Vater und fragt ihn: „Warum bist du so zornig auf David? Was hat er falsch gemacht? Er hat unser Volk vor den Philistern gerettet. Bist du nicht auch froh darüber?"

Saul sagt: „Hast du nicht gehört, was die Frauen gesungen haben? Die Leute wollen, daß David König wird. Das werde ich nicht zulassen. Du bist der Kronprinz. Du mußt nach mir König werden."

Traurig schüttelt Jonatan den Kopf und läuft aus dem Palast. Er weiß, wo David sich verborgen hält, und geht zu ihm. Mit Tränen in den Augen sagt er: „ David, du mußt vor meinem Vater fliehen, aber ich werde immer dein Freund bleiben, auch wenn du König wirst." Dann nehmen die Freunde Abschied.

Flüchtling in der Wüste

David flieht in die Wüste. Einige Männer, die David die Treue halten, gehen mit ihm. Sie hoffen, daß sie in der Wüste sicher sind vor Saul. Aber als Saul von Spionen hört, wo David ist, verfolgt er ihn mit einem Trupp Soldaten.

David sieht sie schon von Ferne ankommen. Er versteckt sich mit seinen Männern zwischen den Felsen in einer tiefen, dunklen Höhle.

Dort kann man sie nicht so leicht finden. Sie hören aber, daß Saul mit seinen Soldaten ganz in der Nähe ist. Totenstill bleiben sie sitzen, bis sie nichts mehr hören. Die Soldaten sind vorbeigegangen.

Einer von Davids Leuten will gerade genau nachsehen, als plötzlich ein großer Mann vor dem Eingang steht. Es ist kein einfacher Soldat, sondern König Saul selbst. Weil er direkt aus dem grellen Sonnenlicht kommt, kann er die Männer in der Höhle nicht sehen. Die halten den Atem an, als Saul sich mit dem Rücken zu ihnen in den Eingang der Höhle setzt. Er will allein sein und hat deshalb diesen versteckten Platz aufgesucht.

David nimmt sein Schwert und schleicht damit zu Saul. Seine Männer denken: Nun wird er Saul töten! Aber David nimmt einen Zipfel von Sauls Mantel und schneidet mit seinem scharfen Schwert ein Stück ab. Mit klopfendem Herzen schleicht er mit dem Stück des Königsmantels wieder zurück. Saul hat nichts gemerkt. Kurze Zeit später steht er auf und verläßt die Höhle. Davids Freunde sind enttäuscht: „ David, warum hast du ihn nicht erschlagen, es war doch so günstig? „

„Saul ist zum König gesalbt", sagt David. „Ich darf ihn nicht töten."

Er läuft aus der Höhle und schaut hinter Saul her, der die Felsen herunterklettert.

„König Saul!" ruft David.

Mit einem Ruck dreht Saul sich um und wird bleich vor Schrecken, als er David dort stehen sieht. Er hält in der einen Hand den Zipfel des Mantels hoch und in der anderen sein Schwert.

Saul schaut auf seinen Mantel und sieht, daß ein Stück abgeschnitten worden ist. David hätte mich töten können, denkt er.

„Saul, warum verfolgst du mich?" ruft David. „Warum muß ich hier in der Wüste als Flüchtling leben? Schau auf den Zipfel von deinem Mantel, den ich mit meinem Schwert abgeschnitten habe. Ist das kein Beweis, daß ich dir nichts Böses tun will?"

„Bist du es wirklich, David?" fragt Saul mit bebender Stimme. Plötzlich schämt er sich. „Ja, ich erkenne, daß du besser gehandelt hast als ich. Nun weiß ich, daß du König über Israel werden wirst. Willst du mir versprechen, daß du dann auch meinen Kindern und Enkeln nichts Böses antun wirst?"
„Warum sollte ich ihnen etwas Böses antun?" sagt David. „Deine Tochter Michal ist meine Frau, und dein Sohn Jonatan ist mein Freund!"
Danach zieht Saul mit seinen Soldaten ab. David bleibt in der Wüste. Sein Freund Jonatan kommt zu ihm. Er sagt: „Es ist schlimm, daß du hier in der Wüste als Flüchtling leben mußt, aber halte aus, David. Einmal wirst du König werden über Israel. Und ich werde dir immer die Treue halten."
Danach kehrt Jonatan wieder zum Palast zurück.

Abigajil, eine kluge Frau

In der Wüste, wo David lebt, ziehen häufig Hirten mit ihren Schafen und Ziegen vorüber. Sie werden oft von wilden Tieren angefallen, Räuber stehlen Ziegen oder Schafe. David und seine Männer berauben niemanden. Sie beschützen die Hirten gegen Raubtiere und Diebe. Dafür geben die Hirten ihnen zu essen.
Lange Zeit haben sie auch die Hirten Nabals, eines reichen Bauern, der am Rand der Wüste lebt, beschützt.
Er besitzt ungefähr dreitausend Schafe und tausend Ziegen.
Im Frühjahr, wenn die Schafe geschoren werden, gibt es immer ein Fest. Dann wird ein prächtiges Festmahl für die Hirten und die Freunde des Bauern zubereitet.
Als David in der Wüste davon erfährt, daß Nabal seine Schafe scheren läßt, schickt er ihm zum Festtag einige Männer. Sie sollen Davids Grüße überbringen und Nabal sagen: „Wir haben deine Herden beschützt, und nie hast du ein Tier verloren. Du feierst nun ein großes Fest und läßt eine prächtige Mahlzeit herrichten, gib doch auch David und seinen Männern davon etwas ab!"
Aber Nabal ist sehr geizig. Er tut so, als hätte er nie etwas von David gehört. Er will diesen Flüchtlingen nichts von seinem Reichtum abgeben. Er sagt: „Wer ist David? Sicher einer von diesen faulen Knechten, die ihrem Herrn davongelaufen sind. Glaubt ihr, daß ich mein Brot und das, was ich für meine Hirten vorgesehen habe, an solche Leute verteile?"
Als David hört, was Nabal gesagt hat, wird er zornig. „Nehmt eure Schwerter", sagt er zu seinen Männern. „Nabal hat mich beleidigt. Ich werde ihn töten!"
Auf dem Weg sehen sie aus der entgegengesetzten Richtung schwer beladene Esel ankommen. Die Esel tragen Brote, geröstetes Korn, Fleisch, Krüge mit Wein, Rosinenkuchen und Feigen. Auf dem letzten Esel reitet eine schöne Frau.
„Das ist Abigajil, die Frau Nabals", sagt einer der Männer.
Als Abigajil David sieht, springt sie von ihrem Esel herunter und verneigt sich tief vor David.
Sie sagt: „Ich habe gehört, wie gut du unsere Hirten und unser Vieh beschützt hast. Du sollst dich über die Worte meines Mannes nicht aufregen. Es war dumm von Nabal, deine Knechte wegzuschicken. Aber

ich bitte euch, nehmt keine Rache. Seht, ich habe Brot und Fleisch für dich und deine Männer mitgebracht. Willst du das annehmen und in Frieden wieder gehen?
David hört aufmerksam auf das, was Abigajil sagt. Er ist nicht mehr zornig. Er fragt: „Weiß Nabal, was du tust?"
„Nein", sagt Abigajil, „er ist viel zu betrunken, um noch etwas zu merken."
„Es war klug von dir, mir so schnell entgegenzukommen", sagt David, „deshalb soll nun Friede sein zwischen uns. Deine Geschenke nehme ich gern an. Geh in Frieden zurück zu deinem Haus."

Saul, warum verfolgst du mich?

„Wir haben in der Wüste David mit seinen Männern gesehen", sagen einige Soldaten zu König Saul, „wir wissen, wo sie sich verstecken."
Mit dreitausend Soldaten zieht Saul wieder in die Wüste, um David in den Felsen und den Höhlen zu suchen.
Als es dunkel wird, haben sie noch immer nichts gefunden. Sie legen sich schlafen, um am nächsten Morgen ausgeruht weiter zu suchen.
Aus ihrem Versteck haben David und seine Männer Saul kommen sehen. Mitten in der Nacht verlassen sie ihr Versteck und klettern auf einen Felsen. Beim Licht des Mondes können sie erkennen, wo Saul und seine Soldaten schlafen.
„Wer kommt mit mir zu Saul?" fragt David.
Ein junger Mann springt auf. „Ich gehe mit!" sagt er.
David schaut ihn an und sagt: „Komm, Abischai, laß uns gehen."
Sie klettern über die Felsen hinunter und schleichen zu der Stelle, an der Saul und seine Männer schlafen. Sie sehen, daß die Wachen auch schlafen. Selbst Abner, der Führer des Heeres, schläft. Saul liegt in der Mitte. Die Streitwagen stehen wie eine Mauer um sie herum.
Zwischen den Rädern der Wagen kriechen David und Abischai zu Saul. Neben Sauls Kopf steckt sein Speer in der Erde. Damit hätte er David beinahe getötet, als der für ihn Harfe spielte.
Abischai will David zeigen, wie tapfer er ist. Er zieht den Speer aus der Erde und will Saul töten. Aber David hält ihn zurück. Er selbst nimmt den Speer und läßt Abischai den Wasserkrug mitnehmen, der bei Saul steht. Dann schleichen sie sich aus dem Lager und besteigen den Berg auf der gegenüberliegenden Seite.
David klettert auf die Spitze des Berges und ruft. „Abner, wach auf!" Abner schreckt aus dem Schlaf und springt auf. Auch König Saul und die Soldaten erwachen.
„Abner! Du willst ein Mann sein und kannst den König nicht sicher bewachen!" ruft er. „Sieh einmal, wo ist der Speer, der beim Kopf des Königs in der Erde steckte, und wo ist der Wasserkrug?"
Saul sieht zu seinem Schrecken, daß sein Speer und sein Wasserkrug verschwunden sind.
Er erkennt die Stimme Davids und ruft. „Bist du es, David?"
„Ja, König Saul!" antwortet David. „Warum verfolgst du mich noch immer?

Sieh, was ich in meinen Händen halte!"
Saul sieht David im Mondlicht auf dem Berg. In der einen Hand hält er den Speer hoch, in der anderen Hand den Wasserkrug. Saul denkt: Zum zweiten Mal hätte David mich töten können, aber er hat es nicht getan.
„Ja, ich sehe nun ein, daß es falsch war, was ich getan habe", ruft Saul. „Komm zurück, David, ich werde dir nun nichts Böses mehr antun."
Aber David ruft: „Ich vertraue allein auf Gott. Hier ist dein Speer, einer der Soldaten soll ihn holen."
Er läßt den Speer und den Wasserkrug auf dem Berg zurück und verschwindet mit Abischai in der Finsternis.
Es war das letzte Mal, daß David und Saul sich begegnet sind. Die Philister fallen wieder in das Land ein. Saul muß mit seinem Heer gegen sie kämpfen. Eines Tages kommt ein Soldat aus Sauls Armee mit zerrissenen Kleidern und ganz erschöpft zu David in die Wüste.
„Was ist geschehen?" fragt David.
„Wir sind von den Philistern geschlagen worden", sagt der Soldat. „Ich konnte fliehen, aber Saul und Jonatan sind tot."
Der Soldat glaubt, daß David nun froh ist. Nun braucht er nicht mehr als ein Flüchtling in der Wüste zu leben! Nun kann David selbst König werden. Aber David dreht sich um und weint. Jonatan, sein bester Freund, ist tot. An diesem Tag ißt und trinkt David nichts. Als es Abend wird, nimmt er seine Harfe und singt ein trauriges Lied:

„Wie groß ist mein Kummer um Jonatan,
 ich habe ihn so geliebt,
 er war mein bester Freund."

Nachdem David König geworden ist, zieht er mit seinem Heer gegen die Philister in den Kampf und verjagt sie. Dann herrscht Frieden im Land. Die Bauern können in aller Ruhe auf ihren Feldern arbeiten. Sie müssen nicht ständig gegen Feinde kämpfen.
Jerusalem, die Stadt auf dem Berg, wird Hauptstadt Israels. Dort läßt David seinen Palast bauen. David wird ein guter König. Die Menschen mögen ihn sehr.

König David bringt die Bundeslade nach Jerusalem

„Da kommen sie!" jubeln die Kinder. Sie stehen mit ihren Eltern am Stadttor und sehen einen Zug von Männern den Berg heraufkommen. „Seht doch, König David geht voran, und hinter ihm tragen vier Priester die Bundeslade auf ihren Schultern!"
Jeder kann sehen, wie der goldene Kasten mit den zwei goldenen Engeln in der Sonne glänzt. Die Kinder rennen den Berg herunter. Sie wollen so schnell wie möglich die goldene Bundeslade anschauen.
Als der Zug mit der Bundeslade ganz nah an das Tor herankommt, blasen Männer auf Hörnern und Flöten. Frauen schlagen Trommeln und tanzen. König David zieht seinen schönen Königsmantel aus, nur im Hemd tanzt er durch das Stadttor von Jerusalem. Als die Leute das sehen, werden sie noch fröhlicher und klatschen in die Hände. Viele Frauen und Kinder tanzen mit dem König bei der Lade durch die Straßen von Jerusalem.
Was für ein festlicher Umzug! So ziehen sie auch am Palast vorbei. Königin Michal steht am Fenster. Sie lacht nicht, als sie König David vor der Lade tanzen sieht. Ist sie nicht glücklich, daß die Lade nun wieder nach Jerusalem gebracht wird?
An der höchsten Stelle des Berges, auf dem Jerusalem gebaut worden ist, hat König David ein Zelt aufstellen lassen. Dort wird die Lade von den Priestern abgestellt. Nun steht die Bundeslade genau wie in der Wüste mitten im Volk.
Es ist ein großer Festtag. König David läßt an alle Brot, Kuchen und Trauben verteilen. Jeder geht zufrieden nach Hause.
Als David in den Palast kommt, fragt er Michal: „Hast du gesehen, wie glücklich die Menschen die Lade begrüßt haben? "
„Ich habe nur einen König im Hemd gesehen!" sagt Michal zornig. „Wie verrückt von dir, deinen Mantel auszuziehen und so unter all den Leuten zu tanzen! Das gehört sich nicht für einen König!"
David wird ganz still. Dann sagt er: „Ich mußte meinen Mantel doch ausziehen, als ich vor der Lade tanzte? Ich tanzte vor Gott. Er ist doch der einzig wahre König! In der Wüste schloß er einen Bund mit unserem Volk. Und er gab uns die Zehn Gebote, die in der Lade aufbewahrt werden."

König David denkt nicht nur an den Bund Gottes mit Israel. Er denkt auch an den Bund, den er mit Jonatan geschlossen hat.
Sie haben sich versprochen, einander immer treu zu sein und sich immer zu helfen.
Da Jonatan nun tot ist, kann David für seinen Freund nichts mehr tun. Aber er kann dem Sohn Jonatans helfen. Der heißt Merib-Baal und er hat es sehr schwer, weil er an beiden Füßen gelähmt ist.
David läßt Merib-Baal zum Palast bringen. Dort kann er wohnen und an der Tafel Davids essen, als ob er sein eigener Sohn wäre.

Der reiche und der arme Mann

Von der Dachterrasse seines Palastes schaut König David auf Jerusalem. Auf den flachen Dächern der Häuser und in den engen Straßen sieht er Kinder spielen. Im Hof eines Hauses, ganz nah am Palast, badet eine Frau. Der König sieht, daß sie sehr schön ist. Als sie ins Haus geht, ruft David einen Diener. Er zeigt auf das Haus der Frau und fragt: „Wer wohnt dort?"
„Da wohnt Urija mit seiner Frau Batseba", antwortet der Diener.
„Urija ist Soldat in der Armee."
Der König weiß nun genug. Die Frau, die er gesehen hat, ist also die Frau Urijas. Aber er kann Batseba nicht vergessen. Jeden Tag geht er auf die Terrasse und sieht nach, ob sie wieder im Hof badet. Ihr Mann Urija ist mit dem Heer, das Israel gegen seine Feinde verteidigt, fortgezogen. Sie ist also allein im Haus.

David läßt sie zu sich kommen und verliebt sich Hals über Kopf in Batseba. Er will sie heiraten, aber das geht nicht, weil sie ja schon verheiratet ist. In den Zehn Geboten steht, daß man nicht das begehren soll, was einem anderen gehört. Doch David will die Frau Urijas unbedingt für sich haben. Deshalb läßt er dem Führer des Heeres einen Brief überbringen, in dem steht, daß er Urija an der gefährlichsten Stelle kämpfen lassen soll. Nun geschieht das, was David heimlich gehofft hat. Urija wird im Kampf von den Feinden getötet.

Nun kann David Batseba heiraten. Aber einige Wochen später kommt der Prophet Natan zum König. Er hat eine wichtige Botschaft für David, eine Botschaft Gottes.

David wird unruhig. Weiß der Prophet, daß Urija durch Davids Schuld getötet worden ist? Aber Natan spricht nicht über Urija. Er erzählt eine Geschichte über einen reichen Bauern und einen armen Mann:

„Der reiche Bauer besaß viele Schafe und Kühe. Ganz in der Nähe seines Bauernhofes lebte ein armer Mann, der fast nichts besaß. Er hatte nur ein einziges Lamm, um das er sich mit aller Sorgfalt kümmerte. Seine Kinder liebten das Lamm sehr.

Eines Tages bekam der reiche Bauer Besuch. Er wollte für seine Gäste einen Braten zubereiten. Doch er wollte dafür kein fettes Schaf oder ein schönes Lamm aus seiner Herde schlachten. Deshalb nahm er das Lamm des armen Mannes und ließ es schlachten."

„Was?" rief David entsetzt aus. „Ist das in meinem Königreich geschehen? Was für eine gemeine Tat des Bauern! Er muß schwer bestraft werden und für das getötete Lamm muß er dem armen Mann vier Lämmer geben. Wer ist dieser Mann?"

Natan schaut David in die Augen. Er zeigt auf ihn und sagt: „Du, König David, du bist der Mann! Du bist reich und doch wolltest du auch das noch haben, was einem anderen gehört. Du hast Urija die Frau weggenommen!"

David ist totenbleich geworden. Er neigt seinen Kopf und sagt lange Zeit gar nichts. Dann spricht er leise. „Ja, es ist sehr schlimm, was ich getan habe. Das kann ich nie wieder gutmachen. Es ist meine Schuld, daß Urija getötet wurde. Ich habe mich nicht an die Zehn Gebote gehalten."

König David ist so beschämt, daß er einige Tage weder essen noch trinken will. Er geht zum Zelt, in dem die Bundeslade steht und kniet nieder.

Die Weisheit König Salomos

David war vierzig Jahre König. Er ist sehr alt geworden. Als er starb, bestimmte er seinen Sohn Salomo zu seinem Nachfolger. Der Name Salomo bedeutet Frieden.

David hat noch oft Kriege führen müssen. Aber Salomo ist König in einer Zeit des Friedens. Er schließt Freundschaft mit den Königen der Nachbarländer Israels.

Nachdem Salomo zum König gesalbt worden ist, hört er im Traum die Stimme Gottes: „Salomo! Ich kann dir einen Wunsch erfüllen. Was soll ich dir geben?"

„Ich bin noch so jung", sagt Salomo, „ich weiß noch nicht, wie ich das Volk regieren muß. Nur mit viel Weisheit kann ich ein guter König sein. Darum bitte ich dich. Gib mir Weisheit!"

Salomo erhält, was er sich gewünscht hat. Er wird klug und weise. Deshalb ist er auch ein guter Richter. Er schreibt mehr als dreitausend Sprüche und Sprichwörter für die Menschen auf, damit die Menschen klug werden. Wie zum Beispiel:

„Besser ein Stück trocken Brot in Frieden,
als ein Haus voll leckerer Speisen im Streit."

„Wer anderen eine Grube gräbt, fällt selbst hinein."

Salomo wird wegen seiner Weisheit berühmt, nicht allein in Israel, auch in anderen Ländern. Eine reiche Königin macht sogar eine sehr lange Reise durch die Wüste, um König Salomo zu sehen. Sie kommt aus Saba, einem Land, das sehr weit im Süden liegt. Sie will mit Salomo über viele Fragen und Probleme sprechen. In einer schönen Sänfte kommt sie mit einer großen Kamelkarawane und mit vielen Dienern in Jerusalem an. Die Kamele sind mit Gold, Schmuck und anderen Geschenken für König Salomo beladen, der die Königin in seinem Palast freundlich empfängt. Die Königin von Saba ist auch sehr klug. Dennoch ist sie von der Weisheit König Salomos, der auf alle ihre Fragen eine Antwort weiß, sehr beeindruckt. Nachdem er ihre Probleme gelöst hat, fragt sie ihn: „Darf ich dir nun ein Rätsel aufgeben, das ich mir selbst ausgedacht habe?"

„Gut", sagt Salomo, „ich höre."

Die Königin fragt:

„Welche Wassertropfen fallen nicht vom Himmel,
und welche Flüsse kommen nicht aus den Bergen?

Manchmal sind sie süß wie Honig,
manchmal sind sie bitter wie Galle."
Salomo antwortet:
„Tränen fallen nicht vom Himmel.
Sie strömen nicht von den Bergen.
Sie fließen über die Wangen.
Weint ein Mensch vor Glück, dann sind sie süß.
Bei Schmerz und Verdruß sind sie bitter und salzig."
Die Königin klatscht vor Überraschung in die Hände und sagt: „Du weißt nicht allein die richtige Antwort. Du hast die Lösung des Rätsels auch in schönen Versen wiedergegeben!"
Dann stellen sie einander Rätsel um die Wette und haben beide viel Spaß daran. Die Königin bleibt einige Tage bei Salomo und reist nach einem feierlichen Abschiedsmahl wieder in ihr Land zurück.

Der Tempel Salomos

Es gibt noch etwas, das Salomo berühmt gemacht hat. Er läßt in Jerusalem einen prächtigen Tempel bauen, an dem sieben Jahre gearbeitet wurde. Aus dem ganzen Land läßt Salomo für den Bau des Tempels Männer kommen.

Aus Felsen werden Steine für die Mauern gehauen. Die Böden, Wände und Türe läßt Salomo aus dem schönsten Holz machen.

Im großen Saal wird ein goldener Altar errichtet. Das ist ein Tisch, auf dem die Priester Bündel von Weihrauchhölzern anstecken. Weihrauch kommt von einem Strauch und riecht sehr gut. Es wird auch ein goldener Tisch aufgestellt, auf dem jeden Tag zwölf frische Brote gelegt werden. Ein Brot für jeden Stamm Israels. Man tut dies, um Gott für das Korn, das auf den Äckern wächst, zu danken. Um den Tisch herum stellt man zehn goldene Leuchter als Symbol für die Zehn Gebote Gottes auf. Dieser Saal wird das „Heilige" genannt.

Hinter einem prächtig bestickten Vorhang liegt ein kleinerer Saal. Das ist das „Allerheiligste", denn hier wird die Bundeslade mit den goldenen Engeln aufgestellt.

Auf dem Platz vor dem Tempel, den nur die Priester betreten dürfen, wird ein großer Altar aus Kupfer aufgestellt. Darauf können die Priester Teile der Opfertiere verbrennen, die die Menschen zum Tempel gebracht haben.

Es gibt auch noch einen sehr großen Vorplatz, den alle Israeliten betreten dürfen. Als der Tempel nach sieben Jahren fertig ist, wird ein großes Fest gefeiert. Die Bundeslade steht noch immer in dem Zelt, in dem König David sie hat aufstellen lassen. Nun wird die Bundeslade in einem festlichen Umzug zum Tempel gebracht. Vier Priester tragen die Lade. Während die Priester die Lade in das Allerheiligste bringen, befindet sich König Salomo mit den Führern des Volkes auf dem Vorplatz.

Als diese Priester aus dem Tempel zurückkommen, blasen mehr als hundert andere Priester auf Posaunen. Andere spielen Harfe und singen Lieder, um Gott zu danken.

Dann geht König Salomo zum Volk auf den großen Vorplatz. Er sagt: „Mein Vater, König David, hat mir den Auftrag gegeben, diesen Tempel bauen zu lassen. Nun befindet sich die Lade mit den Zehn Geboten an einem würdigen Platz. Die Lade erinnert uns an den Bund, den Gott mit unserem

Volk in der Wüste geschlossen hat, nachdem er uns aus Ägypten befreit hat."

Salomo geht nun zum Altar, der vor dem Tempel steht. Er kniet nieder, reckt seine Arme zum Himmel und sagt: „Herr, unser Gott, es gibt im Himmel und auf Erden keinen Gott, der so treu ist wie du. Höre bitte auf unsere Gebete und zeige uns den rechten Weg in unserem Leben."
Dann steht Salomo auf und sagt zum Volk: „Wenn wir uns an die Zehn Gebote halten, wird es uns immer gut gehen."
Im ganzen Land feiern die Menschen vierzehn Tage lang ein Fest.

Der zerrissene Mantel

Es ist Abend, die Sonne ist untergegangen. Jerobeam steht hinter dem Haus, in dem er mit seiner Mutter wohnt. Er schaut auf das Getreidefeld. In ein paar Wochen wird das Korn reif sein. Dann muß es geerntet werden. Aber wer soll das machen?
Morgen muß Jerobeam nach Jerusalem gehen, um dort für König Salomo zu arbeiten. Jerobeam wohnt in Nordisrael. Er ist noch nie in der Hauptstadt im Süden des Landes gewesen, obwohl er schon oft vom schönen Tempel und dem prächtigen Palast in Jerusalem gehört hat. Wie gern würde er sich den einmal ansehen! Aber er hat dafür nun keine Zeit. Jerobeam ist zornig, weil der König ihn zwingt, in Jerusalem zu arbeiten, jetzt, wo das Korn bald geerntet werden muß. Jerobeam bekommt kein Geld für die Arbeit, die er für den König leisten muß. Das findet er nicht gerecht, denn er kann das Geld gut gebrauchen. Jerobeams Vater ist gestorben, und seine alte Mutter kann nicht mehr auf den Feldern arbeiten. Geld, um einen Knecht für die Zeit zu bezahlen, in der Jerobeam weg ist, haben sie nicht.
Jerobeam seufzt und geht ins Haus.
Am nächsten Morgen macht er sich mit anderen Männer noch ganz in der Frühe auf den Weg nach Jerusalem. Dort müssen sie an der Stadtmauer arbeiten. Eines Tages kommt König Salomo in seinem schönen Königsmantel auf die Baustelle, um zu sehen, wie dort gearbeitet wird. Er sieht, daß Jerobeam, ein junger und starker Mann, gut und hart arbeitet. Er sagt: „Du sollst dafür sorgen, daß alle Männer aus Nordisrael gut und hart arbeiten."
Zuerst ist Jerobeam stolz, daß der König ihm diesen Auftrag gegeben hat. Aber bald ist er gar nicht mehr froh, denn alle Männer sind unzufrieden. „Salomo hat für sich einen prächtigen Palast bauen lassen", klagen sie. „Dort sitzt er auf seinem goldenen Thron und trinkt Wein aus goldenen Bechern. Für die ägyptische Prinzessin, die er geheiratet hat, ließ er auch einen Palast bauen. Und wer bezahlt das alles? Das einfache Volk! Wir, die Bauern, Hirten und Fischer, die immer schwer arbeiten müssen, wir werden immer ärmer.
Wir müssen die Stadtmauer errichten, damit keine Feinde in die Stadt

eindringen können. Aber wer schützt unsere Städte im Norden des Landes? Und nun, da König Salomo alt geworden ist, tut er auch noch sehr seltsame Dinge. Er läßt für die Götter anderer Völker Opfer bringen. Von seiner Weisheit ist nicht mehr viel übriggeblieben."

Jerobeam hört den Männern zu und sagt: „Ihr habt recht. Nun, da König Salomo reich und mächtig geworden ist, hat er seine Weisheit verloren. Er denkt nicht mehr an Gott, und er denkt nicht mehr ans Volk."

An diesem Abend geht Jerobeam außerhalb der Stadtmauer über die Felder. Plötzlich steht ein Mann vor ihm, der ihn schweigend ansieht. Jerobeam war so in seine Gedanken vertieft, daß er den Mann nicht hat kommen sehen. Wer ist dieser Mann? Ist das nicht der Prophet Ahija? Warum zieht er seinen Mantel aus?

Jerobeam sieht mit Erstaunen, daß der Prophet seinen Mantel in zwölf Stücke zerreißt. Dann gibt er Jerobeam zehn Stücke und sagt: „Gott wird das Königreich Salomos teilen, weil er sich nicht an die Zehn Gebote hält. Er betet zu den Standbildern fremder Götter. Darum sollst du König über die zehn Stämme im Norden des Landes werden. Die Söhne Salomos sollen nur über die beiden Stämme im Süden herrschen."

Kurze Zeit später ist Ahija wieder verschwunden. Jerobeam denkt, daß er nur geträumt hat, aber dann sieht er die zehn Stücke des Mantels, die er in seinen Händen hält. Es war also kein Traum.

Jerobeam spricht über dieses Erlebnis mit einigen Freunden. Sie sagen: „Ja, wir brauchen einen eigenen König im Norden. Dann müssen wir nicht länger für den König in Jerusalem arbeiten."

Sie bemerken nicht, daß ihr Gespräch belauscht wird. Der Spion meldet König Salomo, daß man gegen ihn einen Aufstand plant. Salomo gibt seinen Soldaten den Auftrag, Jerobeam gefangenzunehmen. Aber Jerobeam wird von einem Freund gewarnt und flieht nach Ägypten.

Nach dem Tod Salomos kehrt Jerobeam wieder zurück. Dann geschieht das, was der Prophet vorausgesagt hat. Die zehn Stämme Nordisraels wählen Jerobeam zum König. Der Sohn Salomos wird König über die zwei Stämme im Süden, wo auch Jerusalem liegt. Nun ist das Königreich Salomos zerrissen, genau wie der Mantel des Propheten Ahija.

König Ahab und der Prophet Elija

Jerusalem bleibt die Hauptstadt des Südens. In Nordisrael wird durch den König, der auf Jerobeam folgte, die neue Hauptstadt Samaria gebaut. Dort wohnt König Ahab in seinem Palast. Er heiratet Isebel, eine Prinzessin aus dem nördlichen Nachbarland Israels. Sie kommt aus der schönen großen Stadt Tyrus, die am Meer liegt.
Als König Ahab sie in seinen Palast in Samaria bringt, schaut sie sich hochmütig um.
„Der Palast meines Vaters ist viel größer und schöner", sagt sie, „und Samaria erscheint mir, verglichen mit Tyrus, ein Dorf zu sein. Im Hafen von Tyrus sieht man jeden Tag Schiffe aus fernen Ländern ankommen. Hier gibt es nicht einmal einen Tempel. In Tyrus gibt es viele Tempel für Baal, den Gott, der alles wachsen läßt."
„Samaria ist eine junge Stadt, die noch nicht fertig ist", sagt Ahab, „aber ich lasse sie noch weiter ausbauen. Und der Palast wird noch vergrößert. Warte ab, du wirst sehen, wie schön es hier noch wird."
„Dann mußt du hier auch einen Tempel für Baal bauen lassen", sagt Isebel, „dann wird Baal auch der Gott deines Volkes. Baal sorgt dafür, daß es regnet und daß das Getreide wächst. Aber dafür müssen wir ihm Opfer bringen."
Ahab tut, was seine Frau wünscht. Er läßt mitten in der Stadt einen Tempel bauen mit Götterstatuen und einem Altar, auf dem Baal Opfer dargebracht werden können. Dort läßt er auch einen Pfahl errichten. Einen solchen Pfahl hatte Gideon vor vielen Jahren zerstört. Hat Ahab nie von den Zehn Geboten gehört und von der Bundeslade, die im Tempel in Jerusalem steht? Isebel läßt hunderte von Baalspriestern aus ihrem Land kommen. Sie sollen im Tempel dem Baal opfern. Die Menschen müssen vor dem Standbild Baals niederknien. Niemand darf zum Gott Israels beten. Isebel verlangt, daß jeder, der nicht vor Baal niederkniet, getötet wird. Die Menschen, die Gott treu bleiben wollen, flüchten in das öde Bergland und verstecken sich dort in Höhlen. Aber in Samaria gibt es auch viele Israeliten, die bei den wilden Festen im Baalstempel, bei denen viel gegessen und getrunken wird, nur zu gern mitmachen.
Eines Tages steht ein eigenartiger Mann vor dem Tor des Palastes. Die Torwächter, die in aller Regel nur Besucher in schönen Kleidern hineingehen sehen, schauen erstaunt auf den dünnen Mann in seinem

groben Mantel aus Kamelhaar. Er sieht sie so streng an, daß sie es nicht wagen, ihn aufzuhalten. Der Mann geht in den Palast und läuft gleich zum König.

Nun steht er vor Ahab und schaut ihm direkt in die Augen. Ahab erschrickt. Ist das ein Prophet, ein Bote Gottes?

Ja, es ist der Prophet Elija, der laut und deutlich zu Ahab sagt: „So wahr wie der Gott Israels lebt, wird in diesen Jahren kein Regen mehr fallen!"

Elija dreht sich um und verschwindet. Der König und seine Diener sind über seine Worte erschrocken, denn wenn kein Regen fällt, kann das Korn nicht mehr wachsen. Dann gibt es kein Mehl mehr, um Brot zu backen. Dann wächst nichts mehr, und eine Hungersnot kommt über das Land.

Als Isebel hört, was Elija gesagt hat, wird sie schrecklich zornig. „Warum hast du den Mann nicht gefangennehmen lassen?" sagt sie zu Ahab. „Wie kann er es wagen, so mit dem König zu reden? Laß ihn verfolgen und töten!"

Ahab läßt Elija suchen, aber niemand kann ihn finden.

Es regnet nicht mehr. Der Boden trocknet aus. Die Saat kann nicht mehr aufgehen. Die Baalspriester Isebels bitten ihren Gott morgens, mittags und abends um Regen, aber es bleibt trocken.

Elija auf dem Berg Karmel

Nach langer Zeit kommt Elija wieder einmal zum König.
Als Ahab Elija sieht, schreit er ihn wütend an: „So, da bist du endlich! Du hast Israel ins Unglück gestürzt!"
„Das habe ich nicht", sagt Elija, „du selbst hast das Volk unglücklich gemacht, weil du dich nicht an die Zehn Gebote gehalten hast. Du hast Standbilder fremder Götter machen lassen und sie angebetet. Du hast Menschen umbringen lassen, die nicht vor diesen Götterbildern niederknien wollten. Laß das Volk und auch die vierhundert Baalspriester beim Berg Karmel zusammenkommen."
Ahab tut, was Elija sagt. Alle Opfer und Gebete der Baalspriester haben keinen Regen gebracht. Der König hofft, daß Elija nun dafür sorgen wird, daß es endlich regnet.
Viele Menschen kommen zum Berg Karmel. Auch König Ahab ist da. Die Königin ist im Palast geblieben, aber ihre Priester in ihren schönen Kleidern sind gekommen. Elija steht allein auf der Spitze des Berges, er trägt seinen rauhen Mantel aus Kamelhaar.
Es wird ganz still, keiner spricht ein Wort. Jeder schaut gespannt auf Elija.
Mit lauter Stimme ruft Elija: „Heute müßt ihr wählen. Wollt ihr weiterhin vor den Standbildern Baals niederknien, oder wollt ihr Gott und den Zehn Geboten die Treue halten?"
Das Volk schweigt.
Dann sagt Elija: „Ich bin als einziger der Propheten Gottes übriggeblieben, während hier vierhundert Baalspriester versammelt sind. Sie sollen nun das Fleisch eines Opfertieres auf den Altar legen, den sie hier für ihren Gott Baal errichtet haben, aber sie sollen das Feuer nicht anstecken."
Die Priester tun, was Elija verlangt. Als sie das Opfer auf den Altar gelegt haben, sagt Elija: „Bittet nun Baal um Feuer für den Altar."
Totenstill haben die Menschen zugehört. Sie verstehen nun: Feuer aus dem Himmel, das heißt ein Blitz, Blitze bedeuten Unwetter und damit auch Regen. Aufgeregt rufen sie: „Ja, bittet um Feuer!"
Die Priester gehen zum Altar und rufen: „Antworte uns, Baal! Antworte uns!" Sie tanzen und springen um den Altar und werden heiser vom Rufen, aber es passiert nichts.
„Ihr müßt noch lauter rufen", spottet Elija, „vielleicht schläft euer Gott!"

Die Priester schreien noch lauter und tanzen immer wilder, bis sie vor Erschöpfung zusammenbrechen.
Nun sagt Elija zum Volk: „Kommt zu mir!"
Er nimmt zwölf Steine, einen für jeden Stamm Israels, und baut daraus einen Altar. Danach legt er das Opferfleisch auf das Brennholz. Das Volk, das gespannt zuschaut, hört, wie Elija betet: „Gott Abrahams, Isaaks und Jakobs! Laß uns sehen, daß du der einzig wahre Gott bist!"
Elija schweigt. Wie still es nun auf dem Berg ist. Die Menschen starren auf den Altar und wagen es kaum, sich zu bewegen. Aber plötzlich sehen sie eine Flamme im Brennholz. Auf dem Altar brennt ein Feuer! Eine Rauchwolke steigt senkrecht nach oben. Die Menschen jubeln, aber die Baalspriester fliehen. Sie haben Angst bekommen.
Kurze Zeit später ziehen dunkle Wolken auf, und es beginnt zu regnen. König Ahab fährt mit seinen Streitwagen vom Berg Karmel in seinen Palast. Aber das Volk tanzt vor Freude, weil es nun endlich wieder regnet. Die Menschen reißen die Münder auf, um die Regentropfen einzufangen. Die Bäche füllen sich mit Wasser, und die Erde saugt sich voll. Nun kann auf den Feldern wieder Korn wachsen, und die Bäume können wieder Früchte tragen.

Elija in der Wüste

Königin Isebel wird wütend, als sie hört, was am Berg Karmel geschehen ist. Sie freut sich nicht einmal über den Regen. „Es ist Elijas Schuld, daß es hier nun keine Baalspriester mehr gibt", sagt sie. Und sie schickt einen Diener zu Elija, der ihm mitteilt, daß er getötet werden soll.

Aber Elija flieht in ein fernes Land, weil er weiß, daß er in seiner Heimat nicht mehr sicher ist vor Isebel. Er flüchtet in die Sinaiwüste. Dort ist das Volk Israel vierzig Jahre umhergezogen, nachdem es aus Ägypten befreit worden war.

Elija ist todmüde, als er die Wüste erreicht. Er legt sich in den Schatten eines Strauches, um auszuruhen. Elija ist verzweifelt. Isebel ist noch immer die Herrscherin des Landes. Wird sie wieder Baalspriester kommen lassen, und wird Ahab sich wieder ihrem Willen beugen? Wird das Volk wieder Baal anbeten? War dann alles, was Elija getan hat, umsonst? Muß er nun weiter ein Leben als Flüchtling führen?

Elija hat Durst, aber er ist zu müde, um nach einer Wasserstelle zu suchen. Er schläft ein und hofft, daß er nie mehr erwacht.

Er weiß nicht, wie lange er so dagelegen hat, aber plötzlich stößt ihn jemand an und sagt: „Steh auf und iß! Du hast noch eine lange Reise vor dir."

Dann wird Elija richtig wach. Er schaut sich um und sieht einen Krug mit Wasser und Kuchen. Hat ihm das ein Engel gebracht? Er ißt und trinkt und fühlt sich danach erholt und frisch gestärkt. Er geht weiter durch die Wüste zu dem Berg, an dem Mose die Stimme Gottes in einem brennenden Brombeerstrauch gehört hat.

In einer Höhle auf dem Berg legt sich Elija schlafen. Mitten in der Nacht hört er die Stimme Gottes: „Was tust du hier, Elija?"

Elija sagt: „Ich habe mein Bestes getan, um das Volk wieder an die Zehn Gebote zu erinnern. Aber die Menschen beten zu Götzenbildern. Und nun wollen sie mich töten. Ich bin der einzige, der dir noch die Treue hält."

Wieder hört Elija die Stimme: „Komm nach draußen und geh auf den Berg!" Elija tritt aus der Höhle und wartet.

Plötzlich kommt ein starker Sturm auf, der viele Felsen donnernd in die Schlucht krachen läßt. Aber Gott ist nicht in dem Sturm.

Nach dem Sturm folgt ein Erdbeben. Aber auch in dem Erdbeben ist Gott nicht. Nach dem Erdbeben kommt ein Feuer. Aber auch in dem Feuer ist

Gott nicht. Dann wird es ganz still. Dennoch meint Elija, etwas zu hören. Er hält seinen Mantel vor die Augen und lauscht.

Nun hört er die Stimme Gottes, die ihm sagt: „Was tust du hier, Elija? Es gibt in Israel noch siebentausend Menschen, die nicht zu Baal beten, die mir noch treu geblieben sind. Geh zurück zum Volk, Elija. Dein Auftrag ist noch nicht erfüllt. Geh zu Elischa, dem Bauern, der gerade das Feld pflügt, und mach ihn zu deinem Schüler. Er wird nach dir mein Prophet sein."

Dann begreift Elija, daß Gott das Volk Israel nicht verläßt. Gott wird immer aufs neue seine Boten, die Propheten, zu den Menschen schicken, um sie zu warnen und ihnen den rechten Weg des Glaubens zu zeigen. Elija kehrt mit neuem Mut und neuem Vertrauen auf Gott in sein Land zurück.

Jeremia und der zerbrochene Krug

Debora ist zehn Jahre alt. Sie wohnt mit ihren Eltern und ihrem kleinen Bruder in Jerusalem, in der Nähe des sogenannten Scherbentores. Aller Abfall wird zusammen mit den zerbrochenen Scherben der Krüge und Teller durch dieses Tor in eine große Abfallgrube außerhalb der Stadt gebracht. Debora kommt mit einem Krug Wasser auf der Schulter vom Brunnen, als sie eine Menschenmenge ankommen sieht. Es sind auch einige Priester aus dem Tempel darunter. Ein Mann mit einem großen Krug geht voran. Er trägt den Krug nicht wie die Frauen auf dem Kopf oder auf den Schultern, nein, er hält ihn vor sich, so als wolle er sagen: „Seht euch den Krug genau an!"

Debora kennt den Mann. Schnell bringt sie das Wasser zu ihrer Mutter und sagt: „Da kommt der Prophet Jeremia mit einem großen Krug. Ich will nachsehen, was er damit vorhat." Deboras Mutter ist auch neugierig und geht mit ihr hinter Jeremia her, bis er das Tor erreicht. Außerhalb der Stadt, bei der Abfallgrube bleibt Jeremia stehen. Er hebt den Krug hoch über seinen Kopf ... und zerschlägt ihn mit aller Wucht an einem Stein. Die Scherben fliegen weit herum. „Warum tut er das?" flüstert Debora. „Es war doch ein schöner neuer Krug."

Jeremia dreht sich zu den Leuten um, die ihn erschrocken ansehen. „So wird es unserer Stadt und unserem Tempel ergehen", sagt er . „Jerusalem und der Tempel werden zerstört werden wie dieser Krug!" Dann geht er wieder in die Stadt.

Ein Mann fragt die Priester. „Was meint Jeremia? Glaubt er, daß Nebukadnezzar, der König von Babylon, mit seinem Heer heranrückt, um Jerusalem zu zerstören? Warum sollte Nebukadnezzar so etwas tun? Er ist doch bereits Herr über Israel. Und Jojakim, unser König, gibt ihm doch Geld und Geschenke. Also wird Nebukadnezzar Jerusalem doch nicht zerstören lassen?"

„Jeremia will uns angst machen", sagt einer der Priester, „hört einfach nicht auf ihn. Wir glauben, daß Gott es nicht zulassen wird, daß Jerusalem zerstört wird, denn hier steht der Tempel. Gott wird die Stadt und den Tempel sicher beschützen."

Die meisten Leute zucken mit den Achseln und gehen wieder an ihre Arbeit. Auch die Mutter Deboras geht wieder nach Hause. Aber Debora geht Jeremia nach, der auf dem Weg zum Tempel ist.

Jeremia bleibt mitten auf dem Tempelplatz stehen, wo viele Leute versammelt sind. Er ruft mit lauter Stimme: „Ihr sagt: Wir haben einen schönen Tempel für Gott gebaut. Er wird dafür sorgen, daß unsere Feinde Jerusalem nicht zerstören können. Aber wer hält sich noch an die Zehn Gebote, die Gott unserem Volk in der Wüste gegeben hat?"
Einige Leute gehen weg. Sie wollen nicht hören, was Jeremia sagt. Debora bleibt stehen. Sie versteht nicht alles, aber ihr ist klar, was Jeremia nun sagt: „Gott hat gesagt: Mach dir keine Standbilder, um sie anzubeten! Und nun

seht euch einmal diese hölzernen Standbilder hier im Tempel an! Mit Gold und Silber sind sie verziert. Man hat sie an Pfählen festgemacht wie Vogelscheuchen. Vielleicht können sie Vögel erschrecken, aber mehr können sie nicht. Dennoch betet ihr zu ihnen.
In den Zehn Geboten steht auch: Stiehl nicht, ermorde niemanden und lüge nicht. Aber hier in Jerusalem gibt es falsche Anschuldigungen gegen Menschen, es wird gestohlen und gemordet. Kinder, die keine Eltern mehr haben, laßt ihr als Sklaven für euch arbeiten, ohne sie zu bezahlen. König Jojakim wohnt in einem schönen Palast, dennoch läßt er einen neuen Palast für sich bauen und zahlt den Arbeitern keinen Lohn."
Wie unvorsichtig von Jeremia, so über den König zu sprechen, denkt Debora. Wenn König Jojakim davon erfährt, dann ...
Jeremia hätte noch mehr zu sagen, aber die Tempelpolizei erscheint und nimmt ihn mit.
Während Debora nach Hause läuft, denkt sie: Nun wird Jeremia ins Gefängnis geworfen. Das ist nicht gerecht. Wenn Jeremia ein Prophet ist, dann ist er ein Bote Gottes.
Als sie nach Hause kommt, geht sie zu ihrem Vater, der in seiner Werkstatt Schmuck herstellt. Er ist Silberschmied.
„Vater", fragt Debora, „bekommen die Männer, die den neuen Königspalast bauen, wirklich kein Geld für ihre Arbeit?" Der Vater nickt mit dem Kopf.
„Das ist gemein vom König!" sagt Debora. „Dann ist es also wahr, was der Prophet Jeremia sagt. Und ich weiß auch, daß es reiche Leute gibt, die Waisenkinder für sich arbeiten lassen, ohne ihnen irgendetwas zu bezahlen. Genau wie meine Freundin. Jetzt, da ihre Eltern nicht mehr für sie sorgen können, muß sie für eine reiche Frau arbeiten. Sie bekommt dafür nur zu essen."
Vater sieht von seiner Arbeit auf: „Ja, Arbeiter und arme Leute werden oft schlecht behandelt."
„Eigentlich bestehlen die reichen Leute die armen auf diese Weise", findet Debora. „Sie geben ihnen nicht das Geld, das ihnen zusteht, das meinte Jeremia also, als er sagte, daß sich viele Menschen nicht an die Zehn Gebote halten. Sie beten Götzen an und bestehlen auch noch die Armen."

Die Buchrolle

Jeremia mußte die ganze Nacht im Gefängnis verbringen, Hände und Füße in einen Holzblock eingeklemmt. Am folgenden Tag wird er wieder freigelassen, aber er darf nicht mehr zum Tempel kommen.
Jeremia geht zu seinem Freund Baruch, der gut schreiben kann. Baruch schreibt alles auf, was Jeremia sagt. Er benutzt dazu eine lange Rolle, in der er alles einträgt. Als er fertig ist, rollt er das Papier auf und geht damit zum Tempelplatz. Dort liest er die Worte Jeremias mit lauter Stimme vor.
Viele Menschen bleiben stehen und hören zu. Aber die Tempelpolizei umringt Baruch und sagt: „Komm mit! Du mußt die Buchrolle zum König und zu seinen Ministern bringen. Sie wollen auch wissen, was darin steht."
An diesem Abend sitzt König Jojakim im Wintersaal seines Palastes am offenen Kaminfeuer, denn es ist sehr kalt. Seine Minister bringen ihm die Buchrolle und berichten ihm, daß die Worte Jeremias dort aufgeschrieben worden sind.
Der König läßt einen Diener die Rolle vorlesen. Immer wenn er einige Zeilen gehört hat, schneidet er mit einem Messer diesen Teil der Buchrolle ab und wirft ihn ins Kaminfeuer.

Ein Minister sagt: „König, das sind Worte eines Propheten Gottes, die kannst du doch nicht so einfach verbrennen!"
Jojakim hört nicht auf ihn. Er verbrennt die gesamte Rolle. Während die Flammen im Kamin hochschlagen, sagt er: „Jeremia und Baruch bringen Unruhe ins Volk. Laßt sie gefangennehmen." Aber niemand kann sie finden. Sie haben sich bei Freunden versteckt. Dort schreibt Baruch die Worte des Propheten auf eine neue Rolle. Diese Buchrolle steckt Jeremia in einen Krug und versteckt ihn gut.
König Jojakim läßt seinen neuen Palast weiterbauen. Und am Tempel stehen noch immer die hölzernen Standbilder, vor denen die Menschen opfern und beten. Es scheint so, als ob jeder Jeremia und seine Worte vergessen hat. Aber Debora denkt noch oft daran.
Eines Tages sieht sie einige Männer in der Werkstatt ihres Vaters. Debora hört sie sagen: „König Nebukadnezzar rückt mit einem großen Heer heran!" Schnell werden alle Tore der Stadt geschlossen, und Soldaten besetzen die Mauern, um die Feinde mit Pfeil und Bogen zu bekämpfen. Aber gegen die Babylonier in ihren festen Brustpanzern und ihren großen Streitwagen können sie nicht viel ausrichten. Die ganze Stadt wird von Tausenden schwer bewaffneter Soldaten umzingelt.
Kurze Zeit später stirbt ganz plötzlich König Jojakim. Sein Sohn Jojachin wird nun König. Er ist nur knapp 18 Jahre alt, aber er ist klüger und tapferer als sein Vater.
Der junge Mann weiß, daß er die Stadt und den Tempel nur retten kann, wenn er sich selbst dem König von Babylon ausliefert. Freiwillig verläßt er die Stadt und geht zu Nebukadnezzar. Die Soldaten auf der Mauer sehen ihn und sagen: „Nun wird Jojachin als Gefangener mit nach Babylon ziehen müssen. Werden die Babylonier nun auch noch unsere Stadt zerstören?"

Nach Babylon

Ängstlich sitzt Debora mit ihren Eltern und ihrem Bruder in ihrem Haus. Sie wagen es nicht, nach draußen zu gehen, denn überall in der Stadt sind babylonische Soldaten. Sie haben die Minister und die Heerführer der jüdischen Armee aus den Häusern geholt. Auch die wichtigsten Tempelpriester müssen mit nach Babylon ziehen. Nun suchen die Babylonier in allen Häusern nach Männern, die in Babylon als Maurer, Schmiede oder Zimmerleute arbeiten sollen. Die Soldaten kommen auch in die Straße, in der Debora wohnt. Ihre Schritte kommen immer näher. Debora hofft, daß sie vorbeigehen werden, aber sie bleiben vor ihrem Haus stehen.
Als Deboras Vater die ängstlichen Gesichter seiner Frau und der Kinder sieht, sagt er: „Die Babylonier suchen vor allem Schmiede, die Waffen herstellen können, mich werden sie bestimmt nicht mitnehmen."
In diesem Moment steht schon ein Soldat im Haus. Er schaut sich die Werkstatt an und sieht, daß Deboras Vater Silberschmied ist. Aber auch für ihn gibt es Arbeit in Babylon. So muß er mit seiner Familie ebenfalls Jerusalem verlassen.
Deboras Mutter sucht schnell einige Sachen zusammen. Auch das Essen, das sie noch zu Hause haben, und einige Krüge mit Wasser nehmen sie mit. Zum Glück haben sie einen Esel, der viel tragen kann.
Einen langen Zug von Männern, Frauen und Kindern läßt Nebukadnezzar aus Jerusalem wegführen. Mit Schwertern und Stöcken werden sie von den Soldaten angetrieben. Niemand kann entfliehen.
Deboras Mutter weint. Der kleine Micha, der auf dem Esel sitzt, schaut ängstlich auf die fremden Soldaten. Deboras Vater, der sich noch einmal nach Jerusalem umschaut, ruft laut: „Jerusalem, werden wir dich jemals wiedersehen?"
Debora sieht, wie Tränen über sein Gesicht laufen. Sie schaut sich auch noch einmal um. Am Tor steht ein Mann, der ihnen nachschaut. Ist das nicht Jeremia? Debora denkt an den zerbrochenen Krug. Aber die Stadt ist noch nicht zerstört. Nebukadnezzar hat einen neuen König eingesetzt, der gelobt hat, wohl Steuern an den babylonischen König abzuführen.
„Komm, Debora!" sagt ihr Vater und nimmt ihre Hand. „Du mußt dicht bei uns bleiben."
Tage- und wochenlang ziehen die Gefangenen durch die heiße Wüste,

über Hügel und Täler, bis sie endlich zu dem großen Fluß Eufrat kommen. Nun ziehen sie auf einem Weg entlang des Flusses über grüne Felder nach Babylon. Wenn es abends kalt und dunkel wird, schlafen sie in ihren Mänteln dicht nebeneinandergedrängt unter dem Sternenzelt.
Endlich, nach vielen Tagen, sieht Debora in der Ferne eine Stadt mit einem großen Turm. „Ist das Babylon?" fragt sie ihren Vater, „was für ein seltsamer Turm ist das?"
„Das ist der Turm des Tempels von Babylon", sagt ihr Vater. „Die Babylonier bauen große Türme als Tempel. Sie fühlen sich dann ihren Göttern näher."
Die Gefangenen betrachten erstaunt die große Stadt. Micha vergißt sogar seine Müdigkeit. „Sieh einmal, was für ein schönes, großes Tor!" ruft er. „Viel schöner als die Tore von Jerusalem. Werden wir in dieser Stadt wohnen?"
Er bekommt keine Antwort. Vater sieht besorgt aus. Er denkt: Was wird mit uns geschehen?
Die Babylonier veranstalten einen feierlichen Einzug des Heeres. An der Spitze reitet König Nebukadnezzar. Dann folgen stolz dreinblickende Soldaten, die König Jojachin auf einem Wagen mitführen. Auf einem anderen Wagen befinden sich Gegenstände aus Gold und Silber, die aus dem Palast in Jerusalem stammen. Die Gefangenen müssen hinterherlaufen.
Verwundert schaut sich Debora um, als sie durch das schöne blau glänzende Tor ziehen. Das Tor ist mit gelben Drachen- und Stierfiguren verziert.

Sie kommen dann auf eine breite Straße. Auf der einen Seite steht der große weiße Tempel und an der anderen Seite ein prächtiger rosafarbener Palast mit Terrassengärten. Am Weg stehen große Götterstatuen, und weiter oben sieht Debora noch weitere weiße Tempel.

An den Straßenrändern haben sich viele Babylonier versammelt. Sie machen Musik und jubeln Nebukadnezzar und seinen Soldaten zu. Dann werden Jojachin und seine Minister ins Gefängnis gebracht. Die goldenen Geräte aus Jerusalem werden im Tempel zur Schau gestellt. Die anderen Gefangenen müssen noch weiter laufen. Durch ein Tor im Süden verlassen sie die Stadt wieder. Außerhalb der Stadtmauer, in der Nähe des Flusses, sollen sie wohnen. Debora schaut sich um. Sie sieht nur einen Hügel auf einer kahlen Ebene. Häuser gibt es nicht. Wie auf dem Marsch schlafen sie wieder unter freiem Himmel. Am folgenden Tag wird den Männern befohlen, Lehm auszugraben und daraus Hütten zu bauen. Noch ist es warm und trocken, aber im Herbst regnet es viel, und es wird bereits ziemlich kalt.

So bauen die Leute aus Jerusalem auf dem Hügel ein Dorf aus Lehmhütten. Als sie damit fertig sind, müssen die Männer für die Babylonier arbeiten. Die Schmiede stellen Waffen her. Andere bauen mit an den großen Mauern, die die Stadt umgeben. Deboras Vater stellt Silberschmuck her. Den kann er an den König und an reiche Leute aus Babylon verkaufen. Die Familie braucht deshalb nicht zu hungern.

Aber jeden Tag denken sie an Jerusalem und hoffen, bald dorthin zurückkehren zu können.

Am Fluß

„Vater! Mutter! Kommt schnell!" ruft Debora. „Zwei Männer aus Jerusalem sind gekommen, sie haben einen Brief von Jeremia bei sich!"
An einem Platz im Dorf haben sich viele Leute um die Männer versammelt. Der neue König in Jerusalem hat ihnen einen Botschaft für Nebukadnezzar mitgegeben. Für die Juden in Babylonien haben sie einen Brief von Jeremia erhalten. Alle hören ganz gespannt zu, als der Brief vorgelesen wird.
Jeremia schreibt: „Baut Häuser und wohnt darin. Legt Felder an und pflanzt Bäume, damit ihr Früchte ernten könnt. Auch im Land Babylon ist Gott bei euch. Er läßt euch nicht im Stich. Ihr werdet einmal wieder zurückkehren. Aber das wird noch lange dauern." Natürlich wollte jeder wissen, wie es seinen Angehörigen und Freunden in Jerusalem geht.
Als die beiden Männer wieder fort sind, wird der Brief Jeremias noch einmal vorgelesen. Langsam begreifen die älteren Leute, daß sie nie mehr nach Jerusalem zurückkehren werden. Sie blicken auf ihre Kinder: Werden sie jemals zurückkehren können?
Sie tun, was Jeremia ihnen aufgetragen hat: Sie bauen Häuser, um darin zu wohnen. Sie pflügen das Land, um Korn zu säen, und sie pflanzen Bäume und Sträucher. Der Boden, auf dem sie leben, ist sehr fruchtbar. Aber trotz alledem, die Sehnsucht nach Jerusalem bleibt.
Die Kinder werden erwachsen. Als Debora eine junge Frau geworden ist, heiratet sie und lebt mit ihrem Mann in einem eigenen Haus. Eines Abends im Frühling kommen die Juden aus dem Dorf wie jeden Abend am Fluß zusammen. Den ganzen Tag über haben sie die Musik der Babylonier gehört, die ihr Neujahrsfest feierten.
Die Juden sind nicht zur Stadt gegangen, um das Fest mitzufeiern, denn dazu werden die goldenen Götterstatuen aus dem Tempel geholt. Diese Standbilder werden durch die Hauptstraße getragen, damit alle Leute sie anbeten können.
Den Kindern aus dem Dorf hatten die Eltern auch verboten, dorthin zu gehen. Dennoch ist Micha, der Bruder Deboras, mit einigen Freunden heimlich zur Stadt gegangen.
Seine Eltern sind deswagen zornig und ängstigen sich auch. Sie sprechen darüber mit Ezechiel, der in Jerusalem Priester war.
„Unsere Kinder wollen immer nach Babylon", klagen die Eltern.
Die Jungen sagen, daß sie sich hier im Dorf langweilen. An Jerusalem

denken sie nicht mehr. Sie finden Babylon viel schöner. Sie glauben, daß Marduk, der Gott der Babylonier, viel mächtiger ist als unser Gott. Ezechiel, sprich du doch einmal mit ihnen, auf uns hören sie nicht mehr."
Die Jungen kommen gerade zurück und werden von ihrem Vater gerufen. Sie sollen auch zum Fluß kommen. Werden sie bestraft? Nein, zu ihrer Überraschung sollen sie sich einfach hinsetzen und Ezechiel zuhören.
Er erzählt folgendes: „Vor tausend Jahren saß hier am Fluß ein Hirtenjunge mit seinen Schafen. Er schaute auf den Tempelturm Babylons und dachte: All die Götterstatuen in Babylon sind von Menschen gemacht. Sie haben zwar Füße, aber sie können nicht gehen. Sie haben zwar Ohren, aber sie können nicht hören. Sie haben zwar Augen, aber sie können nicht sehen. Wie sollten diese Standbilder also etwas für Menschen tun können?"
Ezechiel fragt: „Wer war der Hirtenjunge?" Die Jungen wissen es nicht. „Das war Abraham", sagt Ezechiel. „Er ist später mit seiner Frau Sara aus dem Land Babylon fortgezogen. Er glaubte nicht an Götterbilder. Er glaubte an den einen Gott, den wir mit unseren Augen nicht sehen können und den wir mit unseren Händen nicht formen können. Mit Abraham begann etwas ganz Neues, ein neues Volk entstand. Abraham ist der Stammvater unseres Volkes. Wir leben nun wieder in dem Land, das Abraham verlassen hat. Aber wir werden unser eigenes Land und Jerusalem nie vergessen. Einmal werden wir dort wieder wohnen."
Die Sonne ist inzwischen untergegangen. Es wird dunkel, Zeit um schlafen zu gehen. „Morgen werde ich noch mehr über Abraham und Sara erzählen", sagt Ezechiel.

Jerusalem wird zerstört

Heute ist kein Festtag der Babylonier. Dennoch hören die Juden Jubel und Trommeln in der Stadt. Die Trommelschläge kommen immer näher. Was ist los?
„Vater, komm und schau mal!" ruft Micha. „Die Trommler ziehen gerade durch das Südtor. Auch Soldaten sind dabei und eine ganze Reihe anderer Leute!"
Der Vater kommt aus seiner Werkstatt, in der er Silberschmuck herstellt. Er sieht den Zug ankommen und erschrickt: „Es scheint, als ob Gefangene dabei sind. So sind wir auch von den Babyloniern aus Jerusalem fortgeschleppt worden!"
„Ja", sagt Micha, „daran kann ich mich noch gut erinnern. Vielleicht sind das auch Gefangene aus Jerusalem?"
Alle Leute aus dem Dorf laufen zu der Straße, durch die der Zug von Gefangenen gehen muß. Die Trommler sind wieder zur Stadt zurückgegangen, wo eine Siegesfeier stattfindet.
Debora steht auch am Straßenrand. Wie ausgehungert die Gefangenen sind, denkt sie. Sie ruft: „Kommt ihr aus Jerusalem?" Die Menschen nicken müde. Ein Mann sagt: „Jerusalem und der Tempel sind zerstört!"
Debora zittert vor Schreck, als sie das hört. Nun ist es also doch geschehen, was Jeremia vorausgesagt hat.
An diesem Abend sind alle Häuser der Juden voller Menschen aus Jerusalem. Auch im Haus von Deboras Eltern sind nun viele neue Gefangene. Nachdem sie sich ein wenig erholt haben, berichten sie, was passiert ist.
„Zidkija, der neue König von Jerusalem, hat einen Aufstand gegen Nebukadnezzar gewagt. Er hatte fast kein Geld mehr und konnte den Babyloniern keine Steuern mehr bezahlen. Dann rückte das große Heer der Babylonier heran und umzingelte die Stadt.
Jeremia riet Zidkija, sich den Babyloniern lieber auszuliefern, wie es auch Jojachin getan hat. Dann würde die Stadt nicht zerstört werden. Aber Zidkija hörte nicht auf Jeremia.
Weil die Stadt belagert wurde, konnten keine Lebensmittel herangeschafft werden. Eine Hungersnot brach aus. Unsere Soldaten wurden so schwach, daß sie nicht mehr kämpfen konnten. Dann bestürmten die Babylonier die Befestigungen. Sie schlugen ein Loch in die Mauer und kamen so in die

Stadt. Zidkija versuchte noch zu flüchten, aber er wurde gefangengenommen. Die Stadt und der Tempel wurden zerstört."
„Lebt Jeremia noch?" fragt Debora.
„Er ist bei den alten und kranken Menschen in Jerusalem geblieben, die nicht mit nach Babylon kommen mußten", lautet die Antwort.
Am nächsten Tag müssen die Gefangenen mit dem Bau von Lehmhütten, in denen sie zunächst wohnen können, anfangen. Später bauen sie auch Häuser. So entsteht ein neues Dorf für die Juden in Babylon.
Aber es gibt auch Juden, die mit ihren Kindern in der Stadt wohnen, wie die Eltern Obadjas, des Freundes von Micha. Sein Vater ist Waffenschmied, er muß für die Babylonier Waffen herstellen.
„Warum wohnen wir nicht auch in der Stadt?" fragt Micha seinen Vater.
„Solange mir die Babylonier nicht befehlen umzuziehen, bleiben wir hier", sagt sein Vater. „Hier wohnen wir mit anderen Juden zusammen. Hier können wir gemeinsam unseren Sabbat und unsere Feste feiern."

Das Lied über die sieben Tage

An einem schönen Morgen am Sabbat geht Micha zusammen mit seinen Eltern zum Fluß, wie alle Leute aus dem Dorf. Wie immer am Sabbat singen sie ein Lied, das früher im Tempel in Jerusalem gesungen wurde. Es ist ein Psalm über Himmel und Erde, Menschen und Tiere und über alles, was auf Erden wächst. Die Juden danken in diesem Lied Gott für die Schöpfung. Es ist ein fröhliches Lied. Ein Priester spielt dazu auf der Harfe.

Als die Juden noch nicht so lange in Babylon lebten, wollten sie keine fröhlichen Lieder singen und Musik machen. Sie sangen nur traurige Lieder über das zerstörte Jerusalem.

Aber Ezechiel, der ein Prophet geworden ist, hat ihnen wieder Mut und Hoffnung gegeben. Er sieht in seinen Träumen mehr als andere Leute. Er sieht, daß sie einmal wieder in ihr Land zurückkehren werden und daß der Tempel wiederaufgebaut wird.

Nachdem das Lied über Gottes Schöpfung gesungen wurde, sagt Micha zu einem Priester: „Die Babylonier sagen, daß ihr Gott Marduk mächtiger ist als alle anderen Götter, daß er Himmel und Erde erschaffen habe. Sie glauben, daß die Sonne, der Mond und die Sterne auch Götter sind."

Der Priester schüttelt den Kopf und sagt: „Gott ist der Schöpfer des Himmels und der Erde. Hör gut zu, zusammen mit anderen Priestern habe ich ein Lied darüber geschrieben." Der Priester nimmt seine Harfe und singt:

„Im Anfang schuf Gott Himmel und Erde.
Auf der Erde war es noch wüst und dunkel.
Gott rief: Es werde Licht!
Und es wurde Licht.
Gott sah, daß das Licht gut war.
Er trennte das Licht von der Finsternis.
Das Licht nannte er Tag!
Die Finsternis nannte er Nacht!
Das war der erste Tag.

Gott sagte: Es soll eine Kuppel entstehen,
die das Wasser unten vom Wasser oben trennt.
Gott nannte die Kuppel Himmel!
Das war der zweite Tag.

Gott sagte: Das Wasser unter dem Himmel soll
zusammenströmen,
damit das Trockene zum Vorschein kommt.
Gott nannte das Trockene Land!
Die zusammengeströmten Wasser nannte er Meer!
Gott sah, daß es gut war.
Er sagte: Es sollen Pflanzen und Bäume wachsen,
die Saat und Früchte spenden.
Gott sah, daß es gut war.
Das war der dritte Tag.

Gott sagte: Es werde Licht am Himmel.
Ein großes Licht zeigte sich: die Sonne!
Einige kleinere für die Nacht: der Mond
und die Sterne!
Gott sah, daß es gut war.
Das war der vierte Tag.

Gott sagte: Fische sollen im Wasser schwimmen,
und Vögel sollen in der Luft fliegen!
Gott sah, daß es gut war.
Das war der fünfte Tag.

Gott sagte: Auf dem Land sollen Tiere leben:
Vieh, Kriechtiere und wilde Tiere,
und es sollen Menschen dort leben!
Sie sollen mir ähnlich sein!
Sie können für die Erde und die Tiere sorgen.
Und es wurden Menschen erschaffen: Männer und Frauen.
Gott segnete sie und sagte:
Bewohnt die Erde mit euren Kindern,
die ihr bekommen werdet,
eßt von den Pflanzen und den Früchten der Bäume.
Sorgt gut für die Erde und die Tiere!
Gott sah alles, was er erschaffen hatte, und sah,
daß es sehr gut war.
Das war der sechste Tag.

Am siebten Tag ruhte Gott sich aus
und segnete diesen Tag."

Das Lied ist zu Ende. Alle haben andächtig zugehört.
„Der siebte Tag, der Sabbat, wird für uns immer ein besonderer Tag sein",
sagt der Priester, „ein Tag, um zu ruhen und sich am Leben zu freuen."

Eine Erzählung über den Anfang

Am nächsten Tag ist Micha bei seinem Vater in der Werkstatt. Er lernt, Schmuck herzustellen, damit er später wie sein Vater Silberschmied werden kann.
Micha sagt: „Im Lied der Priester über die Entstehung von Himmel und Erde wird immer wieder gesungen: Gott sah, daß es gut war. Aber ist wirklich alles so gut auf der Erde? Die Menschen sind oft nicht ehrlich. Könige sorgen nicht immer gut für das Volk. Sie wollen mächtig und reich werden. Deshalb führen sie Kriege, zerstören blühende Städte und verschleppen die Menschen."
„In Jerusalem habe ich eine Erzählung über den Anfang der Welt gehört", sagt sein Vater. Es ist eine sehr alte Erzählung. Ich weiß nicht, von wem sie stammt. Vielleicht von einem Priester oder einem Propheten, vielleicht auch von einem einfachen Bauern. In dieser Erzählung wird folgendes berichtet:

Gott erschuf einen Menschen aus Erde und blies ihm den Atem des Lebens ein. So begann das Leben Adams, des ersten Menschen. Er schlug seine Augen auf und schaute sich um. Er sah, daß er in einem schönen Garten war mit Sträuchern und Bäumen, an denen Früchte wuchsen: Trauben, Datteln, Feigen und noch viele andere. Ein wirkliches Paradies!
„Adam, du sollst für diesen Garten sorgen und darin leben", sagte Gott. „Von allen Bäumen und Sträuchern darfst du essen, aber dort in der Mitte des Gartens steht der Baum der Erkenntnis von Gut und Böse. Von diesem Baum darfst du nicht essen. Wenn du es doch tust, kannst du hier nicht länger bleiben."
Es gab viele Bäume, deren Früchte Adam essen durfte. Er pflückte sie, und sie schmeckten ihm gut. Er war noch ganz allein in dem schönen Garten. Gott erschuf dann die Tiere: Tiere, die auf dem Land leben konnten, Fische im Wasser und Vögel in der Luft. Adam durfte allen diesen Tieren Namen geben. Aber kein Tier glich ihm. Und es gab niemanden, mit dem er reden konnte. Es wurde Nacht, und die Tiere schliefen beieinander, jedes bei seiner eigenen Art: Die Vögel in ihren Nestern, die Kaninchen in ihren Höhlen, die Schafe im Gras. Aber Adam war allein.
Als Adam am nächsten Morgen erwachte und seine Augen aufschlug, sah er zu seiner Überraschung jemanden, der ihm sehr ähnlich sah. Es war noch

ein Mensch, aber er war doch anders als Adam. Es war eine Frau. Sie lächelte Adam an. Das hatte Adam bei einem Tier noch nie gesehen. Er begann auch zu lächeln und sagte: „Ich bin Adam. Wer bist du?"
„Ich bin Eva", sagte die Frau. Sie faßten sich bei den Händen und liefen zusammen durch den Garten. Adam erzählte, welche Namen er den Tieren gegeben hatte. Wie die Tiere so hatten auch Adam und Eva keine Kleider. Sie waren nackt, aber das fanden sie ganz normal. Sie waren glücklich zusammen.
Eines Abends, als Eva Trauben pflückte, kam sie in die Nähe des Baumes der Erkenntnis. Auf einmal hörte sie eine Stimme sagen: „Gott hat sicher gesagt, daß du von keinem Baum in diesem Garten essen darfst?"
Eva sah zu dem Baum, aus dem die Stimme kam, und sah eine Schlange zwischen den Zweigen. „Wir dürfen von allen Bäumen essen", antwortete Eva, „nur nicht von diesem Baum, der mitten im Garten steht."
„Wenn ihr von diesem Baum eßt, werdet ihr viel mehr wissen", sagte die Schlange. „Ihr wißt dann genauso viel wie Gott über das Gute und das Böse." Verwundert blickte Eva auf die Früchte des Baumes. Und wenn es nun wahr ist, was die Schlange gesagt hat? Sollte sie nicht eine Frucht probieren? Sie streckte ihre Hand aus, pflückte eine Frucht von dem Baum und aß davon. Dann erschrak sie. Was hatte sie getan?
„Komm schnell, Adam!" rief sie. „Probier einmal hiervon!" Und auch Adam aß von der Frucht. Dann spürten sie auf einmal, daß ein kalter Wind durch den Garten wehte. Und plötzlich sahen sie, daß sie nackt waren. Sie pflückten große Feigenblätter und bedeckten sich damit.
Noch nie hatten sie Angst gehabt. Aber nun hatten sie Angst vor Gott.
Sie versteckten sich hinter den Sträuchern.
Dort hörten sie Gottes Stimme: „Adam, wo bist du?"
„Ich habe Angst. Und ich bin nackt, darum habe ich mich versteckt", sagte Adam.
„Habt ihr von dem verbotenen Baum gegessen?" fragte Gott.
„Eva hat eine Frucht von diesem Baum gepflückt und mir davon zu essen gegeben."
„Was hast du getan, Eva?" fragte Gott.
„Die Schlange sagte, daß ich von dem Baum essen darf."
„Warum hast du auf die Schlange gehört?" sagte Gott.
„Wolltest du mehr sein als ein einfacher Mensch? Ihr könnt nun nicht länger in diesem Garten bleiben. Außerhalb des Gartens werdet ihr für euer Essen schwer arbeiten müssen. Aber ich lasse euch nicht im Stich. Ich bleibe bei euch."

Adam und Eva verließen den
schönen Garten und machten sich gemeinsam auf den Weg.

Micha hörte so andächtig zu, daß er vergaß weiterzuarbeiten. Als er wieder
an die Arbeit geht, denkt er über die Geschichte nach.

Wo ist dein Bruder?

An jedem Sabbat treffen sich die Juden in Gruppen am Fluß. Weil es in Babylonien keinen jüdischen Tempel gibt, können die Priester ihre Arbeit nicht mehr wie früher verrichten. Nun lesen sie am Sabbat aus den Buchrollen vor, die sie aus Jerusalem mitgebracht haben. Und sie erklären den Menschen, was die Erzählungen in den Buchrollen bedeuten.
Der Lehrer der Gruppe, zu der Micha und seine Eltern gehören, liest an diesem Sabbat aus der Buchrolle von Mose, in der die Zehn Gebote aufgeschrieben worden sind. Danach kann man dem Lehrer Fragen stellen. Als Micha an der Reihe ist, sagt er: „Mein Vater hat mir die Geschichte von Adam und Eva erzählt. Dazu möchte ich etwas fragen. Nachdem Adam und Eva von dem verbotenen Baum gegessen hatten, versteckten sie sich. Dann fragte Gott: „Adam, wo bist du?"
Das begreife ich nicht. Warum fragte Gott: „Adam, wo bist du?" Man kann sich doch vor Gott nicht verstecken?"
Der Lehrer antwortet: „In dieser Erzählung geht es eigentlich um dich und um mich. Der Name Adam bedeutet „Mensch". Wenn Gott in dieser Erzählung fragt: „Adam, wo bist du?" dann ist damit gemeint, daß er uns fragt: „Mensch, wo bist du? Was machst du aus deinem Leben?"
Das zeigt sich auch in der Geschichte über die beiden ersten Söhne von Adam und Eva. Die Geschichte von Kain und Abel:

Kain, der älteste Sohn, war groß und stark. Er liebte es, auf dem Feld zu arbeiten. Er pflügte die Erde und streute die Saat hinein. Wie stolz war er, wenn das Korn auf seinem Acker wuchs. So konnte er dafür sorgen, daß Mehl da war, um Brot zu backen.
Abel wurde Schafhirte. Er sorgte gut für die Schafe und die Lämmer.
Eines Tages baute Kain einen Altar aus Steinen. Darauf legte er Getreideähren von seinem Acker als Opfer für Gott. Abel machte auch einen Altar und legte das Fell eines Schafes, das er geschoren hatte, darauf. So wollten sie Gott ihre Dankbarkeit für das Korn und die Tiere zeigen. Aber Kain dachte, daß Gott Abel mehr liebte als ihn, und deshalb wurde er zornig. Gott sah dies und sagte zu Kain: „Warum bist du zornig und läufst mit gesenktem Kopf herum? Wenn du etwas tun willst, was gut ist, kannst du mit erhobenem Haupt herumlaufen. Aber wenn du zornig bist, dann paß auf, daß du nichts Falsches tust!"

Kain hörte nicht auf Gott. Eines Tages, als er zusammen mit seinem Bruder draußen auf dem Feld war, wurde er plötzlich so böse auf seinen Bruder, daß er schwer auf ihn einschlug. Abel fiel zu Boden und stand nicht mehr auf. Kain erschrak. Er wollte fliehen, aber da hörte er die Stimme Gottes: „Wo ist dein Bruder Abel?"
„Das weiß ich nicht", sagte Kain, „ich muß doch nicht auf meinen Bruder aufpassen!"

Gott sagte: „Was hast du getan, Kain? Du hast deinen Bruder erschlagen! Du kannst hier nicht länger bleiben. Du sollst wie ein Flüchtling umherziehen und dich nirgendwo wieder zu Hause fühlen." Da rief Kain verzweifelt: „Ich weiß, daß ich etwas Schreckliches getan habe! Wenn ich nun ohne Schutz wie ein Flüchtling leben soll, wird mich jeder töten wollen."
Gott sagte: „Nein, Kain. Ich lasse dich nicht im Stich. Niemand darf dich töten, so wie du es mit deinem Bruder getan hast."
Kain ging weg und wurde ein Fremder in fremden Ländern.

Der Lehrer schweigt kurz. Dann sagt er: „Wo ist dein Bruder? Wo ist deine Schwester? Das fragt Gott uns."

Noach und die Arche

Es ist Winter. Tagelang hat es geregnet. Der Fluß ist sehr breit geworden, und auf dem Land bilden sich große Pfützen. Die Juden können am Sabbat nicht mehr beim Fluß zusammenkommen. Darum versammeln sie sich in ihren Häusern im Dorf, das auf einem Hügel gebaut ist.

Auch im Haus von Michas Eltern wird am Sabbat eine solche Versammlung abgehalten. Ein Lehrer liest etwas aus einer Buchrolle vor. Aber plötzlich beginnt es heftig zu regnen. Der Regen prasselt auf das Dach. Jeder schaut nach draußen.

„Wenn es so weiterregnet, wird noch das ganze Land überschwemmt", sagt ein Mann. „Wie gut, daß wir unsere Häuser auf einem Hügel gebaut haben."

Der Lehrer sagt: „Hier in Babylonien wird erzählt, daß es vor langer Zeit eine Überschwemmung gegeben hat, bei der die ganze Erde unter Wasser stand. Wir kennen diese Geschichte auch, aber wir erzählen sie anders. Hört zu:

Es wohnten bereits viele Menschen auf der Erde. Aber allmählich vergaßen sie, daß Gott alles Leben erschaffen hatte. Sie dachten nicht mehr an Gott. Sie dachten nur noch an sich selbst. Jeder wollte so viel wie möglich besitzen. Immer häufiger wurde gekämpft, und die Menschen ermordeten sich sogar. Gott sah, daß es auf der Erde nicht mehr gut war.

Aber ein Mann dachte noch an Gott. Er versuchte so zu leben, wie Gott es wollte. Das war Noach. Er war verheiratet und hatte drei Söhne: Sem, Ham und Jafet. Sie waren auch verheiratet, aber sie hatten noch keine Kinder. Eines Tages sahen die Menschen, daß Noach und seine Söhne Bäume fällten und daraus Bretter machten. Die Menschen dachten, daß Noach ein neues Haus bauen wollte. Aber es wurde ein sehr seltsames Haus. Es sah mehr wie eine große Kiste aus.

‚Warum baust du so ein seltsames Haus?' fragten die Menschen Noach.

‚Es wird kein Haus', sagte Noach, ‚es wird eine Arche. Ein Boot, in dem man wohnen kann.'

‚Was willst du hier auf dem Land mit einem Boot?'

‚Gott hat mir in einem Traum gesagt, daß eine große Überschwemmung über die ganze Erde kommen wird.'

‚Aber warum machst du das Boot so groß?'

‚Ich nehme auch Tiere mit, damit sie nicht ertrinken', sagte Noach.
Die Menschen fanden es sehr merkwürdig, was Noach tat, und sie lachten ihn aus. Aber Noach baute mit seinen Söhnen in aller Ruhe weiter an der Arche. Als die Arche endlich fertig war, ließ er die Tiere hinein. Von jeder Art ein weibliches und ein männliches Tier. Einen Löwen und eine Löwin, einen Kater und eine Katze, einen Bock und eine Ziege und noch viele andere Tiere.
Das Erstaunlichste war, daß die Tiere sich nichts antaten.
Die Frau Noachs und die Frauen seiner Söhne trugen alles Essen, das sie zusammengebracht hatten, in die Arche.
Und nachdem von allen Tierarten je zwei in der Arche waren, wurde die Tür verschlossen.
Sie waren alle gerade in der Arche, als schwere graue Wolken am Himmel aufzogen und es zu regnen begann. Einen solch gewaltigen Schauer hatten sie noch nie erlebt. Wochenlang regnete es. Große Teiche bildeten sich auf dem Land, und das Wasser der Flüsse verteilte sich über die ganze Erde. Alles wurde zu einem großen Meer. Das Wasser stieg immer höher. Aber Noach und seine Familie waren in der Arche sicher."

Während Micha zuhört, sieht er nach draußen. Es regnet noch immer.
Gibt es wieder eine Überschwemmung?

Ein neuer Anfang

Der Lehrer erzählt weiter:
„Einsam trieb die Arche mit den Menschen und Tieren über das große Meer. Das Wasser stieg so hoch, daß selbst die Berge nicht mehr zu sehen waren. Es regnete vierzig Tage und vierzig Nächte. Dann hörte der Regen auf. Zum ersten Mal nach all diesen Tagen schien die Sonne.
Langsam fiel das Wasser, und eines Tages trieb die Arche mit einem Ruck gegen einen hohen Berg, dessen Spitze knapp aus dem Wasser ragte.
Die Menschen konnten sehen, daß das Wasser jeden Tag ein wenig fiel. Sie sahen immer mehr Bergspitzen und Felsen, die aus dem Wasser ragten. Aber es waren kahle Berge ohne Bäume oder Sträucher.
Noach wartete noch vierzig Tage. Dann öffnete er das Fenster. Er ließ einen Raben hinausfliegen. Aber der Rabe kehrte immer wieder zurück, weil er kein Futter finden konnte.
Eines Morgens ließ Noach eine Taube fliegen. Er sah dem Vogel, der in der Ferne verschwand, lange nach. Würde er Futter finden? Nein, als die Sonne unterging, kam die Taube zurück. Noach streckte seine Hände aus und holte die Taube in die Arche zurück.
Nach sieben Tagen ließ er die Taube erneut fliegen. Würde sie nun wegbleiben? Nein, gegen Abend kehrte die Taube zurück. Wieder setzte sie sich auf Noachs Hand. Aber dann sah Noach, daß sie einen grünen Zweig im Schnabel hielt, den Zweig eines Olivenbaumes. ‚Seht her!' rief er. ‚Die Taube hat uns etwas mitgebracht. Ein Olivenblatt! Nun wissen wir, daß es auf der Erde wieder trocken wird. Es gibt schon wieder Olivenbäume, an denen Blätter wachsen!'

Jeder in der Arche war glücklich. Nun wußten alle, daß die Erde wieder zum Vorschein kam. Nach sieben Tagen ließ Noach die Taube zum drittenmal fliegen. An diesem Abend kam die Taube nicht zurück. Sie konnte wieder genügend grüne Blätter finden, um für sich selbst zu sorgen. Da wußte Noach, daß sie nicht länger in der Arche bleiben mußten. Mit seiner Familie stand er als erster wieder draußen im Sonnenlicht. Sie holten tief Luft und schauten vom Kamm des Berges nach unten. Die Erde um die Arche war bereits trocken.
‚Sem, Ham und Jafet', sagte Noach, ‚öffnet die Ställe der Tiere und laßt sie nach draußen!'

Die Löwen, die Affen, die Hirsche und die Kaninchen rannten nach draußen. Sie machten Luftsprünge vor lauter Freude über die neugewonnene Freiheit. Alle Tiere suchten wieder ihre Heimat. Die Vögel fanden wieder Bäume, in die sie ihre Nester bauen konnten. Nur die Schafe, Ziegen, Esel und Hühner blieben bei Noach und seiner Familie.
‚Seht doch!' rief Noach plötzlich. ‚Schaut zum Himmel!'
Sie schauten nach oben und sahen einen farbenprächtigen Regenbogen, der vom Himmel bis zur Erde reichte.
‚Der Regenbogen ist ein Zeichen, daß Gott uns nie im Stich lassen wird', sagte Noach, ‚wir dürfen wieder auf der Erde leben!'

Die Geschichte ist zu Ende. Jeder hat andächtig zugehört. Es regnet nicht mehr so stark, die Sonne kommt hinter den grauen Wolken hervor. Als die Versammlung aus ist und die Menschen nach draußen gehen, sehen sie einen schönen Regenbogen, der Himmel und Erde verbindet.

Der Turm von Babel

Micha ist mit seinem Vater in der Stadt Babylon. Sie haben einige silberne Ringe und Armbänder verkauft. Nun gehen sie den Fluß entlang, der durch die Stadt fließt, und schauen sich die Frachtschiffe an, die auf dem Fluß fahren. Es führt eine große Brücke über den Fluß. Als sie darübergehen, kommen sie vom neuen Teil der Stadt in den alten, in dem die Tempel stehen.
Bevor sie wieder in ihr Dorf gehen, ruhen sie sich auf dem großen Platz vor dem Tempelturm ein wenig aus. Micha sieht an dem viereckigen Turm hinauf und zählt die Stockwerke.
„Sieben Stockwerke hat der Turm", sagt er. „Mein Freund Obadja hat von einem babylonischen Jungen erfahren, daß im obersten Stockwerk ein goldener Tisch und ein prächtig verziertes Bett stehen. Die Babylonier sagen, daß ihr Gott Marduk dort nachts schläft. Ich würde gern einmal die Treppe hinaufgehen. Dann könnte ich über die ganze Stadt und das ganze Land sehen und auch unser Dorf von oben betrachten."
„Du wirst dann sofort ins Gefängnis geworfen", sagt sein Vater, „nur die babylonischen Priester dürfen ganz nach oben gehen."
„Sie sind doch sehr geschickt, die Babylonier", sagt Micha, „ich glaube, nirgendwo auf der Welt steht ein so hoher Turm. Und die schönen Paläste mit all den Gärten! Ich würde hier gern wohnen. Es ist auch immer viel los in der Stadt. Viele Fremde kommen, um Babylon zu besichtigen. Diese Leute sprechen andere Sprachen. Es ist eigentlich verrückt, daß es so viele Sprachen gibt. Wie kommt das eigentlich?"
„Als du noch sehr klein warst, habe ich darüber einmal eine Geschichte gehört", sagt sein Vater, und dann erzählt er:

„Vor langer Zeit wurde auf der ganzen Welt nur eine Sprache gesprochen. Die Menschen lebten noch in Lehmhütten. Aber sie fanden heraus, daß sie aus dem Lehm der Flüsse harte Steine herstellen konnten, indem sie sie in Öfen brannten. Und sie lernten auch, daraus Häuser zu bauen. So entstanden die Städte.
Hier in diesem Land bauten die Menschen eine schöne große Stadt mit mächtigen Mauern. Fremde konnten nicht so leicht in die Stadt eindringen.

Eines Tages sagten sich die Einwohner: Laßt uns einen Turm bauen, der so groß ist, daß wir in den Himmel kommen. Dann werden wir das mächtigste Volk.

Sie bauten und bauten, einen Stein auf den anderen, ein Stockwerk auf das nächste. Höher und höher wurde der Turm, aber der Himmel war noch immer weit entfernt.

Gott sah, was die Menschen taten. Aber das war nicht das, was Gott mit den Menschen vorhatte, als er sie erschuf. Er hatte den Menschen den Auftrag gegeben, für die Erde zu sorgen, damit alle Menschen und Tiere dort gut und in Frieden leben können.

Eines Tages geschah etwas Seltsames. Der Aufseher erklärte den Maurern, wo sie weiterarbeiten sollten. Aber kurze Zeit später sah er, daß sie an einer ganz anderen Stelle weitermauerten. Er wurde böse und schrie: Habt ihr nicht gehört, was ich gesagt habe?

Die Maurer zuckten mit den Schultern und begannen ebenfalls zu schreien. Und das Verrückte war, daß der eine den anderen nicht verstand. Sie sprachen plötzlich verschiedene Sprachen.

So war es auch weiter unten am Turm, wo die Männer die Steine heraufschaffen mußten, und auch dort, wo die Steine gebrannt wurden. Sie verstanden sich nicht und bekamen Streit. Es entstand ein großes Durcheinander. So konnten sie nicht zusammenarbeiten. Einer nach dem anderen lief zornig weg. Viele Menschen verließen sogar die Stadt und siedelten sich woanders an.

Den Turm, der nie fertiggebaut wurde, nannten die Menschen damals den Turm von Babel. Das bedeutet Durcheinander, denn die Sprachen der Menschen wurden damals verwirrt."

Micha findet, daß sein Vater genauso gut erzählen kann wie der Lehrer. „Ist das wirklich passiert?" fragt er. „Oder ist es eine Erzählung wie die über Adam und Eva, Kain und Abel oder Noach?"

Vater nickt. „Was glaubst du?" sagt er. „Was soll die Geschichte uns sagen? Denk darüber unterwegs einmal nach. Es ist nun Zeit, nach Hause zu gehen."

In der Stadt Babylon

Sechzig Jahre sind vergangen, seitdem die Juden aus Jerusalem fort nach Babylonien geführt worden sind. König Nebukadnezzar lebt nicht mehr. Die Könige, die ihm folgten, können nicht gut regieren. In einem anderen Land gibt es nun einen König, der sehr mächtig wird. Das ist König Kyrus von Persien.

Micha ist inzwischen ein alter Mann geworden. Seine Eltern, seine Schwester Debora und seine Frau sind gestorben. Der alte Micha wohnt nun bei seinem Sohn in der Stadt Babylon. Dort haben sie ein Geschäft, in dem sie Silberschmuck verkaufen. Michas Sohn fertigt nun die Ringe und Armbänder an, denn dafür muß man gute Augen haben. Micha kann nicht mehr so gut sehen. Er ist meistens im Geschäft.

Wenn keine Kunden da sind, kommt oft seine kleine Enkeltochter Rebekka zu ihm. Ihr Bruder Uri geht in den Unterricht, wo jüdische Kinder aus den Schriftrollen lesen lernen. Rebekka kann noch nicht lesen.

Sie fragt: „Opa, erzählst du mir wieder von Rebekka, die auf die Reise ging, um Isaak zu heiraten?" Sie ist nach dieser Rebekka benannt. Und sie träumt davon, daß sie auch eines Tages auf einem Kamel reitend auf Reisen gehen wird.

Während Opa erzählt, kommt ein jüdischer Kaufmann herein. Er kauft Opa Schmuck ab, um ihn in anderen Städten zu verkaufen. Der Kaufmann weiß stets viel darüber zu erzählen, was er dort sieht und erlebt.

Nun hört Rebekka ihn von Kyrus, den König von Persien, berichten.

„Kyrus wird immer mächtiger", erzählt der Kaufmann. „Er hat schon viele Städte und Länder erobert. Und ich habe gehört, daß Kyrus die Menschen, die von den Babyloniern als Gefangene mitgenommen worden sind, wieder in das Land zurückgehen läßt, in das sie gehören."

„Wird Kyrus auch Babylon erobern?" fragt Opa. „Was meinst du?"

„Die Babylonier sind nicht mehr so mächtig", antwortet der Kaufmann, „aber Babylon hat breite starke Mauern mit Gräben drumherum. Auch für ein großes Heer ist es schwierig, diese Stadt zu erobern."

„Kyrus kann die Stadt aber mit seinem Heer umzingeln", sagt Opa. „Dann können auch keine Lebensmittel mehr durch die Tore hereingebracht werden. Das wäre schrecklich. Das ist auch mit Jerusalem passiert. Die Babylonier haben die Menschen in Jerusalem genauso so lange Hunger leiden lassen, bis die Soldaten die Stadt nicht mehr verteidigen konnten."

„Ja", sagt der Kaufmann, „meine Eltern waren damals noch in Jerusalem. Sie wären beinahe vor Hunger gestorben. Aber König Kyrus ist nicht so böse, wie es Nebukadnezzar war. Es gibt sogar einen Propheten, der sagt, daß Gott den König von Persien nach Babylonien schicken wird, um uns zu befreien."

„Wenn das einmal passieren würde", sagt Opa, „dann könnten wir wieder zurück nach Jerusalem."

König Kyrus

Eines Tages kommt Rebekkas Vater aufgeregt vom Markt nach Hause. Sobald er das Geschäft betritt, ruft er: „König Kyrus ist mit seinem Heer auf dem Marsch zu dieser Stadt!"

„Kommt König Kyrus uns befreien?" fragt Rebekka. „Und gehen wir dann nach Jerusalem?"

Vater schüttelt den Kopf. „Die Babylonier haben alle Tore verschlossen. Niemand kann in die Stadt hereinkommen. Und die Soldaten stehen auf den Mauern mit ihren Pfeilen, um die Stadt zu verteidigen. Die persischen Soldaten werden ihre Zelte sicher um die Stadt herum aufschlagen. Dann kann keine Nahrung mehr in die Stadt gebracht werden. Darum habe ich einen großen Sack Mehl gekauft. Wir müssen versuchen, noch mehr Essen zu kaufen."

Zusammen mit Mutter geht Vater zum Markt.

„Wird es hier jetzt genauso wie in Jerusalem?" fragt Rebekka ängstlich ihren Opa. „Werden wir auch hungern müssen?"

„Ich hoffe es nicht", sagt Opa. „Vor allem für arme Menschen wird es sehr schwierig werden. Sie haben kein Geld, um einen Vorrat an Lebensmitteln zu kaufen." In dieser Nacht kann Rebekka kaum schlafen. Was wird geschehen?

Das persische Heer lagert sich rund um die Stadt. Nach ein paar Wochen gibt es für die armen Menschen nichts mehr zu kaufen. Aber daraus macht sich der König von Babylon gar nichts. In seinem Palast ist noch Nahrung für Monate.

Der König denkt, daß das persische Heer niemals die befestigte Stadt Babylon erobern kann. Er beginnt sogar ein Fest zu feiern, denn es ist ein Feiertag für einen der Götter. Alle Babylonier in der Stadt, die noch zu essen und zu trinken haben, feiern. Sogar die Soldaten vergessen, daß sie auf den Mauern Wache halten müssen. Als es Abend wird, trinken sie so viel Wein, daß sie in Schlaf fallen.

Auch im Palast wird vom König und seinen Ministern so viel Wein getrunken, daß sie nicht mehr daran denken, daß ihre Stadt vom Feind belagert wird.

Die persischen Soldaten feiern nicht. Sie haben schon Wochen lang schwer an einem Damm gearbeitet, den sie in den Fluß bauen. Der Damm ist nun endlich fertig und liegt vor der Stelle, wo der Fluß in die Stadt hineinströmt.

Aber nun hält der Damm das Wasser zurück. Das Flußwasser strömt nun nur noch durch die Gräben, die die Babylonier um ihre Stadt herumgegraben haben. Dadurch wird in der Stadt das Wasser des Flusses immer niedriger, so niedrig, daß man einfach hindurch laufen kann. Das ist auch König Kyrus' Ziel. Mitten in der Nacht, als der babylonische König und seine Soldaten schlafen, läuft eine Menge bewaffneter persischer Soldaten durch den Fluß in die Stadt hinein. Sie überfallen die schlafenden Soldaten, die Wache hätten halten müssen, und dringen in den Palast ein.

Wenig später nehmen sie den König gefangen. Nun ist Kyrus, der persische König, Herr über Babylon.
Uri, der am nächsten Morgen in den jüdischen Unterricht geht, kommt erschrocken wieder nach Hause. „Überall persische Soldaten in der Stadt!" ruft er.
„Wie ist das möglich?" sagt Opa erstaunt.
„Vorläufig gehen wir nicht nach draußen", sagt Mutter. „Wenn gekämpft wird, kann das gefährlich sein."
Aber es bleibt ruhig. Die Stadt wird nicht zerstört. Und schon bald geht alles in der Stadt seinen gewohnten Gang.

Unterwegs nach Jerusalem

Ein paar Monate später, als die Juden sich am Sabbat versammeln, wird ein Brief von König Kyrus vorgelesen. In dem Brief steht, daß die Juden nach Jerusalem zurückziehen und daß sie dort den jüdischen Tempel wiederaufbauen dürfen.

Nachdem der Brief vorgelesen worden ist, bleibt es einen Moment lang still. Jeder ist erstaunt. Aber dann bricht Jubel aus. Rebekka sieht, daß Opa die Tränen über die Wangen laufen. Sie stellt sich neben ihn, ergreift seine Hand und sagt: „Wie schön, Opa, nun gehen wir endlich nach Jerusalem!"
Alles redet durcheinander. Aber ganz allmählich wird es stiller.
Ein alter Mann sagt betrübt: „Ich bin schon zu alt, um die lange Reise zu machen. Vergeßt nicht, daß Jerusalem zerstört ist. Junge gesunde Menschen müssen zuerst dorthin, um neue Häuser zu bauen."
„Meine Mutter ist auch zu alt, um mitzugehen", sagt eine Frau. „Und ich will sie nicht allein zurücklassen."
„Du bist doch noch nicht zu alt, Opa, oder?" fragt Rebekka.
Ein junger Mann sagt: „Ich habe hier ein schönes Haus und einen Laden, mit dem ich gute Geschäfte mache. Und unsere Kinder sind noch klein. Wir können auch nicht mitgehen."
Rebekka schaut zu ihren Eltern. Werden sie auch sagen, daß sie hier ein schönes Haus und einen Laden haben? Sie ist enttäuscht. Wird die Reise nach Jerusalem nicht klappen?
„Jeder muß natürlich gut darüber nachdenken", sagt der Lehrer. „Nächste Woche können wir weiter darüber reden."
Zu Hause sprechen Rebekkas Eltern und Opa lange darüber, was sie tun werden.
Mutter sagt: „Wir haben hier in Babylon ein schönes Haus. Wo sollen wir wohnen, wenn wir nach Jerusalem kommen?"
„Laßt uns im Frühjahr wegziehen", sagt Opa. „Vielleicht können wir in Jerusalem das Haus, in dem ich als Kind mit meinen Eltern gewohnt habe, wieder bewohnbar machen, bevor es Winter wird. Nun haben wir die Chance zurückzugehen. Hier werden wir immer Fremde bleiben."
„Ja", sagt Uri, „wenn ich mit meinem Freund zur Schule gehe, werden wir auf der Straße von den babylonischen Jungen beschimpft. Sie wagen das, weil sie immer in einer großen Gruppe sind."

Vater sagt: „Und dennoch können wir jetzt noch keine Entscheidung fällen."

Am folgenden Sabbat, als die Juden sich in der Stadt Babylon wieder versammeln, sagt der Lehrer: „Gott hat Abraham und Sara weggerufen aus diesem Land und ihnen den Weg gewiesen in das Land, wo ihr Sohn Isaak geboren wurde.

Nun hat Gott König Kyrus geschickt, um uns aus Babylonien zu befreien. Laßt uns Gott dankbar sein und in unser Land zurückkehren. Nun ist es Winter, aber wenn es Frühling wird, können wir wegziehen. Gott wird mit uns sein."

Die Wintermonate gehen vorüber. Dann, eines Tages ganz früh am Morgen, zieht ein langer Zug von Menschen und Tieren los. Rebekka ist auch dabei mit ihren Eltern, Opa und Uri. Vater hat das Haus und den Laden verkauft. Vor der Reise hat er ein Kamel und einige Esel gekauft.

Rebekka sitzt ganz oben bei Opa auf dem Kamel. Wie gut kann sie jetzt alles übersehen! Fröhlich schaut sie sich um. „Nun reite ich genau wie Rebekka, die Isaak heiratete, auch auf einem Kamel!" sagt sie.

Die Esel tragen Essen und Trinken für unterwegs. Vater und Mutter setzen sich dann und wann, wenn sie müde werden, auf einen Esel. Aber Uri sagt: „Ich kann prima den ganzen Weg laufen!"

„Meine Eltern hatten nur einen Esel, als wir aus Jerusalem weggeführt wurden", erzählt Opa. „Weil ich noch klein war, durfte ich darauf sitzen. Aber die meisten Leute mußten den langen Weg laufen."

Viele Juden stehen am Wegesrand, um Abschied zu nehmen. Sie bleiben in Babylonien. „Vielleicht kommen wir später auch nach Jerusalem!" rufen sie.

Die Juden, die sich doch auf den Weg machen, wissen, daß sie schwer arbeiten müssen, um Jerusalem und den Tempel wiederaufzubauen, aber sie haben großen Mut. Auf einer Karre nehmen sie den goldenen Leuchter und andere Gegenstände mit, die von den Babyloniern aus ihrem Tempel geraubt worden waren. König Kyrus hat erlaubt, daß sie alles wieder nach Jerusalem mitnehmen dürfen.

Unterwegs fragt Rebekka ihren Opa: „Wo ist die goldene Truhe, die früher in Jerusalem stand? Darin wurden doch die beiden Tafeln verwahrt, auf die die Zehn Gebote geschrieben sind?"

„Die Bundeslade ist verschwunden, Rebekka. Wir wissen nicht, was damit geschehen ist, als Jerusalem zerstört wurde. Aber die Zehn Gebote sind auch in unseren Schriftrollen aufgeschrieben. Und wir tragen sie außerdem in unseren Herzen."

„Uri kennt die Zehn Gebote schon auswendig. Willst du sie mir auch beibringen?"
„Ja, Rebekka, dafür haben wir unterwegs Zeit genug. Bevor wir in Jerusalem ankommen, kennst du schon alle. Hör nur gut zu und zähle sie auf deinen Fingern ab. Für jeden Finger gibt es eines."

Der jüdische Gottesdienst wird verboten

In Jerusalem ist auf den Trümmerhaufen des zerstörten Tempels ein neuer Tempel gebaut worden. Er ist nicht so schön und groß wie der Tempel, den König Salomo bauen ließ. Und das Allerheiligste ist nun leer. Die Bundeslade mit den Zehn Geboten ist verschwunden, als der Tempel von den Babyloniern zerstört wurde. Im Heiligen steht aber ein goldener Leuchter mit sieben Öllämpchen.

Fast vierhundert Jahre sind vergangen, seitdem eine große Schar Juden aus Babylon zurückgekommen ist. Wirklich frei sind sie in all dieser Zeit nicht gewesen. Könige mächtiger Reiche waren immer Herren des jüdischen Landes. Aber die Juden durften doch in ihren eigenen Tempel gehen, um dort zu beten und Gott Opfer zu bringen.

Das wird anders, als Antiochus, der syrische König, über sie herrscht. Da wird es schwierig für die Juden, die so leben wollen, wie es in ihren heiligen Schriftrollen steht.

Antiochus will, daß alle Menschen in seinem Königreich an die griechischen Götter glauben. Die Griechen haben viele Götter und Bilder. Ihr allerhöchster Gott heißt Zeus. Antiochus läßt eine große Menge Abbildungen von Zeus anfertigen. In allen Städten seines Königreichs werden die Bilder aufgestellt, und die Menschen müssen davor knien und Opfer bringen.

Mit einem großen Heer kommt Antiochus nach Jerusalem. Dort betritt er sogar das Allerheiligste des Tempels. Es kümmert ihn nicht, daß dorthin nur Priester gehen dürfen. Alles, was im Tempel aus Gold besteht, läßt er wegholen. Und das Öl, das für die sieben Lämpchen des Leuchters bestimmt ist, verwendet er für seinen Götzendienst.

Auf dem Platz vor dem Tempel läßt Antiochus ein Zeusbild aufstellen. Und auf dem Altar läßt er Schweine für diesen Abgott opfern. Für die Juden sind Schweine unreine Tiere. Sie dürfen kein Schweinefleisch essen und bringen natürlich niemals Schweine zum Tempel, um sie zu opfern. Die Juden und ihre Priester finden es schrecklich, was nun in ihrem Tempel geschieht.

Es wird noch schlimmer. Antiochus schickt Botschafter in alle Städte und Dörfer mit einem Brief, der vorgelesen werden soll. In dem Brief des Königs steht, daß die Juden nicht mehr in ihren heiligen Schriftrollen lesen dürfen. Sie dürfen nicht mehr den Sabbat und ihre eigenen Festtage feiern.

Und sie dürfen nicht mehr zu Gott beten.
Die syrischen Soldaten suchen im Tempel und in den Synagogen nach den Schriftrollen. Die Schriftrollen, die sie finden, werden verbrannt oder zerrissen. Wer eine Schriftrolle versteckt hat und beim Lesen erwischt wird, wird zum Tode verurteilt.
Viele Menschen tun aus Angst, was Antiochus will. Aber es gibt auch Priester und andere Juden, die aus Jerusalem wegziehen. Der Priester Mattatias zieht mit seiner Frau und seinen fünf Söhnen nach Modin, ein Dorf in den Bergen, wo Mattatias geboren ist. Dort versuchen sie, im geheimen Gott treu zu bleiben. Am Sabbat versammeln sich die Leute von Modin in der kleinen Synagoge. Dann liest Mattatias aus einer heiligen Schriftrolle vor und erklärt, was die Worte bedeuten.
Aber eines Tages kommen Soldaten des Königs Antiochus nach Modeïn. Auf dem Marktplatz bauen sie aus Steinen einen Altar und stellen ein Bild des Zeus daneben. Dann laufen die Soldaten durch das Dorf. Sie blasen auf Trompeten und rufen, daß alle Leute zum Marktplatz kommen müssen. Wer es nicht tut, wird bestraft werden.
Als die Dorfbewohner auf dem Marktplatz stehen, ruft ein Beamter des Königs: „Auf diesem Altar müssen Zeus Opfer gebracht werden! Das ist ein Befehl von König Antiochus! Wer will als erster ein Opfer bringen?"

Niemand antwortet. Mattatias und seine fünf Söhne stehen in einiger Entfernung zum Altar mit dem Zeusbild. Der syrische Beamte hat gehört, daß Mattatias der Führer des Dorfes ist. Er geht auf ihn zu und sagt: „Wenn du ein gutes Beispiel gibst und ein Opfer für unseren Gott Zeus bringst, dann wirst du dafür mit Silber, Gold und anderen Geschenken belohnt werden. Du und deine Söhne werden dann Freunde des Königs sein. Aber wenn du kein Opfer bringen willst, dann wirst du zum Tode verurteilt." Mattatias schaut dem Beamten direkt in die Augen und antwortet so laut, daß es jeder hören kann: „Niemals werde ich einem Abgott ein Opfer bringen! Niemals werde ich vor einem Bild knien! Auch wenn die ganze Welt Antiochus gehorsam ist, ich nicht! Mit meinen Söhnen bleibe ich unserem Bund mit Gott treu!"
Der syrische Beamte sieht Mattatias drohend an. Dann geht er zurück zum Altar und ruft: „Wer will dann ein Freund des Königs sein?" Ein Mann, der gern das Silber und das Gold haben will, das versprochen wird, kommt nach vorne, um ein Opfer zu bringen.
Als Mattatias das sieht, gerät er in Wut. Er rennt auf den Mann zu und schlägt ihn nieder. Auch den syrischen Beamten, der Mattatias zurückhalten will, greift er an. Mit seinen Söhnen reißt er den Altar nieder und zerschlägt das Zeusbild. Die kleine Schar syrischer Soldaten vermag nichts gegen sie anzufangen. Die Soldaten machen, daß sie wegkommen. Mattatias weiß, daß sie mit einem großen Heer zurückkommen werden, um Rache zu nehmen. Er flieht mit seinen Söhnen und ihren Frauen und Kindern in die Berge. Dort verstecken sie sich in Höhlen. Sie haben ihr Vieh und soviel Kleider und Nahrung wie möglich mitgenommen. Sie wissen, daß sie vorläufig nicht in ihr Dorf zurückgehen können.
Es gibt noch mehr Juden, die den Aufstand gegen Antiochus beginnen. Sie flüchten auch in die Berge. Ungefähr ein paar tausend Mann schließen sich Mattatias an. Sie bilden ein Widerstandsheer, das einen Guerillakrieg gegen die Syrer zu führen beginnt. Es ist ein sehr kleines Heer, verglichen mit dem großen Heer von Antiochus. Aber die Juden sind mutig, denn sie kämpfen, um so leben zu können, wie Gott es will.

Daniel und seine Freunde

Die Enkel von Mattatias standen mit ihren Müttern auch auf dem Marktplatz, als dort von den Syrern ein Altar und ein Bild des Gottes Zeus aufgestellt wurde. Sie haben gesehen, wie tapfer ihr Großvater war. Die ältesten Jungen finden es aufregend, daß sie sich nun auch vor dem Feind verstecken müssen. Sie kommen sich wie echte Helden vor, die sich gegen den bösen König erheben.
Aber als sie Wochen, Monate, ja sogar Jahre in Höhlen wohnen müssen, finden sie das schon lange nicht mehr schön. Wie gern würden sie wieder in ihr Dorf zurückgehen und einfach draußen spielen.
Sie brauchen nicht zu verhungern, denn von den Bauern bekommen sie oft Korn und Fleisch. Aber manchmal gibt es sehr wenig zu essen. Und es gibt Tage, an denen sie nur ein bißchen Brot bekommen mit grünen Kräutern, die sie in den Bergen gefunden haben. Dann leiden die Kinder Hunger.
Glücklicherweise gibt es eine Mutter, die so gut Geschichten erzählen kann, daß die Kinder ihren Hunger vergessen. Es sind Geschichten, die die Männer abends erzählen, um einander Mut einzuflößen. Die Kinder schlafen dann schon, aber Mutter Eva hört gut zu und erzählt die Geschichten den Kindern weiter.
Es sind alte Geschichten: von Gideon, der mit einem kleinen Heer das große Heer des Feindes verjagt hat. Und von David, der sich auch mit seinen Leuten in Höhlen verstecken mußte, als er von König Saul verfolgt wurde. Aber es werden auch neue Geschichten erzählt.
Eines Tages müssen die Kinder in der dunklen Höhle bleiben, weil syrische Soldaten in der Nähe sind, die die Flüchtlinge suchen. Die Kinder langweilen sich und streiten miteinander. Auch klagen sie, daß sie Hunger haben. Sie haben nur noch etwas Brot und Gemüsesuppe ohne Fleisch gegessen.
Da erzählt Mutter Eva:
Ihr wißt, daß Nebukadnezzar, der König von Babylon, vor langer Zeit Jerusalem und den Tempel mit seinem Heer zerstört hat. Damals hat er viele Menschen nach Babylon weggeführt. Dabei war auch ein Junge, der Daniel hieß. Er war ein Verwandter von König Jojachin, der ins Gefängnis geworfen wurde.
Mit drei anderen Jungen aus Jerusalem wurde Daniel von Aschpenas, einem Hofdiener König Nebukadnezzars, aus der großen

Gefangenengruppe herausgeholt. Aschpenas fragte, was sie gelernt hatten, und er ließ sie schwierige Fragen beantworten.
Die Jungen dachten, daß sie auch im Gefängnis landen würden, genau wie König Jojachin. Sie waren völlig verblüfft, als sie in den riesengroßen und prächtigen Palast des Königs gebracht wurden. Dort durften sie sich waschen und bekamen neue Kleider.

Sie sahen noch mehr Jungen ihres Alters in dem Palast. Die waren aus anderen Ländern mitgenommen worden, die Nebukadnezzar erobert hatte. Alle Jungen sahen gesund und gut aus.

Daniel hörte später, was die Absicht des Königs war: Nebukadnezzar wollte, daß die gescheitesten und hübschesten Jungen aus unterschiedlichen Ländern als Diener zu ihm in den Palast kommen sollten. Häßliche oder dumme Jungen wurden deshalb nicht ausgewählt. Babylonische Lehrer gaben ihnen Unterricht, und sie bekamen genauso leckeres und gutes Essen wie der König. Denn der wollte, daß sie gesund und stark werden sollten.

Daniel und die drei anderen jüdischen Jungen hatten auf dem Weg nach Babylon nicht viel zu essen bekommen. Nun waren sie froh, als sie in einen Speisesaal gebracht wurden, wo eine Mahlzeit für sie bereitet war. Sie rochen den herrlichen Duft von gebratenem Fleisch und sahen Krüge mit Wein auf dem Tisch stehen. Hungrig setzten sie sich an den Tisch, um endlich wieder einmal etwas Leckeres und viel essen zu können.

Aber Daniel fiel auf einmal etwas ein, und er sah erschreckt seine Freunde an: „Das dürfen wir nicht essen", sagte er. „Das Fleisch und der Wein sind nicht nach unseren jüdischen Vorschriften zubereitet."

Daniel stand auf und ging zu Aschpenas. „Würdest du uns Gemüse und Wasser geben?" bat er. „Unsere Religion verbietet es uns, dieses Fleisch zu essen und diesen Wein zu trinken."

Aschpenas schüttelte den Kopf: „Dann bleibt ihr mager. Der König hat mich beauftragt, gut für euch zu sorgen. Wenn ihr schlecht aussieht, werde ich bestraft werden."

„Würdest du es zehn Tage mit uns versuchen?" fragte Daniel. „Danach kannst du uns mit den anderen Jungen vergleichen."

Das wollte Aschpenas gern tun. Er ließ den vier Freunden zehn Tage lang Gemüse und Wasser anstelle von Fleisch und Wein geben.

Und nach zehn Tagen sahen Daniel und seine Freunde gesünder aus als die anderen Jungen. Das sah auch König Nebukadnezzar.

Als sie erwachsen geworden waren, mußten sie zum König kommen. Er ließ sie viele Fragen beantworten und stellte fest, daß Daniel und seine Freunde klüger waren als viele Gelehrte in seinem Königreich. Darum behielt er Daniel als Ratgeber bei sich im Palast. Daniels drei Freunde setzte er als Verwalter von Provinzen seines Reiches ein.

Die Macht des Kleinen

Mutter Eva erzählt noch andere Geschichten von Daniel. Auch erzählt sie eine wunderschöne Geschichte von Ester, einem jüdischen Mädchen, das Königin von Persien wurde. Es war wie ein Märchen. Diese Geschichte wollen die Kinder immer wieder hören, vor allem, wenn sie hören, daß ihre Väter gegen die syrischen Soldaten kämpfen müssen und Angst haben.
So vergehen die Jahre. Die Kinder wachsen in den Bergen auf. Die ältesten Jungen werden schon so groß, daß sie im Heer mitkämpfen können.
Jeder ist traurig, als Großvater Mattatias stirbt. Nun wird sein Sohn Judas der Führer der jüdischen Aufständischen. Er ist stark und tapfer. Sein Beiname ist Makkabi. Das bedeutet „Hammer". Daher hat er einen Hammer auf seiner Fahne. Und die Aufständischen werden nach ihm die Makkabäer genannt.
Eines Abends hört Judas von Spionen, daß ein großes syrisches Heer sie in der Nacht überfallen will. Er zieht mit seinen Leuten aus den Bergen in die Ebene, wo sich das Heerlager der Syrer befindet. Dort verstecken sie sich, bis die syrischen Soldaten in die Berge ziehen, um die Makkabäer zu suchen. Soldaten auf Pferden bleiben zurück, um das Heerlager zu bewachen.
Mitten in der Nacht läßt Judas eine große Menge Leute auf Trompeten blasen. Danach stürmen die Makkabäer von unterschiedlichen Seiten auf das Heerlager zu. Die syrischen Reiter denken, daß ein großes Heer auf sie zukommt und flüchten auf ihren Pferden.
Die Makkabäer stecken das Heerlager der Syrer in Brand und verstecken sich wieder in den Bergen, wo sie sich viel besser auskennen als die Syrer. Als die Syrer zurückkommen, sehen sie, daß ihr Lager in Brand gesteckt worden ist und daß die Bewacher geflohen sind. Sie befürchten, daß die Makkabäer sie aus den Bergen angreifen werden und flüchten ebenfalls.
So wie einst Gideon vor langer Zeit, gelingt es Judas, dem Makkabäer, mit einem kleinen Heer das große syrische Heer zu schlagen.
Nach einem schweren Kampf glückt es Judas auch, Jerusalem von den Syrern zu befreien. Nun gehen sie direkt zum Tempel, holen den Altar mit dem Zeusbild heraus und zerschlagen es.
Die Priester kommen zurück in den Tempel und bringen ihn wieder völlig in Ordnung. Aber es gibt kein Öl mehr, um die sieben Lämpchen auf dem Leuchter im Allerheiligsten brennen zu lassen. Die Syrer haben das Öl, das

extra für den Leuchter im Tempel hergestellt wurde, für ihre Götzen verwendet. Aber beim Saubermachen des Tempels findet ein Priester zu seiner Überraschung noch einen einzigen kleinen Krug mit Öl in einer vergessenen Ecke. Damit füllt er die Lämpchen und steckt sie an. Nun gibt es wieder sieben Lichter auf dem Leuchter.

Das Volk kommt zum Tempel und feiert ein Fest mit Gesang und Musik. Nun können sie wieder im Tempel zu Gott beten.

Die Priester meinen, daß nur für einen einzigen Tag Öl in dem Krug ist, und man braucht acht Tage, um neues Öl zuzubereiten. Aber es scheint ein Wunder zu sein: Aus dem kleinen Krug können die Priester doch jeden Tag aufs neue sieben Öllämpchen auffüllen, acht Tage lang, bis wieder neues sauberes Öl fertig ist.

Darum feiern die Juden ein Jahr später wieder ein Fest. Und das tun sie danach jedes Jahr wieder im Monat Dezember. Das wird das Chanukka-Fest oder das Lichterfest genannt. Sie feiern es acht Tage lang. Dabei zünden sie die Lichter der Chanukka-Lampe an. Die hat acht Öllämpchen oder Kerzen mit noch einem extra Lämpchen oder einer Kerze, um die anderen anzuzünden: Das ist der kleine Knecht.

Sobald es abends dunkel wird, werden die Lichter angezündet, im Haus und in der Synagoge. In den Häusern wird die Chanukka-Lampe vor das Fenster gestellt, so daß jeder die Lichter sehen kann.

Am ersten Abend wird ein Lichtchen angezündet, am zweiten Abend zwei Lichter, bis am letzten Abend alle Lichter brennen.

Die Geschichte von Ester

Ester war ein jüdisches Mädchen, das in der Hauptstadt von Persien wohnte. Weil ihre Eltern gestorben waren, als sie noch klein war, hatte ihr Vetter Mordechai immer für sie gesorgt, als ob sie seine eigene Tochter wäre. Sie wohnten in der unmittelbaren Nähe des Königspalastes, wo Mordechai Torwächter war. Manchmal sah Ester König Artaxerxes mit Königin Waschti in seiner goldenen Kutsche durch die Stadt fahren. Soldaten ritten auf Pferden vor ihnen, um den Weg frei zu machen. So wie andere Leute blieb Ester natürlich stehen, um zuzuschauen, bis die goldene Kutsche vorbei war. Die Königin war sehr schön. Ester schaute voll Bewunderung zu ihr auf.

Aber eines Tages hörte sie von Mordechai, daß Waschti vom König weggeschickt worden war. Der König hatte tagelang ein Fest mit den Fürsten der persischen Provinzen gefeiert. Am letzten Tag des Festes, als Artaxerxes viel Wein getrunken hatte, wollte er, daß Königin Waschti kommen sollte, um seinen Gästen zu zeigen, wie schön sie war. Aber Waschti weigerte sich zu kommen. Da wurde Artaxerxes schrecklich böse, und er wollte sie nie mehr sehen.

Jeden Mittag kam Ester zum Palasttor, um Mordechai frischgebackenes Brot zu bringen. Eines Tages sagte Mordechai: „Hör mal, Ester! Die Diener des Königs suchen in der Stadt hübsche Mädchen. Die sollen sie zum Palast bringen, und der König wird dann die hübscheste aussuchen, um sie zu heiraten. Sie wird Königin werden. Wenn sie dich auch mitnehmen, erzähle dann nicht, daß du Jüdin bist." Ester lachte. „Warum sollten sie mich mitnehmen? Ich bin doch nicht hübsch? Sieh dir nur meine Hände an. Sie sind ganz rauh von der Arbeit!" Ester hatte keine schönen Kleider, denn sie war ein armes Mädchen. Aber Mordechai sah, daß Ester schöner war als die Mädchen, die schon durch das Tor in den Palast gebracht worden waren. In diesem Augenblick kam gerade wieder eine Kutsche an, in der ein Mädchen mit einem wunderschönen Kleid saß. Das ist sicher die Tochter reicher Eltern, dachte Ester.

Die Kutsche hielt vor dem Tor an, und der Hofdiener, der auch darin saß, sah Ester an und sagte: „Steig nur ein. Du fährst auch mit!"

Ester erschrak einen Moment, aber als sie in der Kutsche saß, dachte sie: Ich werde doch nicht vom König auserwählt. Er wird mich sicher wieder nach Hause schicken.

Es verlief anders, als sie gedacht hatte. Die Mädchen wurden nicht sofort zum König gebracht. Monatelang wohnten sie zusammen in einem Haus für Frauen. Dort bekamen sie Salböl und andere Mittel, mit denen sie ihre Haut und ihr Haar schön und glänzend machen konnten.
Erst nach zwölf Monaten mußten die Mädchen eine nach der anderen vor dem König erscheinen. Ester trug wie die anderen Mädchen ein schönes Kleid. Man konnte nicht mehr sehen, daß sie ein armes Mädchen war. Aber sie fühlte, wie ihr Herz klopfte, als sie den großen Königssaal betrat.
Der König saß auf seinem Thron. Er sah Ester und er verliebte sich in sie. Er wollte Ester heiraten! Ob Ester auch den König heiraten wollte? Danach wurde sie nicht gefragt.
Es wurde ein großes Hochzeitsfest gefeiert, das bald sieben Tage dauerte. Am letzten Tage saß Ester neben dem König in der goldenen Kutsche, die durch die Stadt fuhr. Sie hatte ein herrliches mit Golddraht benähtes Kleid an und ein goldenes Krönchen auf dem Kopf. Viele Reihen von Menschen standen an den Straßen und jubelten dem König und der Königin zu.
Mordechai saß wie immer beim Palasttor, als die goldene Kutsche zurückkam. Er war stolz auf seine Nichte, aber er war auch besorgt. Er wußte, daß es viele neidische Menschen gab, die Ester etwas Böses antun wollten. Darum achtete er gut darauf, welche Leute durch das Tor gingen, und er lauschte den Gesprächen, die die Diener des Königs untereinander führten.
So hörte er eines Tages zwei Schildwachen über König Artaxerxes reden. Sie waren böse auf den König, weil er sie beleidigt hatte. Und sie heckten einen Plan aus, um ihn zu töten.
Mordechai warnte Königin Ester, und sie erzählte dem König, was die beiden Schildwachen vorhatten. Artaxerxes war sehr böse, als er dies hörte, und die Männer wurden schwer bestraft.

Haman und Mordechai

Es gab einen Diener im Palast, der Haman hieß. König Artaxerxes vertraute Haman sehr, und er stellte ihn als ersten Minister an. Haman bekam soviel Macht, daß er eine Art Unterkönig wurde.
Der König wußte nicht, daß Haman sehr gemein und eitel war, und daß er seine Macht mißbrauchte. Haman wollte, daß alle Menschen vor ihm knieten, wenn er vorbeiging, so wie sie es vor dem König taten. Die Leute hatten Angst vor Haman und taten, was er wollte. Auch die Torwächter knieten vor ihm, wenn er durch das Tor ging. Nur Mordechai kniete nicht. Er blieb gerade stehen.
Haman sah das und fragte einen Hofdiener: „Wer ist dieser Torwächter, und warum kniet er nicht vor mir?"
„Das ist Mordechai", war die Antwort, „er ist ein Jude, und Juden knien nicht vor einem Menschen. Sie knien nur vor ihrem Gott."
Haman war wütend. Er dachte: Was bildet sich dieser Jude eigentlich ein? Als Gefangene sind die Juden aus ihrem Land weggeführt worden. Da sie nun hier in Persien wohnen, müssen sie tun, was der König und ich wollen. Dieser Mordechai und alle Juden, die hier wohnen, müssen bestraft werden.
Zum König sagte Haman: „Wißt Ihr, daß in Eurem Königreich Menschen wohnen, die sich nicht an Eure Gesetze halten?"
„Was für Menschen sind das?" fragte der König böse.
„Das sind die Juden! Sie halten sich nur an ihre eigenen Gesetze, die ihre Lehrer vor langer Zeit aus Jerusalem mitgenommen haben. Sie sind gefährlich. Soll ich dafür sorgen, daß alle Juden in Persien ausgerottet werden?"
König Artaxerxes glaubte Haman und fand seine Pläne gut. Er wußte nicht, daß Königin Ester eine jüdische Frau war und deshalb auch getötet werden würde.
Haman ließ Briefe in alle persischen Provinzen schicken. In diesen Briefen stand, daß an einem bestimmten Tag alle Juden getötet werden sollten. Und die Menschen, die das täten, sollten den Juden ihren Besitz wegnehmen.
Während der König und Haman fröhlich im Palast zusammensaßen und Wein tranken, entstand im ganzen Land große Unruhe unter den Juden. Als Mordechai hörte, was geschehen würde, zerriß er seine Kleider und streute

Asche über sein Haupt, wie es Menschen in dieser Zeit taten, wenn sie großen Kummer hatten. So setzte sich Mordechai vor das Palasttor.
Ein Dienstmädchen von Ester sah ihn und erzählte es der Königin. Ester ließ Mordechai schnell neue Kleider bringen, aber die wollte er nicht annehmen. Darum schickte sie einen Hofdiener zu Mordechai, um ihn zu fragen, was los sei.
Mordechai gab dem Diener eine Abschrift von Hamans Brief und sagte: „Frage die Königin, ob sie zum König gehen will. Sie muß ihn anflehen, den Befehl von Haman zu widerrufen."
Ester erschrak zutiefst, als sie Hamans Brief las. Sie begriff, daß sie nun die einzige war, die die jüdischen Menschen in Persien retten konnte.
Aber das war nicht so einfach. Niemand, sogar die Königin nicht, durfte einfach so zum König kommen. Wer das doch tat, wurde mit dem Tode bestraft. Und der König hatte Ester schon dreißig Tage nicht mehr zu sich kommen lassen.
Ester überlegte lange. Dann sagte sie zu dem Hofdiener: „Frage Mordechai, ob er zusammen mit allen Juden in der Stadt drei Tage fasten und beten will. Auch ich werde drei Tage nicht essen und trinken. Dann werde ich zum König gehen. Sterbe ich, dann sterbe ich."

Was Königin Ester tat

Am dritten Tage zog Ester ihre königlichen Kleider an und ging zum Thronsaal. Die Dienstmädchen, die sie kommen sahen, flüsterten einander aufgeregt zu: „Der König hat sie nicht rufen lassen. Sie wird sicher getötet werden!"

Am Eingang zum Thronsaal blieb Ester stehen. König Artaxerxes saß auf seinem Thron. Glücklicherweise hatte er gute Laune. Erstaunt sah er zu Ester, die still und blaß an der Tür stand. Er streckte sein goldenes Königszepter nach ihr aus als Zeichen, daß sie näher herankommen durfte. Langsam ging Ester auf den König zu und berührte die Spitze des goldenen Zepters.

Dann fragte der König: „Was ist los, Königin Ester? Kommst du, mich um etwas zu bitten?" Als er sie nun wieder sah, tat es ihm leid, daß er sie so lange nicht beachtet hatte.

„Ich lasse ein Festmahl bereiten", antwortete Ester. „Willst du morgen abend mit Haman zu mir essen kommen?"

Das versprach der König, aber in der Nacht erwachte er plötzlich und konnte keinen Schlaf mehr finden. Darum ließ er einen Hofdiener kommen, der ihm aus einem Buch vorlesen mußte, in dem alles aufgeschrieben war, was in Persien geschah. Darin stand auch, daß Mordechai den König hatte warnen lassen vor den beiden Schildwachen, die den König ermorden wollten.

Als der Hofdiener dies vorlas, setzte sich der König auf einmal kerzengerade auf. „Ich habe diesem Mordechai niemals eine Belohnung gegeben", sagte er. „Das will ich jetzt tun. Laß Haman zu mir kommen!"

Haman war erstaunt, daß der König ihn schon so früh am Morgen kommen ließ. Artaxerxes fragte ihn: „Wie kann ich am besten einen Mann belohnen, der viel für mich getan hat?"

Haman dachte: Er meint sicher mich! Und er sagte: „Diesen Mann mußt du königliche Kleider von dir selbst anziehen lassen. So laß ihn dann auf deinem besten Pferd durch die Stadt reiten. Und laß einen wichtigen Mann vor ihm herlaufen, der ausruft: So behandelt der König einen Mann, den er ehren will!"

„Eine sehr gute Idee!" sagte der König. „Tu das für den Torwächter Mordechai! Und lauf du dann vor ihm her, denn du bist nach mir der wichtigste Mann in Persien."

Haman wurde totenblaß und stotterte: „Wwwie meinst du?"
„Was hast du?" fragte der König erstaunt. „Fühlst du dich nicht gut?"
Aber Haman verneigte sich vor dem König und sagte: „Ich werde tun, was du mir befiehlst."
An diesem Tage ritt Mordechai in königlichen Kleidern auf dem Pferde des Königs durch die Stadt. Und Haman lief vor ihm her, stets rufend: „So behandelt der König einen Mann, den er ehren will!" Aber er war schrecklich böse, und er dachte: Mordechai wird nicht mehr lange leben. In ein paar Tagen will ich dafür sorgen, daß er der erste ist, der getötet wird. Und heute abend darf ich mit dem König bei Königin Ester essen.
Todmüde vom Laufen durch die Stadt, saß Haman an diesem Abend an der Festtafel. Der König war fröhlich. Nachdem er von dem herrlichen Wein

getrunken hatte, sagte er zu Ester: „Sag, worum willst du mich bitten? Du kannst von mir bekommen, was du willst, und sei es die Hälfte meines Königreichs."

Ester sah den König ernst an: „Ich will gerne leben bleiben. Ich bitte dich, mich leben zu lassen und mein Volk auch!"

Erstaunt sagte der König: „Natürlich darfst du leben bleiben." Und während er auf einmal sehr zornig wurde, fragte er: „Gibt es jemanden, der dir etwas Böses tun will?"

Bebend stand Ester vom Tisch auf, zeigte auf Haman und rief: „Haman! Haman, dieser Schuft, er will, daß alle Juden getötet werden! Ich bin eine jüdische Frau, und Mordechai, mein Verwandter, ist ein jüdischer Mann. Haman will uns alle ausrotten!"

Der König sprang auf. Auf einmal begriff er, daß Haman ihn betrogen hatte. Er war wütend. Unverzüglich ließ er Haman wegbringen. Am selben Abend noch wurde Haman hingerichtet.

Am folgenden Tag schickte König Artaxerxes Botschafter in alle Teile Persiens mit der Nachricht, daß die Juden sich verteidigen dürften gegen jedermann, der sie töten wolle.

So wurde das Leben der Juden in Persien von Königin Ester gerettet. Und noch jedes Jahr feiern sie überall auf der Welt ein fröhliches Fest, bei dem die Geschichte von Ester vorgelesen wird. Das ist das Purimfest.

Gottes Königreich

Abraham und Sara gingen auf die Reise in das Land, das Gott ihnen zeigen würde. Dort in Kanaan wurde Abraham der Stammvater eines Volkes, des Volkes Israel. Aber die Israeliten wurden andauernd von anderen Völkern bedroht. Daher wollten sie einen König haben, der ihre Soldaten gegen die Feinde führen konnte.
Der Prophet Samuel, der in der Zeit der Führer des Volkes war, warnte: „Vergeßt nie, daß Gott der einzige echte König ist."
Saul wurde der erste König Israels. Danach wurde David von Samuel zum König gesalbt. Die Israeliten liebten König David sehr. Aber nach ihm gab es Könige, die vergaßen, daß ein Mensch erst dann ein guter König ist, wenn er auf Gott hört.
Dann kamen mächtige Könige und Kaiser anderer Völker mit ihren großen Heeren. Sie eroberten das kleine Israel, und viele Juden wurden aus ihrem Lande weggeführt.
Dennoch wollten die Juden Gott treu bleiben und den Zehn Geboten, die er ihnen in der Wüste gegeben hatte.
Ihre Propheten haben gesagt: „Eines Tages wird Gott den Messias, den Gesalbten, zu den Menschen schicken. Er wird das Königreich Gottes auf die Erde bringen."
Der Prophet Micha sagte: „Dieser König wird geboren werden im Städtchen Betlehem."
Der Prophet Sacharja sagte: „Dieser gerechte König kommt auf einem Esel reitend nach Jerusalem, nicht auf Pferden wie Könige, die Krieg führen. Er wird Frieden bringen."
Die jüdischen Lehrer sagen: „Jeder Mensch, der auf die Worte Gottes hört und sie tut, arbeitet mit daran, daß Gottes Königreich auf Erden kommt."

Das Neue Testament

Zacharias, der Priester

In einem Dorf nahe Jerusalem wohnt Zacharias mit seiner Frau Elisabet. Zacharias ist Priester. Dennoch braucht er nur ein paar Mal pro Jahr zum Tempel nach Jerusalem zu gehen, um dort seine Priesterarbeit zu verrichten. In Israel gibt es viele Priester, die abwechselnd eine Woche im Tempel arbeiten.
Zacharias ist nun an der Reihe, und darum ist er auf dem Weg nach Jerusalem.
Er geht gern in den Tempel, aber er findet es schade, daß Elisabet nun allein zu Hause ist. Elisabet und Zacharias haben keine Kinder. Darüber sind sie oft traurig gewesen. Sehr lange haben sie es sich gewünscht, aber nun sind sie schon zu alt. Ihr Wunsch, noch ein kleines Kind zu bekommen, kann nicht mehr in Erfüllung gehen.
Zacharias hat noch einen großen Wunsch. Er sehnt sich nach der Ankunft des guten Königs, der vom jüdischen Volk erwartet wird. Zur Zeit haben die Juden keinen eigenen König. Sie sind nicht frei. Der mächtige Kaiser von Rom ist Herr über ihr Land. Und römische Soldaten marschieren durch die Straßen. Die Juden müssen dem Kaiser viel Geld bezahlen. Sie sind dadurch arm geworden.
In ihren heiligen Büchern steht, daß einst ein König kommen wird, der das jüdische Volk befreien wird. Zacharias hofft, daß dieser König bald kommt.
Und dann hat Zacharias noch einen Wunsch. Sein dritter Wunsch ist es, daß er auch einmal sein Priesterwerk dort im Tempel verrichten darf, wo der goldene Leuchter mit den sieben Lichtern steht.
Es wird immer darum gelost, wer von den Priestern das tun darf. Ich bin noch nie an der Reihe gewesen, denkt Zacharias, als er beim Tempel ankommt.
Als alle Priester da sind, wird gelost. Und wer darf dieses Mal in den Tempel hineingehen? Zacharias!
Er zieht ein weißes Priesterkleid an und setzt eine weiße Priestermütze auf den Kopf. Auf eine goldene Schale legt er ein paar Körnchen Weihrauch, die vom Weihrauchstrauch kommen und herrlich duften. Damit betritt er den Tempel. Im großen Saal sieht er den prächtigen goldenen Leuchter mit den sieben Öllämpchen. Es steht da auch ein goldener Tisch, das ist der Altar, auf dem ein Kohlenfeuerchen brennt. Zacharias streut die

Weihrauchkörnchen auf die glühenden Kohlen. Und während eine
duftende Rauchwolke nach oben steigt, betet er zu Gott.
Aber was ist das? Es wird auf einmal sehr hell. Als Zacharias aufschaut, sieht
er neben dem Altar jemanden stehen. Ist es ein Engel? Zacharias bebt vor
Schreck.
Der Engel sagt: „Hab keine Angst, Zacharias. Gott hat dein Gebet erhört.
Elisabeth wird einen Sohn bekommen, und du mußt ihm den Namen
Johannes geben. Dieser Name bedeutet: Gott gibt Gnade. Denn wenn dein
Sohn groß ist, wird er ein Botschafter Gottes. Er wird den Menschen
erzählen, daß der gute König, den sie erwarten, bald kommen wird."
Werden die großen Wünsche von Zacharias nun erfüllt? Wird er doch noch
einen Sohn bekommen? Und wird der gute König bald kommen?
„Wie kann das sein?" fragt Zacharias. „Meine Frau und ich – wir sind schon
so alt. Ist es wirklich wahr, daß es geschehen wird, wie du sagst?"
„Gott hat mich geschickt, um dir diese frohe Botschaft zu bringen", sagt der
Engel. „Weil du es nicht glauben kannst, wirst du nicht sprechen können,
bis es geschehen ist." Dann ist der Engel plötzlich wieder verschwunden.
Habe ich geträumt? denkt Zacharias.
Inzwischen stehen viele Leute auf dem Platz vor dem Tempel. Sie warten
alle auf Zacharias, denn wenn er nach draußen kommt, wird er sie segnen.
„Was bleibt der Priester lange im Tempel", sagen sie, „es wird doch nichts
passiert sein? Seht, da kommt er endlich."
Langsam kommt Zacharias heraus. Er streckt die Hände über die Köpfe der
Menschen aus. Seine Lippen bewegen sich, aber es kommt kein Laut aus
seiner Kehle. Er kann nicht sprechen.
„Ja, es ist sicher etwas geschehen im Tempel", flüstern die Leute, „vielleicht
hat er etwas gesehen!"
Als die Leute weggegangen sind, fragen die anderen Priester Zacharias, ob
etwas Besonderes geschehen ist. Aber er kann keine Antwort geben.
Schweigend verrichtet er in dieser Woche seine Priesterarbeit. Danach geht
er wieder nach Hause. Er weiß, daß seine großen Wünsche in Erfüllung
gehen werden.

Elisabet

Elisabet sitzt vor ihrem Haus und schaut zu den Kindern hinüber, die noch ein wenig draußen spielen dürfen, bevor sie schlafen gehen. Sie fühlt sich einsam, weil Zacharias in Jerusalem ist, und findet es schön, daß die Kinder vor ihrem Haus spielen. Sie hätte selbst so gerne Kinder gehabt. Sehr oft hat sie zusammen mit Zacharias um ein Kind gebetet. Und sie haben auch immer für das Kommen des von Gott gesandten guten Königs gebetet. Jede Frau im Land hofft, die Mutter dieses Königs werden zu dürfen.
Ich bin jetzt schon zu alt, um noch ein Kind zu bekommen, denkt Elisabet, aber... Sara war auch schon alt, als Isaak geboren wurde.
Die Sonne verschwindet hinter den Bergen, und die Mütter rufen ihre Kinder nach Hause. Elisabet hofft, daß Zacharias heute abend noch nach Hause kommt. Sie steht auf und läuft ein Stückchen auf dem Weg nach Jerusalem. Da sieht sie in der Ferne Zacharias kommen. Sie winkt ihm zu und läuft ihm entgegen. Er wird sicher viele Neuigkeiten aus der Stadt zu erzählen haben, denkt sie.
„Was bin ich froh, daß du wieder da bist, Zacharias!" sagt sie. „Sag, wie war es in Jerusalem? Durftest du dieses Mal Weihrauch auf dem goldenen Altar verbrennen?" Zacharias nickt.
„Oh, wie schön für dich!" ruft Elisabet aus. „Wie fandest du es, im Tempel zu sein? Waren viele Leute auf dem Tempelplatz, um auf deinen Segen zu warten?"
Elisabet fragt weiter. Aber Zacharias sagt nichts. Er nickt oder schüttelt mit dem Kopf, aber er schweigt weiter. Elisabet betrachtet Zacharias mit einem Mal ganz genau und fragt unruhig: „Warum sagst du nichts? Ist etwas Besonderes im Tempel geschehen?"
Zacharias nickt. Als sie im Hause sind, versucht er mit Gebärden zu erklären, was passiert ist. Elisabet versteht zunächst überhaupt nichts. Aber dann zeigt er auf sie und tut so, als würde er ein kleines Kind in den Armen wiegen.
„Meinst du, daß wir noch ein Kind bekommen werden?" fragt Elisabet erstaunt. Zacharias nickt lächelnd.
„Aber das geht doch nicht mehr! Das kann ich nicht glauben!" ruft Elisabet aus. Zacharias zeigt auf sich selbst und hält seine Hände in die Höhe. Danach zeigt er auf seinen Mund. Langsam beginnt Elisabet zu verstehen.

Hat Zacharias die Botschaft eines Engels gehört? Sie muß wieder an Sara und die Geburt Isaaks denken. Und genau wie Sara lacht sie, als sie begreift, daß sie ein Kind bekommen wird.

Maria

Bei Elisabet und Zacharias wird ein Kind geboren werden. Wie freuen sie sich darauf! Elisabet webt weiche Tücher für das Kindlein. Während sie daran arbeitet, kommt eine junge Frau zu ihr herein. Sie sagt: „Schalom, Elisabet!" So grüßen sie sich immer in Israel, mit dem Wort Schalom, das Friede bedeutet.
Aber wie merkwürdig, im selben Augenblick bemerkt Elisabet, daß sich ihr kleines Kind bewegt. Überrascht legt Elisabet die Hand auf den Bauch und sieht die junge Frau an, die jetzt vor ihr steht. Sie fragt: „Bist du es, Maria? Meine kleine Nichte aus Nazaret?"
Maria lächelt und umarmt ihre Tante.
Elisabet steht auf und sieht Maria lange an. Als sie Maria das letzte Mal gesehen hat, da war sie noch ein Mädchen, aber jetzt… sie sieht, daß etwas Besonderes mit Maria geschehen ist. „Erwartest du ein Kind, Maria?" fragt sie.
„Ja, deshalb bin ich hierher gekommen", sagt Maria. „Ich habe gehört, daß du auch ein Kind bekommen wirst und daß Zacharias eine Botschaft von einem Engel im Tempel bekommen hat. Darüber will ich mit dir sprechen."
„Setz dich, Maria", sagt Elisabet, „ruh dich erst etwas aus, du hast eine lange Reise hinter dir."
Dann erzählt Maria ihr Geheimnis: „Der Engel Gottes ist auch bei mir gewesen. Ich erschrak, aber der Engel sagte: ‚Hab keine Angst, Maria. Du wirst einen Sohn bekommen, und du mußt ihm den Namen Jesus geben. Er wird der König sein, den das Volk ersehnt.'
Als der Engel verschwunden war, dachte ich, daß ich geträumt hatte. Ich habe es Josef erzählt, den ich heiraten werde. Er konnte es zuerst auch nicht glauben. Ich bin nur ein einfaches Mädchen. Soll ich die Mutter des Königs werden, der Frieden bringen wird?"
„Nun weißt du, daß das geschehen wird, was du gehört hast", sagte Elisabet.
„Ja", sagt Maria, „nun weiß ich, daß Gott sich um einfache, gewöhnliche Menschen kümmert. Er hat unser Volk und sein Versprechen, das er Abraham gegeben hat, nicht vergessen. Er will, daß es uns gut geht und daß es allen Menschen auf der Erde gut gehen soll. Ich darf die Mutter des Königskindes werden, das schon so lange erwartet wird."
Maria bleibt drei Monate bei Elisabet. Danach geht sie wieder zurück nach Nazaret.

Johannes

„Hast du es schon gehört? Zacharias und Elisabet haben einen Sohn!" Das erzählen sich die Leute im Dorf. Als der kleine Junge acht Tage alt ist, kommen die Nachbarn zu Besuch, denn an diesem Tage soll er seinen Namen bekommen.
„Er wird sicher Zacharias genannt, nach seinem Vater", sagen sie zu Elisabet.
„Nein, nein!" sagt Elisabet. „Er muß Johannes heißen."
„Wie merkwürdig! Das kann doch nicht sein? Es gibt niemanden in der Familie, der Johannes heißt." Sie sehen zu Zacharias hinüber. Er muß entscheiden, welchen Namen sein Sohn bekommen wird.
Zacharias nickt. Elisabet hat recht. Aber er kann noch nichts sagen. Darum schreibt er es auf: „Johannes ist sein Name."
Dann kann Zacharias auf einmal wieder sprechen. Er stellt sich neben Elisabet, die den kleinen Johannes in seinen Armen wiegt. Und er sagt: „Dank dir, Gott, daß du uns befreien willst. Dank dir, daß unser Sohn dein Botschafter sein darf!" Die Nachbarn hören Zacharias verwundert zu.
Als Johannes größer wird, hört er von seinem Vater die Geschichten von Gott und dem Volk Israel. Und als er weit genug laufen kann, darf er mit Zacharias zum Tempel, so daß er sehen kann, wie die Priester dort ihre Arbeit verrichten.
Eines Tages sagt Zacharias: „Johannes, wenn ich wieder nach Jerusalem gehe, werde ich den Hohenpriester fragen, wann du mit der Priesterarbeit im Tempel beginnen darfst. Du bist nun alt genug dafür."
„Aber ich will kein Priester im Tempel werden, Vater", sagt Johannes. Zacharias sieht seinen Sohn erstaunt an und fragt: „Was will du dann tun?" Johannes antwortet nicht sofort. Er sieht still vor sich hin.
„Vater", sagt er endlich, „ein Engel hat gesagt, daß ich den Menschen von dem Friedenskönig erzählen muß, der kommen wird. Das ist doch wahr?"
„Ja", sagt Zacharias, „genau das kannst du gut im Tempel machen, wo soviele Menschen hinkommen."
„Ja, Vater", sagt Johannes, „aber wenn ich anderen Leuten etwas erzählen will, muß ich selbst erst sehr gut darüber nachdenken."
Am nächsten Tag geht Johannes in die Wüste. Dort in der Stille betet er zu Gott und denkt nach über die Botschaft, die er den Menschen überbringen muß.

Jesus wird geboren

Josef und Maria wohnen in der Stadt Nazaret, wo Josef Zimmermann ist. Als Maria hört, daß Elisabet einen Sohn bekommen hat, sehnt sie sich noch mehr nach der Geburt des Kindes, das sie selbst erwartet.
Eines Tages ist Josef mit seinem Esel auf dem Markt, um Holz zu kaufen. Plötzlich kommt da auf einem Pferd ein Botschafter des Kaisers heran. Er bläst auf seiner Trompete und ruft: „Jeder muß in die Stadt gehen, wo er geboren ist. Dort muß er seinen Namen aufschreiben lassen. Der Kaiser will wissen, wie viele Menschen in seinem großen Reich wohnen!"
Josef erschrickt. Er kommt aus Betlehem, der Stadt, in der auch König David geboren wurde. Muß er die lange Reise dorthin machen, mit Maria, die ein Kind bekommen wird? Hastig bindet er das Holz, das er gekauft hat, auf den Rücken des Esels und geht nach Hause, um es Maria zu erzählen.
Maria erschrickt auch. Sie sagt: „Laß uns dann recht bald gehen. Vielleicht sind wir wieder zurück, bevor unser Kind geboren wird."
Sie bereiten alles für die Reise vor und machen sich auf den Weg. Maria sitzt auf dem Esel. Dennoch wird sie sehr müde von der langen Reise, und sie ist froh, als sie endlich in der Nähe von Betlehem ankommen. Sie wünscht sich sehr, bald da zu sein, um ausruhen zu können.
Bei einem großen Haus klopft Josef an. Es ist eine Herberge, in der Reisende schlafen können. Aber der Wirt der Herberge sagt sofort: „Nein, wir haben keinen Platz mehr für euch. Meine Herberge ist total voll. Fragt irgendwo anders nach einem Dach über dem Kopf." Und schnell geht er zurück zu seinen Gästen.
Jossi, ein Hirtenjunge, der gerade vorbeikommt, sagt: „Ich habe gehört, daß alle Herbergen schon voll sind." Er sieht, daß Maria ein Kind erwartet und daß sie sehr müde ist.
„Ich weiß immerhin einen Stall, in dem ihr schlafen könnt", sagt er. „Es steht nur ein Ochse darin. Und es gibt genug Stroh, um darauf zu liegen."
Maria sieht ihn dankbar an, und Josef sagt: „Es wird schon dunkel. Willst du uns den Weg zeigen?"
Jossi läuft vor ihnen her und bringt sie zu einem Stall etwas außerhalb von Betlehem. „Schaut mal, euer Esel kann doch neben dem Ochsen stehen", sagt er, „und dort in der Ecke könnt ihr einen Schlafplatz für euch selbst bereiten. Ich gehe nun weiter. Heute nacht muß ich Wache halten bei den Schafen."

Josef macht ein Bett aus Stroh und sagt: „Leg dich nur rasch hin, Maria. Morgen werden wir uns einschreiben lassen, und dann können wir wieder nach Hause zurückgehen."

Aber mitten in der Nacht wird ihr Kind geboren. Maria wickelt es in Tücher und wiegt es in den Armen. Josef legt etwas Heu in eine Krippe. Das ist ein hölzernes Gestell, aus dem die Tiere fressen. Dort hinein legt Josef vorsichtig das Kind.

„Wir müssen ihm den Namen Jesus geben, wie es der Engel gesagt hat", sagt Maria, „das bedeutet: Gott rettet."

Josef sieht zu seinem Kind hinüber und denkt: „Wie klein und zart es ist. Wie kann unser Kind König werden? Wird er Menschen helfen können?"

Die Hirten

In dieser Nacht sitzt Jossi mit den Hirten auf dem Felde außerhalb von Betlehem. Arme Männer sind es, die auf die Schafe eines reichen Bauern aufpassen. Sie müssen darauf achten, daß die Schafe nicht von Räubern gestohlen werden. Einen Wolf oder ein anderes Raubtier, das ein Schaf angreifen will, müssen sie wegjagen. Tag und Nacht bleiben sie draußen bei der Herde.

Es ist für Jossi das erste Mal, daß er in der Nacht helfen muß, auf die Schafe achtzugeben. Ihm wird kalt, und er kriecht näher an das Feuer, das die Hirten angezündet haben.

„Heute kamen sehr viele Menschen nach Betlehem", erzählt er, „alle Herbergen sind voll. Ich habe einen Mann und eine Frau zu einem Stall gebracht, weil sie keinen Schlafplatz finden konnten. Warum muß eigentlich jeder seinen Namen aufschreiben lassen?"

„Der Kaiser von Rom will, daß alle Menschen Steuern zahlen, auch wenn sie arm sind", sagt ein alter Hirte. „Und vielleicht müssen arme Jungen so wie du Soldaten im römischen Heer werden."

„Wird der römische Kaiser immer unser Herr bleiben?" fragt Jossi. Der Hirte sagt: „Unsere Propheten haben vor langer Zeit gesagt, daß eines Tages ein Friedenskönig kommen wird. Dieser König wird gut für die armen Menschen sein."

Jossi wird müde. Er schaut hinauf zum Sternenhimmel. Es ist mitten in der Nacht. Es wird noch lange dauern, bis die Sonne aufgeht.

Auf einmal – was ist das? Da kommt ein glänzender Lichtstrahl aus dem Himmel!

Jossi erschrickt. Er schlägt die Hände vor die Augen. Aber dann hört er eine Stimme, die sagt: „Hab keine Angst! Ich komme zu euch, um euch etwas Schönes zu erzählen. Gute Neuigkeiten für alle Menschen. Es ist ein Kind in Betlehem geboren worden. Er wird der Friedenskönig sein. Ihr werdet ihn in einem Stall finden. Er liegt in einer Krippe in Tücher gewickelt."

Es ist ein Engel Gottes, der dies den Hirten erzählt. Dann wird es noch heller, und Jossi hört ein Lied. Ein herrlicher Chor aus Engelsstimmen singt: „Ehre sei Gott und Friede auf Erden für alle Menschen!" Danach wird es wieder still und dunkel. Am dunklen Himmel sieht Jossi nun nur noch die Sterne. Hat er geträumt? Ist er doch in den Schlaf gesunken? Nein, die Hirten haben alle dieselbe Botschaft gehört.

„Laßt uns nach Betlehem gehen, um das Kind zu suchen", sagen sie.
„Ich weiß, in welchem Stall das Kind geboren ist", sagt Jossi. Einige Hirten müssen bei den Schafen bleiben, aber Jossi darf mitgehen. Er zeigt den anderen den Weg zum Stall. Dort finden sie das Kind. Es liegt in einer Krippe. Jossi kniet mit den Hirten bei dem Kind nieder, und sie erzählen Maria und Josef, was der Engel gesagt hat.
Dann müssen die Hirten wieder zurück zu ihren Schafen. Aber Maria denkt noch lange über die Worte des Engels nach.

Die Weisen aus dem Morgenland

Ruben ist ein jüdischer Junge, der mit seinen Eltern in Babylon wohnt. Die Stadt liegt im Osten, im Morgenland, wo am Morgen die Sonne aufgeht, sehr weit weg von Jerusalem. Dort wohnen viele jüdische Familien.
Eines Abends erzählt Rubens Vater von der Stadt Jerusalem, wo der jüdische Tempel steht. Ruben fragt: „Warum wohnen wir hier in Babylon? Warum wohnen wir nicht in Jerusalem?"
Sein Vater sagt: „Vor sechshundert Jahren war der König von Babylon sehr mächtig. Mit seinem großen Heer eroberte er viele Länder, auch Israel. Damals haben seine Soldaten eine große Menge Juden mit ihren Frauen und Kindern aus Jerusalem weggeholt und hierher gebracht. Sie mußten für die Babylonier arbeiten. Diese Menschen waren unsere Vorfahren. Als ihre Kinder groß wurden, heirateten sie und bekamen auch Kinder. So wohnten hier immer mehr Juden."
„Durften sie nie mehr zurückgehen?" fragt Ruben.
„Doch, denn später wurde ein anderer König Herr von Babylon. Da durften die Juden zurückziehen, aber sie sind nicht alle nach Jerusalem zurückgekehrt, denn die Stadt war von den Babyloniern zerstört worden. Unsere Vorfahren hatten hier ein Haus und ihre Arbeit."
„Du hast erzählt, daß Jerusalem wieder aufgebaut worden ist und daß es auch wieder einen schönen Tempel gibt. Warum gehen wir denn jetzt nicht zurück?"
„Es ist ein langer Weg nach Jerusalem. Wir haben jetzt nicht genug Geld, um so eine Reise zu machen und dort ein Haus zu bauen."
„Wenn ich groß bin, versuche ich, soviel Geld zu verdienen, daß ich doch nach Jerusalem ziehen kann", sagt Ruben.
Ruben arbeitet als Knecht bei Balthasar, einem Babylonier, der sehr gescheit und weise ist. Balthasar liest oft in dicken alten Büchern, und er kennt sich gut mit den Sternen aus. Abends, wenn es dunkel wird, betrachtet er mit zwei anderen weisen Männern auf dem Dach seines Hauses die Sterne. Ruben muß oft dabei sein, um aufzuschreiben, was die Männer durch ihre Fernrohre sehen. Sie zeichnen den Sternenhimmel auf eine Karte: die Sterne, die immer am Himmel stehen, und die Sterne, die man nur manchmal sehen kann.
Eines Abends hört er die drei Männer aufgeregt über einen ganz besonderen Stern sprechen, den sie noch nie vorher gesehen haben. „Er ist größer, und er strahlt heller als alle anderen Sterne", sagen sie.

„Das ist ein Königsstern", sagt Balthasar. „Es bedeutet, daß ein wichtiger König geboren worden ist. Ich habe etwas darüber gelesen in einem alten jüdischen Buch. Darin wird erzählt, daß in Israel einmal ein König kommt, der Friedenskönig genannt werden wird. So einen König hat es noch nie gegeben."
Ruben hört mit offenem Mund zu. In der jüdischen Schule hat der Lehrer doch etwas erzählt über den König, der eines Tages von Gott kommen wird. Er wird kein König sein mit einem großen Heer. Er wird ein König des Friedens sein. Ist dieser König jetzt geboren worden? In Jerusalem? Wie gerne würde Ruben dort nun hingehen.
Balthasar holt das alte jüdische Buch aus seinem Zimmer und liest den anderen weisen Männern daraus vor. Sie sprechen darüber und schauen dann wieder zu dem großen Stern hinauf. Sie vergessen, daß Ruben noch da ist. Er hätte schon längst nach Hause gehen dürfen, denn es ist mitten in der Nacht. Aber Ruben könnte doch vor Aufregung nicht schlafen, sicher jetzt nicht, da er Balthasar sagen hört: „Ich will diesen neuen König besuchen.!"
„Dann gehe ich mit dir mit", sagt der zweite Weise.
„Ja, laßt uns zusammen gehen", sagt der dritte, „und diesem neuen König Geschenke bringen."
Mit großen Augen sieht Ruben Balthasar an. „Darf ich auch mit?" will er fragen, aber er wagt es nicht. Da sieht Balthasar seinen kleinen Diener und sagt: „Willst du mit uns mitgehen? Frag deine Eltern, ob sie es erlauben."
Etwas später rennt Ruben durch die stillen Straßen von Babylon. Seine Eltern warten schon voller Unruhe auf ihn. Aber als Ruben ihnen von dem großen Stern und dem Friedenskönig erzählt, der geboren worden ist, sind auch sie sehr froh. Ruben darf mit nach Jerusalem.

Das Königskind

Eines Abends, als der neue Stern wieder am Himmel steht, gehen die drei Weisen auf ihren Kamelen auf die Reise. Hinter ihnen gehen Ruben und die anderen Diener mit Kamelen, die Essen und Trinken für unterwegs tragen. Sie ziehen durch die Wüste. Tagsüber brennt die Sonne und wirbelt der Sand in dem heißen Wind auf. In der Nacht ist es oft sehr kalt. Sie reisen, wenn es dunkel ist, denn dann sehen sie den Stern, der ihnen den Weg weist.
Nach einer langen Reise laufen die Kamele langsam auf dem Weg, der hoch nach Jerusalem führt. In der Ferne sieht Ruben den schönen Tempel schon liegen. Als sie durch ein Tor Jerusalem betreten, bleiben viele Leute neugierig stehen und betrachten die Fremdlinge. Balthasar fragt: „Wo ist der neue König, der gerade geboren worden ist?"
Die Menschen sehen ihn erstaunt an und sagen: „Wenn ihr einen König sucht, müßt ihr zum Palast gehen. Dort wohnt Herodes, aber der ist schon alt. Und es ist dort kein kleiner Prinz geboren worden." Kinder laufen vor ihnen her, um ihnen den Weg zu zeigen.
Beim Palast stehen Soldaten Wache. Als der König hört, daß reiche Männer aus einem fernen Land ihn besuchen wollen, läßt er sie zu sich bringen.

Balthasar nimmt seinen kleinen Helfer mit herein. Ruben schaut sich die Augen aus. Wie ist alles schön und groß in dem Palast! König Herodes sitzt auf seinem Thron in einem großen Saal.
Die drei Weisen verbeugen sich vor ihm und sagen: „Wir sind gekommen, um den gerade geborenen König der Juden zu besuchen. Wir haben seinen Stern im Osten gesehen, und wir wollen ihm Geschenke bringen. Könnt Ihr uns sagen, wo der neue König geboren ist?"
Herodes erschrickt, als er es hört. Der König der Juden – das ist er selbst und das will er auch bleiben. Aber das sagt er den weisen Männern nicht. Er stellt sich sehr freundlich und sagt: „Das Königskind ist nicht hier im Palast geboren. Aber ich werde euch bei der Suche nach dem Kind helfen."
Er läßt jüdische Bibelkenner mit ihren heiligen Schriftrollen zum Palast kommen. Aber diese Männer wissen auch noch nicht, daß der neue König der Juden schon geboren ist. „In unseren Büchern steht aber, daß er kommen wird", sagen sie.
„Steht da auch, wo dieser König geboren werden wird?" fragt Herodes.
„Ja, in Betlehem", antworten sie, „dort ist unser König David auch geboren worden."
Herodes schickt die Bibelgelehrten wieder weg. Dann sagt er zu den

Weisen: „Geht nach Betlehem, um diesen König zu suchen. Wenn ihr ihn gefunden habt, kommt dann zurück, um es mir zu erzählen. Dann werde ich ihm auch Geschenke bringen." Aber Herodes denkt: Wenn es wahr ist, daß ein neuer König geboren ist, lasse ich ihn töten. Ich will selbst König bleiben.

Ruben findet, daß Herodes zwar sehr freundlich zu den Weisen tut, aber daß er sehr gemein aussieht.

Es ist schon Abend, als sie in Betlehem ankommen. Da sehen sie auf einmal den großen Stern wieder. Er steht über einem Stall. Kann das Königskind dort geboren sein? denkt Ruben. In einem Stall?

Die Stalltür steht einen Spalt offen. Ruben öffnet die Tür für die Weisen, die hineingehen. Sie sehen eine junge Frau mit einem Baby im Arm. Der Vater steht daneben. Ganz normale Menschen sind das, mit einem normalen kleinen Kind. Verwundert betrachten die weisen Männer dieses Königskind. Es ist anders, als sie es erwartet haben. Auch Ruben, der an der Tür stehen geblieben ist, wundert sich. Aber der Stern über dem Stall ist für die Weisen das Zeichen, daß dieses Kind der Friedenskönig sein wird. Sie knien vor dem Kind nieder und legen ihre Geschenke vor die Krippe: Gold, Weihrauch und Myrrhe.

Dann stehen die Weisen wieder auf und grüßen voll Ehrfurcht das Kind und seine Eltern. Sie gehen mit ihren Knechten in eine Herberge, um dort zu schlafen.

Ruben ist müde, aber er kann doch nicht sofort einschlafen. Er muß immer wieder an das kleine Kindchen im Stall denken. Als er einschläft, träumt er, daß König Herodes das Kind töten will.

Am nächsten Morgen wird er sehr früh von Balthasar geweckt. „Wir ziehen sofort nach Babylon zurück", sagt er, „wir gehen nicht zu Herodes, um ihm zu sagen, daß wir das Königskind gefunden haben. Wir wurden heute nacht in einem Traum gewarnt, daß Herodes dem Kind etwas Böses tun will."

„Davon habe ich auch geträumt", sagt Ruben. Er ist froh, daß sie nicht mehr zu Herodes gehen. Er denkt: „Wenn das Königskind hier der Friedenskönig geworden ist, will ich wieder nach Jerusalem gehen."

Auch Josef hört im Traum, daß Herodes das Kind Jesus töten will. Deshalb flüchtet er mit Maria und dem Kind nach Ägypten. Ein paar Jahre später, als Herodes gestorben ist, kommen sie zurück und wohnen wieder in Nazaret.

Als Jesus zwölf ist

Jesus wächst in Nazaret auf. Er spielt dort mit anderen Kindern, und in der Synagoge lernt er vom Lehrer lesen und schreiben. Mädchen gehen nicht in die Schule. Die Jungen sitzen im Kreis auf dem Erdboden und hören zu, und sie lesen in den Schriftrollen, in denen die Geschichten von Abraham, Mose und König David stehen. Sie müssen große Teile auswendig lernen.
Jedes Jahr gehen die Eltern von Jesus nach Jerusalem, um dort das Paschafest zu feiern. Als Jesus zwölf ist, darf er auch mit. Er hat schon lange darauf gewartet.
Eines Frühlingsmorgens machen sie sich mit einer großen Gruppe aus Nazaret auf den Weg. Ein paar reiche Leute reiten auf Kamelen, andere sitzen auf Eseln, aber die meisten Menschen laufen.
Auf dem Weg sieht sich Jesus gut um. Es ist schön im Frühling. Auf den grünen Hügeln blühen viele Blumen. Manchmal laufen sie an Kornfeldern entlang, auf denen der Weizen wächst.

Als Jesus Hunger bekommt, pflückt er ein paar Kornähren und ißt die Körner daraus auf. Er zählt dann auch schon mal, wie viele Körner in so einer Kornähre sind. Was für ein Wunder ist das! Wenn ein Körnchen in die Erde fällt, wächst eine Kornähre daraus mit so vielen neuen Körnern!
Nahe Jerusalem kommen sie durch eine bergige Gegend. Jeder wünscht sich jetzt das Ende der Reise herbei. Endlich erklimmen sie den letzten Berg, den Ölberg. Dort wachsen viele Olivenbäume. Als sie oben auf dem Berg sind, sehen sie Jerusalem mit dem prächtigen Tempel unten liegen. Das Gold auf dem Dach glänzt in der Sonne.
Ein paar Frauen beginnen zu singen, und bald singt jeder mit. Ein Festlied über den Tempel, das Haus Gottes.
Jesus geht mit seinen Eltern nicht sofort in die Stadt Jerusalem. Es wird schon Abend, und in der Stadt ist nicht für alle Menschen Platz zum Übernachten. Darum suchen sie eine gute Stelle zwischen den Olivenbäumen, um dort schlafen zu können.
Am nächsten Morgen ist Jesus früh wach. Nun werden sie in die Stadt Jerusalem gehen! Sie laufen den Ölberg hinunter, durchqueren das Tal und steigen wieder auf zum Tor von Jerusalem. Es gibt viel zu sehen in der Stadt, aber nun gehen sie erst in den Tempel. Durch ein hohes Tor kommen sie auf einen großen Platz. Gibt es da viele Leute und Tiere!
Erstaunt bleibt Jesus stehen: „Sind wir nun in Gottes Haus?" fragt er. „Es sieht eher wie ein Markt aus!"
„Dies ist der Vorplatz zum Tempel", sagt Vater Josef. „Diese Tiere werden an die Leute verkauft, die ein Opfer bringen wollen."
Sie laufen über den großen Platz und kommen wieder zu einem Tor. Durch das Tor kommen sie wieder auf einen kleineren Platz. Dort kann Jesus das Tempelhaus sehen und die Priester in ihren weißen Kleidern.
„Wo sind die Bibellehrer von Jerusalem?" fragt er. „Unser Lehrer in Nazaret hat erzählt, daß sie sehr klug sind und daß sie hier im Tempel sitzen, um Antwort auf unsere Fragen zu geben."
„Sieh, dort sitzen sie", sagt Josef, „bei den Pfeilern." Jesus will gerne dorthin gehen, um Fragen zu stellen. Aber es stehen so viele Männer um die Lehrer herum, daß er sie nicht einmal sehen kann.
An diesem Abend feiert jeder mit seiner Familie und mit Freunden das Paschafestessen in Jerusalem. Als die Sonne untergeht, ist alles für die Mahlzeit an einem langen Tisch vorbereitet. Die Öllämpchen brennen schon.
In der Stadt, wo es den ganzen Tag über so unruhig gewesen ist, wird es nun ganz still. In allen Häusern sitzen Menschen beieinander um den Tisch

mit dem Paschaessen herum. Aber sie beginnen noch nicht mit dem Essen. Sie warten und lauschen. Auf dem Tempelberg stehen Priester und schauen zum Himmel auf. Sobald drei Sterne am Himmel zu sehen sind, werden diese Priester auf silbernen Trompeten blasen. Das ist das Zeichen, daß das Fest beginnen kann.
Da durchziehen die fröhlichen Klänge der Trompeten den stillen Abend. Überall in der Stadt wird nun ein Festlied gesungen.
Während der Mahlzeit fragt Jesus seinen Vater: „Vater, warum ist diese Nacht so anders als andere Nächte?" Dies fragen jüdische Kinder jedes Jahr wieder beim Paschamahl. Und jedes Jahr erzählt der Vater die alte Geschichte, die sie schon so gut kennen. Aber jedes Jahr wird sie wieder gern gehört.
Auch jetzt erzählt Josef, daß das jüdische Volk in Ägypten gewohnt hat und daß sie dort als Sklaven arbeiten mußten. „Gott hat unser Volk aus Ägypten befreit, so daß wir nun in unserem eigenen Land wohnen", sagt er schließlich.
Weil sie an diese kummervolle und schwierige Zeit in Ägypten denken, essen sie zum Brot eine Soße aus bitteren Kräutern. Aber vor allem ist es ein frohes Fest, weil sie auch daran denken, wie ihr Volk einst befreit worden ist. Nun werden sie wieder unterdrückt. Die Römer sind nun ihre Herren, aber sie hoffen, daß sie einmal wieder frei sein werden.
Nach der alten Geschichte singen sie Lieder. Es ist schon mitten in der Nacht, als Josef und Maria mit Jesus zurück zum Ölberg gehen, um zu schlafen.

Wo ist Jesus?

Nach den Festtagen wollen Josef und Maria zusammen mit einer großen Gruppe von Leuten nach Nazaret zurückgehen. Aber als sie alle fertig sind für den Rückmarsch, sehen sie Jesus nicht. „Er wird sicher bei den anderen Jungen sein", sagt Josef zu Maria, „auf der Hinreise war er auch immer bei ihnen."

Am Abend wird eine Stelle aufgesucht, wo sie übernachten können. Aber Jesus kommt nicht wie sonst zu seinen Eltern zum Essen, bevor sie schlafen gehen. Josef geht ihn bei den anderen Jungen suchen und Maria schaut nach, ob er bei Verwandten ist. Aber niemand hat Jesus unterwegs gesehen.

Josef und Maria werden ganz unruhig. „Dann ist er in Jerusalem zurückgeblieben", sagt Maria, „wir müssen sofort zurückgehen, um ihn zu suchen!" Aber inzwischen ist es schon dunkel geworden. Sie müssen warten, bis es wieder hell wird.

Sehr früh am Morgen laufen sie zurück nach Jerusalem. Am späten Nachmittag kommen sie am Ölberg an. Dort suchen sie zwischen den Olivenbäumen, aber Jesus ist nicht da. Wieder wird es Nacht, und wieder stehen Josef und Maria auf, sobald es hell zu werden beginnt. Sie gehen nach Jerusalem. Es ist jetzt nicht mehr so unruhig in der Stadt, aber auch da finden sie Jesus nicht.

„Laß uns beim Tempel nachsehen", sagt Maria. „Jesus wollte dort so gern den Bibellehrern zuhören."

Auch auf dem Tempelplatz sind nicht mehr soviele Menschen. Die Lehrer sitzen aber zwischen den Pfeilern. Als sie näherkommen, ruft Maria auf einmal: „Schau, Josef, da ist Jesus!" Sie will schnell auf ihn zulaufen, aber Josef hindert sie daran und sagt: „ Warte! Unser Sohn stellt den Lehrern Fragen und redet mit ihnen, als ob er selbst ein Lehrer wäre!"

Maria bleibt stehen und wagt es nicht, Jesus zu rufen. Sie hört einige Lehrer erstaunt zueinander sagen: „Wie kann ein Junge solch kluge Fragen stellen? Er muß sehr viel nachgedacht haben!" Josef und Maria schauen verwundert zu und lauschen. Auf einmal sieht Jesus sie. Dann steht er auf, grüßt die Lehrer und geht zu seinen Eltern.

„Oh Junge", sagt Maria, „wir sind so unruhig gewesen, und wir haben so lange nach dir gesucht!"

Aber Jesus sagt: „Warum habt ihr nach mir gesucht? Wußtet ihr denn nicht,

daß ich den Lehrern hier Fragen über unseren Vater im Himmel stellen muß?"
Er geht mit ihnen nach Nazaret zurück, aber unterwegs muß Maria immer an die Worte von Jesus denken. Sie erinnert sich auch wieder, was bei seiner Geburt in Betlehem geschehen ist.

Johannes der Täufer

Johannes, der Sohn von Elisabet und Zacharias, ist in die Wüste gegangen. Dort wächst nicht viel, was man essen kann. Johannes ißt Heuschrecken, die er über einem Feuerchen röstet. Manchmal findet er Honig von wilden Bienen in einer Felsspalte.
Es ist sehr still in der Wüste. Johannes kann gut darüber nachdenken, was er den Menschen vom Königreich Gottes erzählen soll. Er denkt: Wenn wir leben, wie Gott es gemeint hat, wird es keinen Krieg mehr geben. Dann wird es auch keinen Hunger mehr geben, weil die Menschen miteinander teilen. Dann werden wir in Frieden miteinander leben. Dann kann das Königreich Gottes beginnen.
Nachdem Johannes über vieles nachgedacht hat, verläßt er die Wüste. Er geht zum Jordan und sucht eine Stelle, wo der Fluß flach ist. Dahin kommen viele Leute, denn sie laufen dort durch das Wasser, wenn sie auf dem Wege nach Jerusalem sind. Es gibt keine Brücke über den Fluß.
Den Leuten, die vorbeikommen, ruft Johannes zu: „Das Königreich Gottes wird bald kommen. Wenn der König kommt, den wir erwarten, seid ihr dann bereit, ihn zu empfangen? Lebt ihr so, wie Gott es gemeint hat?"
Viele Leute laufen vorbei, als sie das hören. Aber andere bleiben stehen und sagen zueinander: „Er ist wie der Prophet Elija. Der sprach auch so zu den Leuten. Und Elija trug auch so einen Mantel aus Kamelhaar." Sie fragen Johannes: „Was sollen wir denn tun?"
„Wenn du viele Kleider hast, dann gib jemandem etwas davon, der fast nichts hat", sagt Johannes. „Und wenn du viel zu essen hast, dann teile mit Menschen, die Hunger haben."
Es kommen Leute zu Johannes, die sagen: „Ich will gern ein neues Leben anfangen."
Dann sagt Johannes: „Geh mit mir durch den Fluß. So wie das fließende Wasser alles mitnimmt, so will Gott dir alles Alte wegnehmen, das dir im Wege steht. Von nun an beginnt ein neues Leben für dich!"
So tauft Johannes die Menschen im Fluß. Deshalb wird er Johannes der Täufer genannt.

Jesus läßt sich taufen und geht in die Wüste —

Eines Tages stehen viele Menschen am Jordan, um Johannes zuzuhören.
Da kommt ein junger Mann zu ihm und sagt: „Ich will getauft werden."
Johannes sieht den Mann an. Er erkennt ihn. Es ist Jesus aus Nazaret.
Er ist der König, den wir erwarten, denkt Johannes und sagt: „Willst du von
mir getauft werden? Ich müßte eigentlich von dir getauft werden!"
Aber Jesus will sich wie andere Menschen taufen lassen. Johannes geht mit
ihm in den Fluß und tauft ihn. Als sie durch das Wasser gegangen sind,
bleibt Johannes einen Augenblick vor Jesus stehen.
Dann ist es, als ob der Himmel sich öffnet. Johannes sieht eine Taube über
dem Kopf von Jesus schweben und hört eine Stimme, die sagt: „Dies ist
mein Sohn, den ich sehr liebhabe." Nur Johannes hat es gesehen und
gehört.
Die anderen Menschen wissen noch nicht, wer Jesus ist. Er geht in die
Wüste. Genauso wie Johannes will Jesus dort in Ruhe nachdenken und zu
Gott beten.

Er bleibt dort vierzig Tage. Dann bekommt er schrecklichen Hunger. Er schaut sich um, ob er etwas zu essen finden kann. Aber er sieht nur Sand und Steine. Er setzt sich in den Schatten eines Felsens. Was sieht er da? Liegen da einfach Brote auf dem Sand? Diese flachen, runden Brote, wie die Frauen sie immer backen? Er greift danach, aber dann merkt er, daß er sich geirrt hat, es sind harte braune Steine.

Er denkt: Wenn ich nur aus Steinen Brote machen könnte! Nicht nur für mich, sondern auch für andere. Es gibt so viele Menschen, die immer Hunger haben. Wenn ich aus Steinen Brot mache, werden sehr viele Menschen mir zuhören wollen. Ich könnte dann der mächtigste König der ganzen Welt werden.

Aber Jesus denkt auch: Wenn ich aus Steinen Brot mache, denken die Leute, daß ich ein Zauberer bin. Dann kommen sie nur wegen des Brotes zu mir. Das will ich nicht. Ich muß sie gerade lehren, daß es auch andere wichtige Dinge im Leben gibt wie Liebe und Freundschaft. Wenn es das zwischen Menschen gibt, dann werden sie miteinander teilen. Dann braucht niemand Hunger zu leiden. Dann gibt es schon einen Teil von Gottes Königreich unter den Menschen.

Jesus kniet nieder und betet zu Gott: „Willst du mir helfen, die Menschen näher zu deinem Königreich zu bringen?" Danach geht er weg aus der Wüste, zurück nach Galiäa, wo er aufgewachsen ist.

In der Synagoge

Durch die Straßen Kafarnaums laufen viele Menschen. Sie sind unterwegs zur Synagoge, zur jüdischen Kirche. Die Synagoge steht nahe beim See von Galiläa.

Auch Judit, ein zehnjähriges Mädchen, geht in die Synagoge, zusammen mit ihrer Mutter. Es ist Sabbat. Das ist der Ruhetag der Juden. Niemand arbeitet am Sabbat. Und doch kann Judits Vater nicht zur Synagoge gehen. Er ist gelähmt und kann nicht laufen.

Judit versucht, in der Synagoge immer gut zuzuhören. Als sie wieder nach Hause kommen, fragt ihr Vater immer, was aus den heiligen Schriftrollen vorgelesen worden ist. Sie findet es sehr schwirig, es nachzuerzählen, aber sie tut ihr bestes. Sie weiß, wie schlimm es ihr Vater findet, daß er niemals mehr in die Synagoge gehen kann.

„Was denkst du, wird Jesus heute in unsere Synagoge kommen?" fragt sie ihre Mutter. Sie hat schon viel von Jesus gehört. Er zieht wie ein Bibellehrer in ganz Galiläa herum und erzählt von Gottes Königreich. Leute, die Kummer haben, tröstet er. Und er hat Menschen, die krank waren, gesund gemacht.

„Ich glaube, daß Jesus heute bestimmt in unsere Synagoge kommt", sagt Mutter, „er ist jetzt hier in Kafarnaum. In anderen Städten und Dörfern geht er auch immer am Sabbat in die Synagoge. Vor kurzem war er noch in Nazaret."

„Ja", sagt Judit, „am Brunnen hörte ich Frauen über ihn reden. In Nazaret wurden die Leute wütend auf Jesus. Sie sagten: ‚Jesus ist der Sohn eines Zimmermanns. Er hat hier gewohnt. Wie kann er der König sein, den wir erwarten?' Und dann wurde er aus der Stadt gejagt."

Ich verstehe nicht, warum die Leute so häßlich zu Jesus sind, aber ich kann auch nicht glauben, daß er der König ist, von dem die Propheten gesprochen haben", sagt die Mutter.

Inzwischen sind sie bei der Synagoge angekommen. Sie steigen die Treppe hinauf zur Galerie, denn dort sitzen die Frauen immer. Judit kann hier alles gut sehen. Unten sitzen die Männer. Judit sieht Jesus noch nicht. Sie schaut auf den großen Leuchter, an dem sieben Öllämpchen brennen. Hinter dem Leuchter steht der Schrank, in dem die Schriftrollen aufbewahrt werden.

„Schau, da kommt Jesus herein", flüstert Judit ihrer Mutter zu. Er setzt sich zwischen die Männer, und etwas später beginnt der Gottesdienst. Nachdem

gebetet worden ist, wird eine Schriftrolle aus dem Schrank geholt und auf das Lesepult gelegt. Einige Männer lesen abwechselnd ein Stück daraus vor. Dann wird die Schriftrolle wieder verwahrt und eine andere Schriftrolle auf das Lesepult gelegt. Das ist die Schriftrolle des Propheten Jesaja.
Wer wird daraus vorlesen? Judit sieht voller Erwartung auf Jesus. Wird er aufstehen? Ja, Jesus geht nach vorne. Er öffnet die Schriftrolle und liest einen Teil vor. Sehr ruhig und deutlich. Danach sagt er: „Das Licht, von dem der Prophet Jesaja spricht, wird die Finsternis besiegen. Arme und traurige Menschen werden getröstet werden."
Judit findet es nicht schwierig, Jesus weiter zuzuhören. Sie hat noch nie jemanden so reden hören.
Aber auf einmal steht ein Mann auf und beginnt zu schreien. Judit erschrickt. Sie kennt diesen Mann gut. Die Kinder auf der Straße nennen ihn verrückter Sam. Sie ärgern ihn oft. Wenn der verrückte Sam zu schreien beginnt, lachen sie ihn aus und laufen johlend weg. Aber warum schreit Sam jetzt Jesus an? Der hat ihn doch nie geärgert?
Sam ruft: „Warum kümmerst du dich um uns, Jesus von Nazaret? Ich weiß wohl, wer du bist. Du kommst von Gott!"
Jesus läuft auf Sam zu und legt ihm die Hand auf den Kopf. Er sieht ihn an und sagt: „Laß das Böse aus dir weggehen!" Dann fällt Sam zu Boden. Jesus kniet bei ihm nieder und sagt etwas, was Judit nicht verstehen kann. Er hilft Sam beim Aufstehen. Sam ist nun ruhig. Nicht mehr so verängstigt. Er setzt sich wieder.
Judit hat wie die anderen Leute in der Synagoge verwundert hingeschaut. Es sieht so aus, als wäre Sam ein anderer Mensch geworden.
Auf dem Nachhauseweg spricht sie mit ihrer Mutter darüber. Und sie hat an diesem Sabbat ihrem Vater viel zu erzählen.

Die Fischer

Es ist noch dunkel, als Judit sehr früh am Morgen zum See von Galiläa geht. Als sie ans Seeufer kommt, sieht sie, daß der Himmel über den Bergen sich durch die aufgehende Sonne rot zu färben beginnt. Nun werden die Fischer, die heute nacht mit ihren Booten auf dem Meer waren, sicher bald zurückkehren. Judit hofft, daß Simon und Andreas viel Fisch gefangen haben. Dann darf sie ihnen helfen. Den Fisch aus den Netzen holen und die Netze ausspülen. Danach darf sie dann immer ein Körbchen Fische mit nach Hause nehmen.
Judits Eltern sind arm. Ihr Vater war auch Fischer, aber eines Tages wurde er sehr krank. Nun ist er gelähmt und kann nie mehr fischen gehen.
Judit sieht in der Ferne schon ein Fischerboot ankommen, das langsam zum Ufer segelt. Es ist das Boot von Simon und Andreas. Simon wirft ihr das Tau zu, und Judit macht damit das Boot an einem Pfahl fest. Dann sieht sie, daß nur leere Netze im Boot liegen. Kein einziger Fisch!
„Wir haben nichts gefangen!", sagt Andreas. Judit sieht ein, daß sie bald ohne Fisch nach Hause muß. Sie schaut zu dem anderen Fischerboot, das angesegelt kommt. Es ist das von Jakobus und Johannes. Aber ihr Boot ist auch leer.
Enttäuscht will Judit wieder nach Hause gehen. Aber dann sieht sie, daß eine große Gruppe von Leuten aus der Stadt zum See kommt. Die Menschen drängen sich um einen Mann, der mitten zwischen ihnen geht. Simon sieht es auch. „Ich glaube, daß da Jesus kommt", sagt er, „immer mehr Leute wollen ihm zuhören."
Jesus bleibt beim Boot von Simon und Andreas stehen und fragt: „Darf ich in eurem Boot sitzen? Wenn ihr das Boot ein Stück vom Ufer wegstoßt, können alle Menschen hören, was ich ihnen sagen will."
Das tun die Fischer gern für Jesus. Sie selbst wollen ihm auch gern zuhören. Und sie haben ja doch keinen Fisch, um ihn zum Markt zu bringen. Jesus erzählt eine Geschichte von Gottes Königreich. Jeder hört gut zu, auch Judit und die anderen Kinder.
Als Simon nach der Geschichte das Boot wieder ans Ufer stößt, hört Judit, daß Jesus sagt: „Fahrt nun in tiefes Wasser und werft die Netze dort zum Fischen aus."
Erstaunt sagt Simon: „Wir haben die ganze Nacht schwer gearbeitet. Und doch haben wir keinen einzigen Fisch gefangen. Aber weil du es sagst, werden wir unsere Netze wieder auswerfen."

Judit denkt: Wenn Jesus meint, daß sie nun doch etwas fangen können, dann hat er keine Ahnung vom Fischen. Die Sonne scheint schon lange. Es wird warm. Nun suchen die Fische die tiefsten Stellen auf, wo es kühl ist. Dahin kommen die Fischer nicht mit ihren Netzen.
Dennoch hofft Judit, daß sie mit Fisch zurückkommen. Die meisten Leute gehen zum Essen nach Hause, aber Judit wartet ab. Sie schaut immer nach dem Boot von Simon und Andreas aus, das mitten auf dem See ist. Sie sieht, wie die Fischer ihre Netze auswerfen und daß sie etwas später Jakobus und Johannes heranwinken. Diese Fischer setzen sich wieder in ihr Boot und fahren auch auf den See hinaus. Sie helfen den anderen, die Netze einzuholen. Warum? denkt Judit. Soviel Fisch werden sie doch nicht gefangen haben?
Als die Fischer zurückkommen, sieht Judit, daß beide Boote randvoll mit Fischen sind. Sobald ihr Boot am Ufer liegt, springt Simon ans Ufer und läuft auf Jesus zu. „Rabbi!", stottert er erschüttert. „Ich bin nur ein einfacher Fischer, aber wer bist du, daß du dich um uns kümmerst?" Auch die anderen Fischer sind erstaunt.
„Sei nicht beunruhigt, Simon", sagt Jesus. „Wenn ihr meine Schüler sein wollt, werdet ihr Fischer von Menschen werden. Dann werdet ihr mir helfen, Menschen für Gottes Königreich zueinander zu bringen."
Die Knechte von Jakobus und Johannes füllen die Fische in Körbe und bringen sie zum Markt. Judit darf soviel Fisch mit nach Hause nehmen, wie sie tragen kann. Aber die vier Fischer, Simon, Andreas, Jakobus und Johannes, gehen mit Jesus mit, um von ihm zu lernen.

Jesus und der Gelähmte

„Jesus ist wieder in Kafarnaum", sagt Judit zu ihrem Vater, der wie immer auf einer Matratze im Zimmer liegt. „Er hat schon viele Menschen gesund gemacht. Vielleicht kann er auch dir helfen. Ich weiß, wo er ist."
Judits Vater seufzt: „Wird Jesus mich wirklich gesund machen? Du weißt, was unser Rabbi gesagt hat."
Der Rabbi der Synagoge von Kafarnaum hat einst zu ihrem Vater gesagt: „Amos, es wird wohl eine Strafe Gottes sein, daß du gelähmt bist. Denk mal gut darüber nach: Hast du schlimme Dinge getan?"
Amos hat darüber nachgedacht. Sicher hat er einmal etwas getan, was er später bereut hat. Aber das ist schon so lange her. Damals war er noch jung. Will Gott ihn nun dafür bestrafen? Und seine Freunde? Die haben auch Dinge getan, die nicht gut waren. Und doch sind sie nicht krank geworden. Warum dann er?
Bestraft Gott so streng? denkt Amos. Oder ist Gott doch anders, als ihr Lehrer gesagt hat?
„Ich möchte gerne zu Jesus gehen", sagt er zu Judit, „aber ich kann doch nicht zu ihm hinlaufen!"
„Vielleicht kann ich ihn fragen, ob er zu dir kommen will", sagt Judit zögernd. Soll sie das wagen? Es stehen immer soviel Menschen um Jesus herum. Schade, daß ihre Mutter zum Markt ist, sonst könnten sie zusammen gehen. „Ich werde es versuchen", sagt Judit.
Als sie nach draußen kommt, sieht sie vier Männer vorbeigehen. Es sind Freunde ihres Vaters. Die besuchen ihn oft und nehmen ihn auch mal mit nach draußen. Es sind Fischer, die vom Markt zurückkommen, wo sie ihren Fisch verkauft haben.
Auf einmal denkt Judit: Sie könnten Vater doch tragen und zu Jesus bringen! Sie rennt hinter den Männern her und sagt: „Vater braucht eure Hilfe."
„Was können wir für ihn tun?" fragen sie.
„Wollt ihr Vater zu Jesus bringen? Ich weiß, wo er ist. Vielleicht kann er Vater gesund machen." Voller Erwartung sieht Judit die Männer an.
„Ja, das ist ein guter Plan von dir", sagen sie und sofort holen sie ihren Freund ab. Sie binden Stricke um die Matratze von Amos. Mit diesen Stricken über den Schultern könne sie ihn leicht tragen. Judit läuft vor ihnen her und zeigt den Weg.

Aber als sie dichter an das Haus kommen, wo Jesus ist, sehen sie, daß die enge Straße schon voller Menschen ist. Judit bittet sie, beiseite zu gehen, so daß die vier Freunde mit ihrem Vater zu Jesus gehen können.
„Dann hättet ihr früher kommen müssen", sagen die Leute und bleiben stehen. Die Freunde legen die Matratze mit Amos auf die Erde und überlegen gemeinsam, was sie nun tun sollen. „Bringt mich nur wieder nach Hause", sagt Amos.
Judit steht enttäuscht daneben. Aber plötzlich wird sie rauh beiseite gestoßen. „Laßt diese Lehrer durch", sagt ein Mann, „sie wollen mit Jesus sprechen." Vorweg geht der Rabbi von Kafarnaum. Hinter ihm kommen Lehrer aus anderen Orten.
„Das ist nicht richtig!" sagt Judit. „Nur für die Lehrer gehen die Leute beiseite. Sie können einfach so zu Jesus gehen."

Die Freunde heben Amos wieder auf. Bringen sie ihn wieder nach Hause? Judit könnte weinen. Sie hatte so gehofft, daß Jesus etwas für ihren Vater tun könnte! Sie läuft hinter den Männern her. Aber wo gehen sie jetzt hin? Die Freunde gehen zur Rückseite des Hauses, in dem Jesus ist. Dort gibt es eine Treppe zum Dach. Vorsichtig tragen sie Amos auf seiner Matratze nach oben. Judit geht auch die Treppe hinauf. Dann versteht sie, was die Freunde vorhaben. Das Dach besteht aus Balken, auf die Ziegel aus Lehm gelegt worden sind. Die Freunde nehmen so viele Ziegel heraus, daß Amos auf seiner Matratze hindurch kann. Ganz langsam lassen sie die Matratze an den Stricken herunter.
Aufgeregt schaut Judit zu.
Im Haus wird es still. Jeder schaut erstaunt nach oben und sieht, wie die Matratze mit Amos nach unten kommt. Judit sieht durch das Loch ins Zimmer hinein. Ihr Vater liegt nun auf der Erde zu Füßen von Jesus. Wird dieser Rabbi auch sagen, daß es seine eigene Schuld ist, daß er krank und gelähmt ist?
Nein, Jesus sieht ihn freundlich an und sagt: „Du fühlst dich schuldig. Aber wenn du bereust, dann wird dir vergeben, was du falsch gemacht hast."
Amos seufzt tief. Er fühlt sich befreit.
Ein Lehrer sagt böse zu Jesus: „Das durftest du nicht sagen. Gott allein kann einem Menschen seine Schuld vergeben."
Aber Jesus kümmert sich nicht um diesen Lehrer. Er sagt zu Amos: „Steh auf, nimm deine Matratze und geh nach Hause."
Amos sieht sich verwundert um. Er kann doch nicht gehen? Aber dann merkt er, daß Kraft in seine Arme und seine Beine kommt. Langsam setzt er sich auf, er stellt seine Füße auf den Boden und steht auf. Dankbar und froh sieht er Jesus an. Er weiß nicht, was er sagen soll. Jesus lächelt. Dann rollt Amos seine Matratze zusammen und geht nach draußen.
Erstaunt machen die Menschen, die vor dem Haus stehen, ihm nun den Weg frei. „Ein Wunder!" flüstern sie. „Wie kam dieser Mann zu Jesus? Er kann wieder laufen!"
Judit und Amos Freunde haben alles gesehen. Die Männer schließen das Dach wieder, aber Judit rennt hinunter. Sie läuft zu ihrem Vater und umarmt ihn. „Wie wird Mutter froh sein, wenn sie dich so sieht", sagt sie.
Zusammen gehen sie nach Hause.

Levi, der Zöllner

Auf dem Weg zum Markt von Kafarnaum steht ein Zollhaus. Jeder, der etwas zum Markt bringen will, um es dort zu verkaufen, muß beim Zollhaus Zollgeld bezahlen. Das ist eine Steuer für den römischen Kaiser. Levi, der Zöllner, sitzt vor dem Zollhaus. Er paßt gut auf, daß niemand mit Handelsware vorbeigeht, ohne Zoll zu bezahlen. Bauern, die Korn und Gemüse von ihren Äckern auf den Markt bringen, Fischer mit Fisch, den sie nachts gefangen haben, Kaufleute mit Salz, Kräutern und Stoffen, jeder muß Zoll bezahlen. Niemand wagt, ihn zu verweigern. Es sind immer römische Soldaten in der Nähe. Wenn sie sehen, daß Kaufleute da sind, die nicht bezahlen wollen, dann können sie sie gefangennehmen.

Levi hat viel zu tun, aber das findet er nicht schlimm. Wenn er viel Geld für den Kaiser verlangt, kann er davon auch viel für sich selbst behalten. Dadurch wird er reich.

Dennoch wird er nicht glücklicher. Die Leute in Kafarnaum verabscheuen ihn. „Levi gehört zu unserem Volk, aber er arbeitet für unsere Feinde", sagen sie. „Und was er uns zu viel an Zoll bezahlen läßt, behält er für sich selbst. Er ist ein Dieb!"

Levi darf nicht mehr in die Synagoge kommen. Und niemand lädt ihn ein oder will in sein Haus kommen. Nur andere Zöllner kommen schon mal zu ihm.

Eines Abends sieht Levi, daß auf dem Markt Leute stehen und Jesus zuhören. Levi hat ihn an diesem Tag mit ein paar Fischern am Zollhaus vorbeilaufen sehen. Jesus sah ihn an, aber nicht so feindselig wie andere Menschen ihn ansehen. Jesus sah ihn so an, wie ein Freund dich ansieht. Hat er gesehen, wie einsam Levi ist?

Levi ist fertig mit seiner Arbeit und geht auch hin, um Jesus zuzuhören. Jesus sagt: „Jeder will gern reich sein. Und doch wird man nicht immer glücklich, wenn man viel hat. Wer viel besitzt, hat oft Angst, es wieder zu verlieren oder denkt, daß Diebe kommen werden, die es stehlen wollen. Es gibt andere Dinge, die dich glücklicher machen, wie Freundschaft, Liebe und Gottvertrauen."

Als Levi etwas später nach Hause geht, muß er immer wieder an die Worte von Jesus denken.

Am nächsten Morgen sitzt er wieder wie jeden Tag vor seinem Zollhaus. Er läßt die Kaufleute wieder Zoll bezahlen, aber er fordert nicht mehr zu viel Geld. Jedes Mal sieht er auf. Wird Jesus wieder vorbeikommen?

Der Tag ist beinahe vorüber. Es wird ruhig auf dem Weg. Levi ist gerade fertig mit der Arbeit, als er Jesus mit ein paar Schülern herankommen sieht. Auf einmal wünscht sich Levi sehr, mit Jesus mitzugehen. Er will auch gern von ihm lernen. Aber Jesus wird sicher keinen Zöllner als Schüler haben wollen, denkt Levi.

Jesus bleibt vor dem Zollhaus stehen. Er sieht Levi an und sagt: „Geh mit mir mit!"

Levi springt auf. „Willst du wirklich, daß ich mit dir mitgehe? Darf ich dein Schüler werden?"

Jesus nickt. Da schließt Levi die Tür des Zollhauses und geht mit Jesus.

In Levis Haus

Heute sind viele Gäste in Levis Haus. Noch nie waren so viele Menschen bei ihm. Jesus ist da mit den vier Fischern, die seine Schüler geworden sind: Simon, Andreas, Jakobus und Johannes. Es sind auch Zöllner und andere Männer und Frauen da, von denen in Kafarnaum gesagt wird, daß sie schlimme Dinge getan haben. Sie sitzen zusammen und essen.
Vor Levis Haus stehen ein paar Lehrer. Sie schauen durch die offene Tür hinein.
„Seht nur", sagen sie zueinander, „dort sitzt Jesus im Hause eines Freundes der Römer. Er ißt mit Zöllnern und schlechten Menschen." Jesus sieht sie stehen und sagt zu Andreas: „Frag mal, ob sie hereinkommen wollen."
Andreas geht auf sie zu und fragt: „Wollt ihr auch mit uns essen?"
„Wie kannst du es wagen, uns das zu fragen!" sagen die Lehrer entrüstet. „Du weißt doch wohl, daß wir nicht mit Zöllnern und schlechten Menschen unter einem Dach zusammensein wollen? Warum tut euer Rabbi das nur? Warum ißt und trinkt er mit ihnen?"
Jesus hört, was sie sagen. Er steht auf, geht zur Tür und sagt: „Ich bin nicht für Menschen gekommen, die sich selbst schon für so gut und fehlerfrei halten. Ich suche gerade Menschen auf, die wissen, daß sie keine große Bedeutung haben. Menschen, die nicht dazugehören, die will ich wieder dazuholen.
Hört, ich werde eine Geschichte erzählen:

Es war einmal ein Hirte, der hundert Schafe hatte. Eines Tages, als er mit seinen Schafen in den Bergen war, entdeckte er, daß er ein Schaf verloren hatte. Da ließ er die anderen neunundneunzig Schafe in den Bergen zurück. Er suchte so lange, bis er dieses eine Schaf gefunden hatte. Er hob es auf seine Schultern und trug es zurück zur Herde.
Abends, als der Hirte mit seinen Schafen wieder nach Hause gekommen war, rief er seine Freunde und Nachbarn zusammen und sagte: „Kommt in mein Haus zum Feiern. Ich bin so froh, denn ich habe mein Schaf gefunden, das ich verloren hatte."
Es ist still geworden in Levis Haus. Jeder hat der Geschichte zugehört. Dann fragt Jesus die Lehrer: „Versteht ihr, was ich mit dieser Geschichte meine?"
Sie geben keine Antwort.

Jesus sagt: „So froh wie der Hirte über das Schaf war, das er verloren hatte, so ist auch Freude im Himmel über einen verlorenen Menschen, der zu Gott zurückkehrt. Über einen einzigen solchen Menschen ist sogar mehr Freude bei Gott im Himmel als über neunundneunzig Menschen, die von sich selbst denken, daß sie gut und fehlerfrei sind. Ich bin gekommen, um verlorene Menschen zu suchen. Ich will sie zu Gott zurückbringen."
Dann dreht Jesus sich um und setzt sich wieder an den Tisch.
Kopfschüttelnd gehen diese Lehrer weg. Nein, das verstehen sie nicht.

Johannes im Gefängnis

Der böse König Herodes, der wollte, daß das Kind Jesus getötet werde, lebt schon lange nicht mehr. Nun ist sein Sohn König. Er heißt auch Herodes. Er wohnt in einem schönen Palast. Dort läßt er oft große Festmahlzeiten bereiten, um mit reichen Leuten viel zu essen und zu trinken. Niemals tut er etwas für die armen Menschen, die oft Hunger haben, aber er läßt das Volk viel bezahlen, um selbst reich zu leben. Eines Tages, als Herodes faul auf dem Ruhebett liegt und einen Becher Wein trinkt, steht plötzlich ein Mann in einem Kamelhaarmantel vor ihm. Es ist Johannes der Täufer.
„Du bist kein guter König", sagt er, „du denkst nicht an das Volk, und du tust gemeine Dinge."

Der König springt wütend von seinem Ruhebett auf und ruft seine Diener. „Laßt diesen Mann sofort ins Gefängnis werfen", sagt er.
Etwas später sitzt Johannes in einer dunklen Zelle unter dem Palast. Nun kann er nicht mehr weiter Menschen taufen. Aber glücklicherweise hat Johannes Schüler. Jeden Tag kommen ein paar zu ihm, um ihm Essen zu bringen. Johannes fragt seine Freunde: „Habt ihr etwas von Jesus gehört? Was macht er?"
„Er zieht in Galiläa herum", berichten sie, „viele von deinen Schülern ziehen jetzt mit ihm mit."
Johannes denkt: Warum geht Jesus nicht nach Jerusalem? Warum wird er jetzt nicht der König, den wir erwarten? Und warum befreit er mich nicht aus dem Gefängnis?
Er sagt zu zwei Schülern: „Geht zu Jesus und fragt ihn, ob er wirklich der König ist, der kommen sollte."
Die Männer machen sich auf den Weg, Jesus zu suchen. Sie finden ihn in einem Dorf, wo viele Leute bei ihm sind. Es sind Menschen, die großen Kummer haben, und Menschen, die blind oder krank sind. Jesus redet mit ihnen und hilft ihnen.
Die Freunde von Johannes fragen ihn: „Bist du der König, der kommen sollte? Johannes der Täufer hat uns zu dir geschickt, um dich dies zu fragen."
Jesus antwortet: „Seht, was ich tue: Menschen, die blind waren, können wieder sehen. Menschen, die gelähmt waren, können wieder laufen. Arme Leute hören, daß für sie wieder eine glückliche Zeit kommen wird. Berichtet dies Johannes."
Zu den Menschen um ihn herum sagt Jesus: „Johannes ist ein großer Prophet, ja er ist sogar mehr als ein Prophet. Er hat viele Menschen auf Gottes Königreich vorbereitet."
Zu den Freunden des Johannes sagt Jesus: „Was Johannes begonnen hat, wird weitergehen. Ich habe zwölf Schüler ausgewählt. Jeweils zu zweit gehen sie nun in die Dörfer und Städte in Galiläa. Genau wie Johannes sagen sie den Menschen, wie sie sich auf Gottes Königreich vorbereiten können."
Inzwischen sitzt Johannes voller Spannung im Gefängnis und wartet, bis seine Schüler zurückkommen. Als sie ihm berichten, was Jesus gesagt hat und was sie gesehen haben, sagt er: „Nun glaube ich wieder, daß Jesus der König ist, der kommen sollte. Aber Gottes Königreich kommt vielleicht anders, als ich dachte. Nicht so schnell. Es muß wachsen. Und wir müssen selbst daran mitarbeiten, daß es kommen kann."

Fünf Brote und zwei Fische

Tobi geht mit seiner Mutter zum Markt. Dort hilft er ihr, das frische Gemüse aus ihrem Garten für den Verkauf auszustellen. Als das getan ist, schaut er sich um, ob er ein paar Freunde sieht, mit denen er spielen kann. Ah, da ist Joram, der Nachbarsjunge. Da kommt er schon auf Tobi zu und fragt: „Gehst du mit zum Fischerhafen? Jesus von Nazaret ist da. Vielleicht wird er wieder eine Geschichte erzählen."
„Ja", sagt Tobi, „ich frag mal eben meine Mutter, ob ich weg darf."
Seine Mutter braucht seine Hilfe nicht mehr. Sie legt ein paar kleine Brote und getrockneten Fisch in ein Körbchen und sagt: „Nimm die nur mit, ich kann nicht vor dem Mittagessen zu Hause sein."
Als Tobi und Joram zum Hafen kommen, umringen Jesus viele Leute. Die Jungen drängeln sich durch die großen Menschen hindurch nach vorne. Da steht Jesus und unterhält sich mit seinen Schülern. Die sind gerade aus den Dörfern und Städten in Galiläa zurückgekommen. Sie wollen Jesus berichten, was sie getan und was sie erlebt haben.
Andreas ist noch nicht dabei. Er kommt hastig angelaufen. Aber was ist geschehen? Er schaut so traurig aus. Mit Tränen in den Augen sagt er: „Herodes hat Johannes den Täufer töten lassen! Das habe ich gerade von seinen Schülern gehört."
Jesus und seine Freunde erschrecken. Sie werden ganz still. Sie können die Menge an Leuten um sich herum nun nicht gut ertragen.
„Laßt uns an das andere Ufer des Sees fahren", sagt Jesus, „dort ist es ruhig."
Simon, Andreas, Jakobus und Johannes machen ihre Boote startklar, und etwas später segeln sie mit Jesus und den anderen Schülern über den See. Enttäuscht sehen Tobi und Joram ihnen nach. Aber als sie sehen, wo die Männer ans Land gehen, sagt Tobi: „Dahin können wir doch am Seeufer entlang gehen. Sollen wir das machen, Joram?"
„Gut", sagt Joram, und sie machen sich gleich auf den Weg.
Es gibt noch mehr Leute, die das tun. Und unterwegs kommen immer mehr hinzu. Es ist Frühjahr, die Sonne scheint, und überall auf den grünen Hügeln blühen Blumen. Es wird ein festlicher Zug.
Jesus sitzt mit seinen Schülern auf einer schönen ruhigen Stelle, zu der nun die Leute strömen. Über den See kommen Fischerboote mit Menschen, die krank sind oder nicht laufen können. Auch Mütter mit kleinen Kindern.

Die Schüler ärgern sich, daß wieder so viele Leute da sind. Aber Jesus steht auf und sagt: „Setzt euch alle am Abhang des Hügels."
Dann stellt sich Jesus selbst auf den Hügel, so daß jeder ihn gut hören kann.
Tobi und Joram suchen schnell ein Plätzchen in seiner Nähe.
„Gottes Königreich gleicht einem Senfkorn", sagt Jesus.
„Das ist das kleinste aller Samenkörner. Man kann es beinahe nicht sehen, aber wenn es in die Erde fällt, beginnt es zu wachsen. Dann wird es ein Baum mit sehr vielen Zweigen und Blättern."
Jesus sieht die Kinder an und sagt: „Ist es nicht ein Wunder? So ein klitzekleines Samenkorn und dann so ein großer Baum! Die Vögel können Nester darin bauen.
So ist es auch mit Gottes Königreich. Das beginnt ganz klein, aber es wird wachsen, wenn ihr meine Worte hört und befolgt."

Tobi und Joram sehen jetzt, wie Jesus kranke Menschen zu sich kommen läßt und sie gesund macht.

Aber dann kommt Petrus zu Jesus. Er sagt: „Die Sonne geht fast schon unter. Es wird Zeit, daß die Leute zum Essen nach Hause gehen."

Jesus sagt: „Wir können sie nicht ohne Essen nach Hause schicken. Gebt ihnen zu essen!"

Die Schüler sehen Jesus erstaunt an. Philippus sagt: „Auch wenn wir zweihundert Mark hätten, um Brot zu kaufen, wäre das noch nicht genug für alle diese Leute."

Tobi hat gehört, was sie sagen. Er hat seine kleinen Brote und die Fische noch nicht aufgegessen. Er zeigt sie Andreas, der neben ihm steht, und er sagt: „Die kann Jesus von mir haben."

Andreas nimmt Tobi mit zu Jesus und sagt: „Hier ist ein Junge, der fünf Brote und zwei Fische hat, aber was nützt uns das für so viele Leute?"

Jesus schaut Tobi freundlich an und sagt: „Wie schön, daß du uns dein Brot und deinen Fisch geben willst."

Als jeder auf der Wiese sitzt, nimmt Jesus aus Tobis Körbchen ein Brot, hält es hoch und sagt: „Wir danken dir, Gott, für das Korn, aus dem dieses Brot gemacht ist."

Dann bricht Jesus das Brot in kleine Stücke und teilt es aus. Das gleiche tut er auch mit den anderen Broten und den zwei Fischen.

Ist Tobi der einzige, der sein Brot hergegeben hat? Oder haben noch mehr Leute Brot bei sich und teilen alle mit den anderen?

Jedermann sitzt da und ißt. Niemand hat danach noch Hunger. Es bleibt sogar noch Brot übrig. Es scheint, als sei Gottes Königreich schon gekommen.

Ein paar Männer gehen auf Jesus zu und sagen: „Du mußt unser König werden!"

„Ja!" rufen nun andere Männer. „Du kannst uns befreien. Wir wollen zusammen mit dir gegen die Römer kämpfen und Herodes aus dem Palast verjagen. Dann sollst du unser König sein!"

Aber Jesus schüttelt den Kopf. „Gottes Königreich kommt nicht durch Krieg und Gewalt", sagt er. „Es kann nur wachsen, genau wie ein Senfkorn."

Darauf wollen diese Männer nicht warten. Enttäuscht gehen sie weg.

Jesus sagt zu seinen Schülern: „Schickt nun alle Leute nach Hause."

Selbst geht Jesus auf den Berg, wo er in aller Stille beten will.

Es ist schon lange dunkel, als Tobi und Joram nach Hause kommen. Ihre

Eltern sind schon ganz unruhig gewesen. Aber sie hören aufmerksam zu, als Tobi und Joram berichten, was Jesus gesagt und getan hat.
Tobis Vater sagt: „Ich glaube, daß Jesus ein anderer König ist, als viele Leute in unserem Lande erwarten."

Das Haus auf dem Felsen

Jesus hat zwölf Schüler ausgewählt, die mit ihm mitziehen. Im Sommer gehen sie in der Hitze an staubigen Wegen entlang. Im Winter sind sie oft klatschnaß vom Regen. Sie werden nicht überall gastfreundlich empfangen. Dann schlafen sie draußen auf dem Felde oder in einer Höhle. Und wenn sie im Sommer unterwegs Hunger bekommen, pflücken sie Kornähren und essen die Körner daraus. Aber in vielen Dörfern finden die Menschen es schön, wenn Jesus mit seinen Schülern bei ihnen essen kommen will.
Es gibt auch Leute, die mit Jesus mitgehen, aber sie bleiben nicht alle bei ihm. Nicht jeder gab alles auf, um Jesus zu folgen. Leute, die dachten, daß Jesus sofort König werden würde, lassen ihn wieder im Stich. Jesus fragt seine Schüler: „Wollt ihr nicht auch weggehen?"
„O nein!" ruft Simon aus. „Wir glauben, daß du von Gott kommst. Du bist der König, den wir erwarten!"
Simon ist einer der vier Fischer, die als erste von Jesus berufen wurden. „Simon", sagt Jesus, „ich nenne dich von jetzt ab Petrus. Dieser Name bedeutet Felsen. Ein Felsen steht fest, auch wenn es stürmt. Ich will auf dich vertrauen." Petrus ist froh über seinen neuen Namen. Er wird sein Bestes tun, um wie ein Felsen zu sein und Jesus nicht im Stich zu lassen.
Eines Tages, als wieder viele Menschen Jesus zuhören, erzählt Jesus diese Geschichte:

Es gab einmal einen Mann, der ein neues Haus bauen wollte. Sehr früh am Morgen begann er damit. Zuerst fing er an, ein großes Loch zu graben. Er grub so tief, daß er auf den Felsboden stieß. Auf dem Felsen machte er einen festen Untergrund für sein Haus.
Während er mit dem Fundament beschäftigt war, begann ein anderer Mann, auch sein Haus zu bauen. Dieser Mann mauerte die Wände direkt auf den Sandboden. Sehr schnell war er mit seinem Haus fertig. Im Sommer konnte er schon darin wohnen, und er lachte über seinen Nachbarn, der sich in der heißen Sonne noch immer mit dem Bau beschäftigte. Als dieser beginnen konnte, in seinem Haus zu wohnen, war der Sommer schon vorüber.
Es wurde Herbst, und es regnete und stürmte tagelang. Eines Tages sah der Mann in dem Haus, das auf Sand gebaut war, daß große Risse in den Wänden seines Hauses entstanden. Wie konnte das geschehen? Ein paar

Tage später entdeckte er, daß sein ganzes Haus schief stand. Durch den Regen wurde der Sand unter seinem Haus weggespült. Gerade noch rechtzeitig flüchtete der Mann aus seinem Haus, das mit einem dumpfen Knall einstürzte.
Aber sein Nachbar saß sicher und trocken in seinem Haus. Das Haus, das auf den Felsen gebaut war, blieb fest stehen.

Die Leute, die die Geschichte gehört haben, verstehen, daß sie ein Gleichnis ist. Aber was meint Jesus damit?
Er sagt: „Wenn ihr mir zuhört und zu leben versucht, wie ich es euch lehre, dann gleicht ihr dem klugen Mann, der sein Haus auf den Felsen baute. Aber wenn man meine Worte hört und nichts damit anfängt, dann gleicht man dem dummen Mann, der sein Haus auf Sand baute."

Ein Tag, um frei zu sein

Niemand arbeitet heute, denn es ist Sabbat, der Ruhetag der Juden. Es ist noch früh am Morgen. Und dennoch ist schon eine Frau auf dem Weg zur Synagoge. Ihr Rücken ist gekrümmt und tut weh. Sie kann nicht so schnell laufen, und unterwegs muß sie immer etwas ausruhen. Daher hat sie sich schon so früh auf den Weg gemacht.
Schon achtzehn Jahre lang hat sie so einen krummen Rücken und kann nicht gerade stehen. Während sie läuft, sieht sie nur den Weg. Sie hört die Vögel singen, aber sie kann sie nicht sehen. Ihr Rücken tut noch mehr weh als an anderen Tagen. Dennoch will sie gerade heute zur Synagoge. Sie hat gehört, daß Jesus da sein wird, und sie will ihm so gern zuhören.
Zuerst war sie die einzige, die auf dem Weg lief, aber nun gehen viele Leute schnell an ihr vorbei. Dann wird es wieder still auf dem Weg, und die Frau betritt die Synagoge als letzte.
Der Gottesdienst hat schon begonnen. Die Frau will sich ganz still nach hinten setzen. Sie ist so müde! Aber alle Stühle sind besetzt.
Jesus liest vor aus einer Schriftrolle, aber auf einmal schweigt er. Er sieht die Frau mit dem krummen Rücken, und er geht auf sie zu.
Er sagt: „Frau, du wirst von deinem Schmerz erlöst." Und er legt die Hände auf ihren Rücken. Der Schmerz zieht weg, und die Frau fühlt, daß sie Kraft erhält. Langsam richtet sie sich auf und schaut Jesus an. Sie kann wieder gerade stehen wie ein gesunder Mensch! Sie weiß erst nicht, was sie vor Freude tun soll. Dann auf einmal streckt sie die Arme in die Höhe und sagt: „Ich danke dir, Gott!"
Aber der Leiter der Synagoge wird unruhig. Er steht auf und sagt: „Vergeßt nicht, daß Sabbat ist. Es gibt sechs Tage, an denen gearbeitet werden kann. Wer sich heilen lassen will, muß an einem Arbeitstag kommen. Nicht am Sabbat." Und während er Jesus ansieht, sagt er: „Jeder weiß es doch: In den Zehn Geboten steht, daß wir am Sabbat nicht arbeiten dürfen!"
Jesus sagt: „Jeder bindet am Sabbat seinen Ochsen oder Esel los und bringt das Tier zum Wasser, um es trinken zu lassen. Mußte diese Frau nicht gerade am Sabbat von ihrem Schmerz erlöst werden? Gott hat uns den Sabbat gegeben, um frei zu haben. Der Sabbat ist ein Festtag!"
Manche Leute in der Synagoge klatschen in die Hände. Ja, Jesus hat recht! Sie wissen, was für Schmerzen die Frau gehabt hat, und sie sind froh, daß sie geheilt ist.

Der Leiter der Synagoge sagt nichts mehr. Er schämt sich nun für seine Worte.
Für die Frau, die nun wieder ohne Schmerzen aufrecht stehen und gehen kann, wird dieser Sabbat ein echter Festtag. Als sie nach dem Gottesdienst nach Hause geht, sieht sie um sich herum die Blumen am Wegesrand, das Korn auf den Feldern und die Vögel am blauen Himmel. Und sie flüstert: „Ich danke dir, Gott!"

Der Sämann

Tirtza ist mit ihrem Brüderchen Joël auf dem Weg zu ihrem Vater, der auf einem Acker außerhalb des Dorfes arbeitet. Tirtza trägt einen kleinen Krug mit Wasser. Joël hat ein Körbchen mit frischem Brot und ein paar gebackene Fische. Den sollen sie zu ihrem Vater bringen. Er hat den Acker umgepflügt. Das ist schwere Arbeit, und er ist froh, als er Tirtza und Joël kommen sieht. Nun kann er ausruhen und etwas essen und trinken.
„Fängst du gleich an zu säen?" fragt Joël. Und als sein Vater nickt, sagt er: „Darf ich es auch gleich einmal probieren?"
„In Ordnung", sagt Vater und hängt einen Beutel mit Weizenkörnern über Joëls Schulter. Damit geht Joël über die dunkle Erde. Mit seiner rechten Hand nimmt er immer wieder eine Handvoll Saat und streut sie aus.
„Prima, Joël, du hast schon ein gutes Stück fertig", sagt Vater, als er sein Essen beendet hat. Dann macht Vater selbst mit dem Säen weiter. Die Kinder sehen, wie er mit großen Schritten über den Acker geht, während er mit einem Bogen die Saat vor sich ausstreut.
„Sieh mal", ruft Joël auf einmal, „da kommt eine Menge Leute!" „Vielleicht laufen sie hinter Jesus von Nazaret her", sagt Tirtza, „schau, das ist er, dort vorne. Komm, laß uns auch mitgehen, sie gehen auf den Berg hinauf."
Jesus läßt sich am Berghang nieder. Die Leute suchen eine Stelle in seiner Nähe. Tirtza und Joël bleiben ein bißchen schüchtern im Hintergrund stehen, aber als Jesus sie sieht, sagt er: „Kommt nur nach vorne und setzt euch hier hin."
Dann fragt Jesus: „Seht ihr dort unten im Tal den Mann über den Acker gehen und Saat ausstreuen?"
„Das ist mein Vater!" ruft Joël stolz.
Jesus lächelt und sagt: „Schaut, es fällt etwas Saat auf den Weg am Ackerrand. Was geschieht damit?"
„Darauf stürzen sich die Vögel und die fressen die Saat auf", antwortet Joël.
„Es fällt auch Saat auf steinigen Boden", sagt Jesus, „kann sie dort wachsen?"
„Da wachsen zwar schnell Kornhalme heraus", sagt Tirtza, „aber die Wurzeln können dort nicht tief in die Erde wachsen. Wenn die Sonne darauf scheint, wird die Erde trocken, und dann verdorrt das Korn."
„Am Feldrand stehen Dornensträucher. Was geschieht mit der Saat, die dazwischen fällt?" fragt Jesus.

„Die Kornhalme, die daraus hervorkommen, werden durch die Dornensträucher erstickt", antwortet Tirtza.
„Aber ein großer Teil der Saat fällt auf gute Erde", sagt Jesus. „Aus den Weizenkörnern in diesem Boden wachsen die Wurzeln tief in die Erde, und

danach kommen starke Halme heraus. In diesen Halmen wachsen dicke Ähren."

„Und in einer Kornähre wachsen manchmal fast hundert Weizenkörner!" ruft Joël aus. „Ich hab sie schon mal gezählt!"

Jesus lacht. Aber seine Schüler fragen: „Ist das ein Gleichnis? Was meinst du damit?"

Jesus antwortet: „So wie dieser Sämann Saatkörner ausstreut, so gebe ich Gottes Worte an jeden weiter, der sie hören will.

Die Saat, die auf den Weg fällt, das sind die Worte, die von Menschen gehört werden, die sie sofort wieder vergessen. Sie fangen nichts damit an.

Die Saat, die auf steinigen Boden fällt, das sind die Worte, die von Menschen gehört werden, die schon begeistert zu sein scheinen. Aber wenn es schwierig wird, das zu tun, was Gott will, dann halten sie sich nicht mehr an Gottes Worte. Sie fangen nichts damit an.

Die Saat, die zwischen die Dornen fällt, das sind die Worte, die von Menschen gehört werden, die sehr mit anderen Dingen beschäftigt sind. Mit Gottes Worten …"

„Sie fangen nichts damit an!" ruft Joël.

Jesus nickt ihm zu und fährt fort: „Aber die Saat, die in die gute Erde fällt, das sind Gottes Worte, die von Menschen gehört werden, die ihnen gut zuhören. Sie denken weiterhin daran und versuchen immer wieder aufs neue das zu tun, was Gott will. Sie führen Gottes Worte aus. Durch diese Menschen kann Gottes Königreich auf Erden wachsen."

Jesus steht auf und geht mit seinen Schülern den Berg hinab ins Dorf. Tirtza und Joël rennen vor ihnen her nach unten und gehen zu ihrem Vater, der noch immer bei der Aussaat ist. Die Kinder sehen, wie die Vögel die Weizenkörner vom Weg aufpicken. Auch fällt etwas Saat auf steinige Stellen und zwischen die Dornen. Aber glücklicherweise fällt die meiste Saat auf guten Boden. Als ihr Vater mit dem Säen fertig ist, erzählen sie ihm, was Jesus gesagt hat. Joël versteht noch nicht ganz, was Jesus damit gemeint hat, aber Tirtza sagt: „Jesus ist selbst ein Sämann. Seine Worte sind wie Weizenkörner. Sie fallen auf guten Boden, wenn wir tun, was Jesus gesagt hat."

Der barmherzige Samariter

Mit seinen zwölf Schülern zieht Jesus durch ganz Galiläa, das im Norden des jüdischen Landes liegt. Überall erzählt er von Gottes Königreich. Und er hilft Menschen, die es schwer haben oder krank sind. Maria aus Magdala und andere Frauen, die von Jesus geheilt worden sind, gehen auch mit ihm mit.
Eines Tages macht sich Jesus mit seinen Gefährten auf den Weg nach Jerusalem, in den Süden des Landes. Die meisten Juden machen einen Umweg, wenn sie von Galiläa nach Jerusalem ziehen, weil sie nicht durch Samaria reisen wollen. Vor langer Zeit gerieten die Juden und die Samariter in Streit, und noch immer wollen sie nichts miteinander zu tun haben.
Jesus macht keinen Umweg, er reist doch durch Samaria. Er will auch den Samaritern von Gottes Königreich erzählen. Und genau wie in Galiläa gibt es in Samaria viele Leute, die Jesus zuhören. Nachdem er in Samaria gewesen ist, macht sich Jesus weiter auf den Weg nach Jerusalem.
Unterwegs hört eines Tages wieder eine große Gruppe von Leuten Jesus zu. Es ist auch ein Bibelgelehrter aus Jerusalem dabei. Er fragt Jesus: „Rabbi, was muß ich tun, um dazuzugehören zu Gottes Königreich?"
Jesus sagt: „Du weißt doch, was in unseren Schriftrollen steht!"
„Ja", sagt der Gelehrte, „darin steht geschrieben: Liebe Gott aus ganzem Herzen und liebe deinen Nächsten, wie du dich selbst liebst."
„Gut", sagt Jesus, „wenn du das tust, dann arbeitest du daran mit, daß Gottes Königreich auf die Erde kommt."
„Aber wer ist mein Nächster?" fragt der Mann. „Ist das jeder, der zu meiner Familie gehört? Oder sind das auch meine Nachbarn? Und alle Menschen, die zu unserem Volk gehören? Ich kann doch nicht jeden lieben? Schau, dort läuft ein Samariter. Der ist doch sicher nicht mein Nächster?"
Jesus antwortet mit einer Geschichte:

Es war einmal ein jüdischer Kaufmann, der von Jerusalem zur Stadt Jericho ging. Mit dem Geld, das er in Jerusalem verdient hatte, ging er nach Hause zurück. Als er den Berg, auf dem Jerusalem liegt, herabgestiegen war, kam er auf einen einsamen Weg. Da sprangen auf einmal ein paar Räuber hinter den Sträuchern hervor. Sie ergriffen den Kaufmann, rissen ihm den Mantel vom Leib und nahmen ihm sein Geld weg. Mit einem Stock schlugen die Räuber ihm so heftig auf den Kopf, daß er zu Boden fiel. Danach rissen sie aus und ließen den Kaufmann halbtot mit einer blutenden Kopfwunde zurück.

Etwas später kam ein Priester aus dem Jerusalemer Tempel vorbei. Er erschrak, als er den mißhandelten Kaufmann liegen sah. Dieser Mann ist von Räubern überfallen worden, dachte er. Vielleicht sind sie noch in der Nähe und wollen mich auch berauben. Und schnell lief der Priester auf der gegenüberliegenden Seite vorbei.

Danach kam ein Levit. Leviten helfen den Priestern bei der Arbeit im Tempel. Dieser Levit hatte im Tempelchor gesungen, und er sang unterwegs noch einen Psalm. Aber plötzlich hörte er auf zu singen. Er sah den verwundeten Mann liegen. Er bekam Angst und dachte: Der Priester ist auch hier lang gekommen, und er hat dem Mann nicht geholfen. Dieser Mann ist sicher schon tot. Und schnell lief der Levit auf der gegenüberliegenden Seite vorbei.

Danach kam ein Samariter mit einem Esel. Er sah den Verwundeten, sprang sofort vom Esel und kniete bei dem Mann nieder. Vorsichtig säuberte er die Kopfwunde mit mildem Öl und verband ihn. Der Kaufmann kam ein wenig zu sich und flüsterte: „Wasser! Ich habe so einen Durst!" Er hatte schon so lange in der brennenden Sonne gelegen.

Schnell nahm der Samariter seinen Wasserkrug und gab dem Kaufmann zu trinken. Danach hob er ihn vorsichtig auf und setzte ihn auf seinen Esel. Selbst lief er nebenher und hielt den Kaufmann gut fest. So brachte er ihn in eine Herberge und sorgte dafür, daß der Verwundete ein gutes Bett bekam. Die ganze Nacht blieb er bei ihm und versorgte ihn. Am nächsten Morgen gab er dem Wirt Geld und sagte: „Sorge gut für diesen Mann, bis es ihm besser geht. Auf der Rückreise komme ich wieder hier vorbei. Dann werde ich mehr bezahlen, wenn dies nicht genug ist."

Jesus schweigt. Die Leute haben zugehört und verstehen, daß die Geschichte ein Gleichnis ist. Sie denken darüber nach. Dann fragt Jesus den Bibelgelehrten: „Wer von diesen dreien ist der Nächste des verwundeten Kaufmanns gewesen? Der Priester, der Levit oder der Samariter?"

„Der Mann, der ihm geholfen hat", antwortet der Gelehrte.

„Wenn du genauso handelst wie der Samariter, gehörst du auch zu Gottes Königreich", sagt Jesus.

Das Fest des Königs

Eines Tages sitzt Jesus bei Tisch mit einem Bibelgelehrten, der auch seine Freunde und Nachbarn eingeladen hat. Es sind reiche und vornehme Leute, die sich selbst sehr wichtig finden. Sie reden darüber, wie beschäftigt sie sind mit allem, was sie besitzen: mit dem großen Haus, in dem sie wohnen, mit der Sorge um all das Vieh und die Kornfelder, die gemäht werden müssen. Sie klagen darüber, daß ihre Knechte die Arbeit nicht immer gut machen. Während sie sitzen und essen, sagt einer der Gäste zu Jesus: „Ich habe gehört, daß du oft über Gottes Königreich sprichst. Wie wird es herrlich sein, in Gottes Reich zu leben."
Jesus schaut im Kreis herum. Alle sitzen da und warten neugierig darauf, was er nun sagen wird. Aber haben sie wirklich Interesse an Gottes Königreich?
Jesus erzählt eine Geschichte:

Es war einmal ein König, der ein Fest feiern wollte. Dazu ließ er einen Diener schon lange vorher viele Leute einladen. Jeder versprach, er werde kommen, und alles wurde für das Fest vorbereitet. Der große Saal im Palast wurde mit Girlanden und Blumen geschmückt. In der Küche wurde eine herrliche Mahlzeit gekocht, und die besten Musikanten aus der Stadt kamen zum Spielen.
Am Tage des Festes schickte der König seinen Diener noch einmal zu den Leuten, die er eingeladen hatte.
Der Diener ging zum ersten Gast und sagte: „Das Festmahl ist fertig. Du bist willkommen!"
Aber dieser Mann sagte: „Jetzt habe ich keine Zeit. Ich habe gerade einen neuen Acker gekauft, und den muß ich mir ansehen. Sag nur zum König, daß ich zu meinem Bedauern nicht kommen kann."
Der Diener ging zum zweiten Gast und sagte: „Das Festmahl ist fertig. Du bist willkommen!"
Aber der zweite sagte: „Jetzt habe ich keine Zeit. Ich habe gerade zehn Ochsen gekauft, und die muß ich mir anschauen. Sag nur zum König, daß ich zu meinem Bedauern nicht kommen kann."
Der Diener ging zum dritten Gast und sagte: „Das Festmahl ist fertig. Du bist willkommen!"
Aber der dritte sagte: „Jetzt habe ich keine Zeit. Ich habe gerade geheiratet.

Sag nur zum König, daß ich zu meinem Bedauern nicht kommen kann."
Alle Leute, die der König eingeladen hatte, hatten wichtigere Dinge zu tun.
Als der König hörte, daß sie ihn alle im Stich ließen, wurde er böse. Er sagte
zum Diener: „Und doch wird das Fest stattfinden. Geh sofort auf die
Straßen und in die Gassen der Stadt. Dort gibt es viele Bettler, Krüppel,
blinde und lahme Menschen. Bring sie alle in meinen Festsaal."
Das tat der Diener. Wie waren all diese armen hungrigen Männer, Frauen
und Kinder froh, daß sie zum Fest des Königs kommen durften! Der König
stand selbst an der Tür und gab jedem neue Festkleider und eine schöne
Blume, um sie ins Haar oder ans Kleid zu stecken.

So saßen sie in dem schönen Festsaal des Königs und aßen das herrliche
Gastmahl und genossen die fröhliche Musik. Sie waren noch nie so
glücklich gewesen. Es wurde ein wunderschönes Fest!

Die Geschichte ist vorbei. Jesus sieht die vornehmen und reichen Leute an,
mit denen er am Tisch sitzt. Verstehen sie, was er mit diesem Gleichnis
meint? Werden sie auch keine Zeit haben für Gottes Königreich, weil sie so
mit dem beschäftigt sind, was sie besitzen? Dann kommen sie nicht zu dem
Fest. Aber das Fest des Königs findet trotzdem statt!

Jesus und die Kinder

Jesus zieht mit seinen zwölf Schülern von einem Dorf ins andere. In dem Dorf, in das sie jetzt kommen, haben die Leute schon von Jesus gehört. Sie wohnen in kleinen Häusern, aber viele Leute hoffen, daß Jesus zu ihnen zum Essen kommt oder bei ihnen übernachtet.
Heute ist Jesus in dem Haus, in dem Hanna wohnt.
Mutter ist mit dem Abendessen beschäftigt. Hanna, die acht Jahre alt ist, muß auf ihr dreijähriges Brüderchen aufpassen. „Geh nur mit ihm draußen spielen", sagt Mutter. „Rabbi Jesus wird sicher müde sein. Sorg dafür, daß Job ihm nicht lästig fällt."
Hanna will mit Job nach draußen gehen, aber der ist neugierig auf den fremden Mann im Zimmer. Er will hinein und beginnt zu weinen, als er das nicht darf. „Ruhig, ungezogener Kerl", sagt Hanna und zieht ihn mit. Aber dann öffnet sich die Tür, und Jesus sagt: „Kommt ruhig herein."
Sofort hört Job mit dem Weinen auf und sieht Jesus mit großen Augen an. Jesus setzt sich und lacht ihn an. Job läuft auf Jesus zu und zeigt ihm sein Schmusetier, das Mutter aus alten Lappen gemacht hat. Danach klettert er auf den Schoß von Jesus und ist nun ganz ruhig. Hanna steht zuerst noch etwas schüchtern an der Tür, aber dann setzt sie sich zu Jesus auf den Fußboden. Jesus erzählt den Kindern eine Geschichte über einen Hirten, der hundert Schafe hatte. Ein Schaf hatte sich verirrt, aber der Hirte suchte es so lange, bis er es gefunden hatte und trug es zurück zur Herde.
Hanna findet es schade, daß Mutter mit dem Essen hereinkommt. Sie würde Jesus gern noch stundenlang zuhören. Nach dem Essen muß sie Job ins Bett bringen und dann auch selbst schlafengehen. Vater und Mutter unterhalten sich noch weiter mit Jesus in der Stube.
Am folgenden Tag sitzt Jesus mit seinen Schülern auf dem Marktplatz, wo viele Menschen zu ihm kommen. Hanna geht zu ihren Freunden und Freundinnen im Dorf und erzählt stolz, daß Jesus bei ihr zu Hause übernachtet hat. „Er ist sehr nett", sagt sie. „Kommt nur mit. Er ist jetzt auf dem Marktplatz. Vielleicht erzählt er wieder eine Geschichte."
Lachend und eifrig schwatzend gehen die Kinder mit Hanna zum Marktplatz. Aber als sie dort hinkommen, stehen sehr viele Männer um Jesus herum. Die Kinder können ihn nicht einmal sehen. Dahinter stehen ein paar Frauen mit kleinen Kindern auf dem Arm. Aber die können auch nicht hören, was Jesus sagt.

„Kommt", sagt Hanna zu den anderen Kindern, „wir kriechen da zwischen den Großen durch zu Jesus. Ihr braucht keine Angst zu haben. Jesus findet es sicher gut, daß wir zu ihm kommen."
Aber Petrus, ein Schüler von Jesus, hat die Kinder gehört. Er kommt auf sie zu und sagt: „Seid still und geht nach Hause. Jesus hat keine Zeit für Kinder."
Enttäuscht gehen die Kinder nach hinten. „Das ist nicht in Ordnung", nörgeln sie, „warum dürfen nur Erwachsene Jesus zuhören?"
„Macht keinen Lärm, hört ihr?" sagt Petrus. „Und nun verschwindet!"
Aber da steht Jesus auf einmal neben Petrus. Er sagt: „Warum schickst du die Kinder weg? Ich will gerade, daß sie alle zu mir kommen. Vor allem die Kleinen gehören zu Gottes Königreich."
Er geht zu den Kindern und legt segnend die Hand auf jedes Köpfchen. Auch die Mütter wagen es jetzt, mit den kleinen Kindern auf dem Arm zu Jesus zu kommen.

Die Arbeiter im Weinberg

Am nächsten Tag will Jesus mit seinen Schülern wieder weiter den Weg nach Jerusalem gehen. Da kommt ein junger Mann zu ihm, der Jesus auf dem Marktplatz zugehört hat. Er fragt: „Rabbi, was muß ich für gute Dinge tun, um auch zu Gottes Königreich zu gehören?"
Jesus sieht den jungen Mann an und antwortet: „Niemand ist gut außer Gott allein. Halte dich an die Zehn Gebote: Morde niemanden, sei treu, stehle nicht, erzähle keine Lügen über andere, achte deinen Vater und deine Mutter und liebe deinen Nächsten so sehr, wie du dich selbst liebst."
„An alle diese Gebote habe ich mich gehalten", sagt der Mann. „Und doch habe ich das Gefühl, daß es nicht genug ist. Worin mangelt es mir noch?"
„Es gibt noch etwas, was du noch nicht getan hast", antwortet Jesus. „Verkauf alles, was du besitzt, und verteile das Geld unter den armen Leuten. Komm dann zu uns und geh mit. Folge mir!"
Der Mann erschrickt. Er ist sehr reich. Muß er alles verkaufen und dann genauso einfach leben wie Jesus und seine Gefährten? Er hatte nicht erwartet, daß Jesus das von ihm verlangen würde.
„O nein!" ruft er aus. „Das kann ich nicht. Tut mir leid." Und enttäuscht dreht er sich um und geht weg.
Während sie das Dorf verlassen, sagt Petrus zu Jesus: „Wir haben das getan, was der junge Mann nicht tun konnte. Wir waren nicht so reich, aber wir haben doch alles zurückgelassen: unsere Familie, unser Haus, unsere Fischerboote, unsere Arbeit ... Wir sind die ersten, die dir gefolgt sind. Werden wir dafür in Gottes Königreich belohnt?"
„Ihr werdet sicher dazugehören, wenn Gottes Königreich kommt", antwortet Jesus. „Aber viele erste werden die letzten sein, und viele letzte die ersten."
Die Schüler sehen Jesus erstaunt an und fragen: „Was meinst du damit?"
„Das Königreich Gottes ist viel mehr als alles, was ihr zurückgelassen habt", sagt Jesus. „Da dürfen alle Menschen mitmachen, und es gibt genug für jeden. Hört nur auf diese Geschichte:

Es war einmal ein Bauer, der einen großen Weinberg hatte. Das ganze Jahr über sorgte er gut dafür. Und im Herbst hing der Weinberg voll mit großen reifen Weintrauben. Es wurde Erntezeit, und darum ging der Winzer

morgens früh zum Markt, wo Männer darauf warteten, Arbeit zu bekommen.
Mit ein paar Arbeitern verabredete er, daß sie hundert Mark verdienen würden, wenn sie den ganzen Tag in seinem Weinberg arbeiten wollten. Das war ein guter Lohn. Die Arbeiter waren froh, soviel verdienen zu können.
Sie arbeiteten schwer, aber drei Stunden später sah der Winzer, daß er noch mehr Arbeiter brauchte. Der Winzer ging wieder zum Markt. Es waren noch Männer da, die keine Arbeit gefunden hatten. „Kommt auch zur Arbeit in meinen Weinberg, ich werde euch den Lohn geben, den ihr verdient."
Wieder drei Stunden später ging der Winzer noch einmal Arbeiter vom Markt holen, denn wenn die Sonne unterginge, würde der Sabbat beginnen. Und der Winzer wollte, daß alle Trauben vor dem Sabbat geerntet wurden.

Eine Stunde, bevor der Tag vorbei war, sah er noch drei Männer auf dem Markt stehen. „Warum steht ihr hier noch immer ohne Arbeit?" fragte er. „Weil niemand uns Arbeit geben wollte", sagten sie. „Wer will einen verkrüppelten Arbeiter oder einen Arbeiter mit krummem Rücken oder jemanden, der fast blind ist?"

„Kommt in meinen Weinberg", sagte der Winzer, „es gibt dort auch Arbeit für euch. Tut nur, was ihr könnt." Fröhlich gingen auch die letzten Arbeiter an die Arbeit. Sie waren froh, daß auch sie mitmachen durften.

Als die Sonne beinahe unterging, sagte der Winzer zu seinem Aufseher: „Es wird Sabbat. Ruf die Arbeiter und zahl den Lohn aus. Beginne bei den Männern, die als letzte gekommen sind, und bezahl die ersten zuletzt."

Der verkrüppelte, der krumme und der blinde Mann hatten ihr Bestes getan, aber sie erwarteten nicht viel Lohn. Zu ihrer Überraschung erhielten sie jeder hundert Mark. Einen vollen Tageslohn! War das nicht ein Irrtum? Sie sahen zum Winzer herüber, der ihnen freundlich zunickte. Und fröhlich gingen sie mit ihrem Lohn nach Hause.

Die ersten Arbeiter, die früh am Morgen begonnen hatten, dachten: Wenn diese Männer hundert Mark bekommen, wieviel werden wir dann verdienen!

Aber die Arbeiter bekamen alle gleichviel. Als die ersten Arbeiter an der Reihe waren, erhielten sie auch hundert Mark. Sie waren enttäuscht. Erbost gingen sie zum Winzer und schimpften: „Wir haben den ganzen Tag in der Sonnenhitze schwer gearbeitet. Die letzten haben den ganzen Tag auf dem Markt gesessen und nur eine Stunde gearbeitet. Und doch bekommen sie auch hundert Mark. Das ist nicht richtig!"

„Ich tue euch kein Unrecht!" sagte der Winzer. „Wir haben verabredet, daß ihr hundert Mark verdienen würdet. Das ist ein guter Tageslohn. Seid ihr böse, weil ich gut zu anderen bin?"

Jesus schweigt. Petrus und die anderen denken über die Geschichte nach. Sie fangen an, etwas davon zu verstehen: In Gottes Königreich ist es nicht wichtig, wer zuerst oder zuletzt kommt. Dort fragt man nicht danach, worauf man selbst Recht hat. Es geht darum, was der andere braucht, um leben zu können.

Zachäus

In der Stadt Jericho steht ein schönes großes Haus. Es ist das größte Haus der ganzen Stadt. Dennoch wohnt nur ein Mensch in diesem großen Haus. Das ist Zachäus. Er ist der Chef der Zöllner, die die Leute Zollgeld für den römischen Kaiser zahlen lassen.
Zachäus sitzt in seinem Haus an einem großen Tisch, auf dem sehr viel Geld liegt: große Münzen, auf denen der Kopf des römischen Kaisers abgebildet ist, und kleine Münzen. Zachäus legt das Geld ordentlich auf kleine Stapel und in Reihen, um es gut zählen zu können. Als er fertig ist, steckt er das Geld in zwei Beutel. Der eine Geldbeutel ist für den Kaiser. Den anderen Geldbeutel behält er selbst.
Was wird er dafür kaufen? Er schaut sich um. Ihm fällt nichts ein, was er noch haben möchte. Prachtvolle Teppiche liegen auf dem Fußboden. Und er hat schon soviele kostbare Vasen und Schalen.
Zachäus geht in seinen Garten, wo viele Blumen blühen. Es ist angenehm kühl unter den Palmenbäumen. Er denkt: Ich kann viele Gäste in meinem Haus und Garten empfangen und dann ein Festmahl geben. Aber wen soll ich einladen?
Zachäus hat keine Freunde, ja nicht einmal einen Freund. Die Leute in Jericho hassen ihn, weil er sie zu viele Steuern für die Römer bezahlen läßt. Die anderen Zöllner in der Stadt wollen schon gern zu ihm kommen, wenn er sie zu einem Essen einlädt, aber Zachäus weiß, daß sie nur wegen des guten Essens kommen. Es sind keine wahren Freunde. Zachäus hat eigentlich nie einen wirklichen Freund gehabt. Als er jung war, wurde er oft von anderen Jungen geärgert, weil er so klein war. Auf der Schule konnte er wohl am besten lesen, schreiben und rechnen. Dadurch konnte er der Chef der Zöllner werden. Und nun ist er reich, aber in seinem schönen Garten fühlt er sich sehr einsam.
Es gibt niemanden, der etwas für mich übrig hat, denkt er. Er hat zwar Diener, die für ihn arbeiten, aber die tun das nur, um Geld zu verdienen. He – wo ist der Gartenarbeiter? Der muß doch hier bei der Arbeit sein. Zachäus sieht ihn nicht. Er steht auf und geht in den Vorgarten. Da ist der Arbeiter auch nicht. Allerdings sieht er eine lange Schlange Menschen am Wegesrand stehen. Neugierig fragt Zachäus: „Wer kommt hier vorbei?" Aber niemand antwortet. Niemand will etwas mit Zachäus zu tun haben. Der kleine Mann stellt sich auf seine Zehenspitzen und reckt den Hals empor,

aber auch jetzt kann er nicht über die Schultern der Leute hinwegsehen. Niemand geht für ihn beiseite.

Dann hört er ein paar Kinder rufen: „Da kommt Jesus!"

Nun versteht Zachäus die Sache. Er hat die anderen Zöllner schon über Jesus reden hören. „Jesus ist ein Freund der Zöllner", sagten sie. „Levi, einer der Schüler von Jesus, war auch erst Zöllner."

Man stelle sich vor, Jesus würde in mein Haus kommen! denkt Zachäus. Und daß er mein Freund sein wollte! Soll ich ein Festmahl für ihn bereiten lassen? Ich muß ihn sehen!

Zachäus rennt hinter den Leuten entlang zu einem Feigenbaum und klettert schnell hinauf. Die Leute, die das sehen, lachen ihn aus und rufen: „Schaut mal, was der kleine Kerl macht!"

Zachäus versteckt sich, so gut es geht, zwischen den großen Feigenblättern, aber er kann nun gut sehen, daß Jesus mit seinen Schülern herankommt. Jeder schaut auf Jesus, der schon ganz dicht am Feigenbaum ist. Zachäus hält den Atem an. Er möchte gern rufen: „Jesus, komm in mein Haus!" Aber er traut sich nicht.

Jesus läuft vorbei, aber auf einmal dreht er sich um. Er sieht nach oben, direkt in das Gesicht von Zachäus und sagt: „Komm schnell herunter, denn ich will heute in deinem Haus zu Gast sein."

Zachäus erschrickt. Hat er richtig gehört? Jesus will in sein Haus kommen? Schnell gleitet er den Baum hinunter.

Die Menschen schauen erstaunt zu, als Jesus mit Zachäus in sein Haus geht. Sie schimpfen: „Warum will Jesus nun gerade im Hause des Zöllners sein? Er weiß doch, daß alle Zöllner Verräter und Diebe sind?"

Sie verstehen gar nichts. Sie wissen nicht, was im Haus des Zachäus geschieht.

Als Jesus in seinem Haus sitzt, ist Zachäus auf einmal nicht mehr so stolz auf alles, was er hat. Er schämt sich für seinen Reichtum. Er möchte die teuren Teppiche und Vasen nun am liebsten schnell verstecken.

„Ich lasse ein schönes Essen für dich zubereiten", sagt Zachäus. Aber Jesus sagt nichts und schaut ihn an. Zachäus denkt: Jesus weiß doch, daß ich meinen Reichtum nicht ehrlich verdient habe. Er steht auf und sagt: „Ich werde die Hälfte von allem, was ich habe, armen Leuten geben. Und wenn ich jemandem zu viel abgenommen habe, werde ich viermal soviel zurückgeben."

Jesus lächelt und sagt: „Nun können wir feiern!"

Ein Vater hatte zwei Söhne

Auf dem Marktplatz in Jericho stehen viele Leute und hören Jesus zu. Dabei ist auch ein Bibelgelehrter. Er sagt zu Jesus: „Du warst gestern abend im Hause von Zachäus, dem Zöllner, und du hast bei ihm gegessen. Und ich habe gehört, daß du überall mit Zöllnern und mit anderen Menschen verkehrst, die falsche Dinge tun. Warum tust du das nur?"
„Das werde ich dir mit einer Geschichte erklären", antwortet Jesus. Und er erzählt ein Gleichnis.

Ein Vater hatte zwei Söhne. Sie wohnten auf einem Bauernhof mit vielen Tieren und großen Kornfeldern. Daher gab es auch viele Knechte, die für die Tiere sorgten und auf dem Lande arbeiteten.
Die zwei Söhne mußten auch mithelfen. Der ältere stand jeden Morgen sehr früh auf. Er arbeitete schwer den ganzen Tag, bis es dunkel wurde. Der jüngere Sohn tat auch sein Bestes. Aber wenn Reisende vorbeikamen, vergaß er seine Arbeit. Er hielt ein Schwätzchen mit ihnen, fragte sie, woher sie kamen und wie es in anderen Ländern sei. Er wollte auch gern etwas mehr von der Welt sehen. Immer auf dem Bauernhof zu arbeiten, begann ihn zu langweilen.
Er dachte: Wenn Vater alt ist und stirbt, bekomme ich einen Teil seines Besitzes. Dann habe ich Geld, um auf Reisen zu gehen. Aber das will ich jetzt machen, solange ich noch jung bin. Und er ging zu seinem Vater und sagte: „Vater, kann ich schon jetzt haben, was mir zusteht? Ich will so gerne auf Reisen gehen, in die weite Welt."
Der Vater sah ihn traurig an. Warum wollte er weg von seinem Vater und von seinem Bruder? Dennoch gab der Vater seinem jüngeren Sohn einen Teil seines Besitzes. Der Junge war überglücklich darüber. Und mit einem Beutel voll Geld machte er sich auf den Weg in ein fremdes Land.
Sein Vater schaute ihm lange nach. Würde er ihn noch einmal wiedersehen? Oder hatte er seinen Sohn für immer verloren?
Der Junge dachte nicht mehr an seinen Vater und an seinen Bruder. Er war fröhlich und hatte schnell viele Freunde und Freundinnen. Jeden Tag feierte er und bewirtete sie mit gutem Essen und Trinken. Bis sein Geld alle war. Da dachte er: Nun werden mich sicher meine Freunde zum Essen

einladen. Aber seine Freunde waren jetzt, da er kein Geld mehr hatte, auf einmal verschwunden. Sie ließen ihn alle im Stich.

Dann werde ich irgendwo arbeiten gehen, dachte der Junge. Er klopfte bei einem Bauern an und bat um Arbeit.

„Ich nehme keine Knechte mehr an", sagte der Bauer, „ich habe schon Knechte entlassen, weil ich ihnen kein Essen mehr geben kann."

„Wie kommt denn das?" fragte der Junge erstaunt. „Du hast doch einen großen Bauernhof?"

„Weißt du denn nicht, daß sehr viele Leute schon Hunger leiden müssen? Es hat hier sehr lange Zeit nicht geregnet", berichtete der Bauer, „dadurch kann das Korn nicht wachsen."

Der Junge hatte wenig davon gemerkt. Das Essen war immer teurer geworden, das schon, aber solange er noch Geld hatte, hatte er sich keine Sorgen darüber gemacht.

Er versuchte, Arbeit bei anderen Bauern zu bekommen, aber sie schickten ihn alle weg. Inzwischen bekam er so einen Hunger, daß er alles tun wollte für ein kleines Stückchen Brot. Er flehte so lange um Arbeit und Essen, bis ein Bauer sagte: „Dann paß eben auf meine Schweine auf."

Und da saß er nun bei den Schweinen. Noch immer knurrte sein Magen vor Hunger, denn er bekam von dem Bauern nur ein ganz kleines Stückchen Brot. Er wollte sogar die Schalen essen, die die Schweine bekamen, aber niemand gab sie ihm. Er dachte: Mein Vater hat viele Knechte, die jeden Tag in Hülle und Fülle Brot bekommen. Und ich sterbe hier vor Hunger. Ich werde aufstehen und zu meinem Vater gehen und zu ihm sagen: „Vater, ich habe dir Kummer gemacht. All mein Geld habe ich verbraucht. Ich bin nicht mehr wert, dein Sohn genannt zu werden. Darf ich bei dir als Knecht arbeiten?"

Er stand auf und ging zu seinem Vater zurück. Es war ein sehr weiter Weg. Der Vater stand in der geöffneten Haustür und sah in die Ferne hinaus. Das hatte er sehr oft getan, nachdem sein jüngster Sohn weggegangen war. An diesem Abend sah er einen mageren Bettler auf bloßen Füßen und in schmutzigen, zerrissenen Kleidern herankommen. Und doch sah der Vater, daß dieser Bettler sein jüngster Sohn war. Er lief schnell den Weg hinunter, seinem Sohn entgegen. Dieser strauchelte vor Hunger und Müdigkeit. Der Vater fing ihn in seinen Armen auf und küßte ihn.
„O Vater", sagte der Junge, „ich bin nicht mehr wert, dein Sohn genannt zu werden."
„Komm mit, mein Sohn", sagte der Vater. Er legte den Arm um ihn und brachte ihn in sein Haus. „Schnell!" rief er seinem Knecht zu. „Hol die schönsten Kleider und zieh sie ihm an. Steck ihm einen Ring an den Finger und zieh ihm Schuhe an. Und bereite ein Festessen vor. Denn ich dachte, daß mein Sohn tot sei, aber sieh nur: Er lebt!" Und sie begannen zu feiern. Der ältere Sohn war auf dem Felde arbeiten. Als er nach Hause kam, hörte er, daß auf einer Flöte gespielt wurde. Und er sah, daß getanzt wurde. Einen Knecht, der an der Tür stand, fragte er: „Warum wird denn hier gefeiert?"
„Dein Bruder ist zurückgekommen!" antwortete der Knecht.
Der ältere Sohn war nicht erfreut. Er wurde böse und ging nicht hinein. Als sein Vater nach draußen kam, um ihn zu suchen, sagte er: „Ich habe immer schwer für dich gearbeitet, aber für mich hast du nie ein Fest gegeben. Aber für meinen Bruder, der dein Geld verbraucht hat, tust du das!"
„O mein Kind!" sagte der Vater. „Du warst immer bei mir, und alles, was mir gehört, gehört dir. Ich hatte deinen Bruder verloren, und ich dachte, daß er tot war, aber er lebt! Nun können wir doch feiern und fröhlich sein!"

Jesus sieht die Leute an, die seiner Geschichte zugehört haben. Dann sagt er: „So wie dieser Vater seine beiden Söhne liebte, so liebt Gott auch dich. Er ist sehr froh, wenn ein Mensch, der auf dem falschen Weg war, wieder zu ihm zurückkehrt."

Ein König auf einem Esel

Es ist Frühling. In einer Woche ist das Paschafest, das größte Fest des Jahres. Auf einem hügligen Weg gehen viele Männer, Frauen und Kinder. Sie sind fröhlich, denn sie sind unterwegs nach Jerusalem, um dort das Paschafest zu feiern.

„Habt ihr schon gehört", sagen sie zueinander, „Jesus geht auch nach Jerusalem. Schaut, da geht er mit seinen Schülern."

Jesus ist in vielen Dörfern gewesen. Die meisten Leute kennen ihn schon. Sie erzählen unterwegs, was Jesus in ihrem Dorf gesagt hat und welche kranken Menschen er geheilt hat.

Ein Junge fragt seinen Vater: „Wird Jesus nun König werden und die Römer verjagen? Das sagen die anderen Kinder. Aber Jesus hat gar keine Soldaten!"

„Ich weiß es nicht", sagt sein Vater, „es gibt Leute, die hoffen, daß Jesus der König sein wird, den wir erwarten. Aber ich habe es Jesus nicht selbst sagen hören."

Sie kommen nun an den Fuß des Ölbergs in der Nähe von Jerusalem. Darüber sind sie froh, denn es ist sehr warm in der Sonne auf dem schattenlosen Weg, und sie werden müde. Im Schatten der Olivenbäume ruhen sie aus, bevor sie auf den Berg steigen. Auch Jesus und seine Schüler tun das.

Zwei Schüler holen inzwischen einen jungen Esel von einem Freund, der dort in der Nähe wohnt. Sie bringen den Esel zu Jesus und legen ihre Mäntel über seinen Rücken, so daß Jesus darauf sitzen kann. Dann reitet Jesus auf dem Esel zum Ölberg.

„Er ist überallhin zu Fuß gegangen", sagt eine Frau, „dies ist das erste Mal, daß ich ihn auf einem Esel reiten sehe. Vielleicht will er so zeigen, daß er unser König wird."

„Ein König reitet auf einem Pferd, nicht auf so einem einfachen Esel", sagt ihr Mann.

Oben auf dem Berg bleiben alle stehen. Nun sehen sie an der gegenüberliegenden Seite des Tales die schöne Stadt Jerusalem, die auf einen Berg gebaut ist. Der weiße Tempel glänzt im Sonnenlicht. Das Dach und die großen Türen scheinen aus Gold zu sein.

Die Menschen beginnen zu jubeln. Nach langer Reise kommen sie endlich in Jerusalem an. Dort werden sie das Paschafest feiern und an die Befreiung aus Ägypten denken.

Jetzt sind sie auch nicht frei. Pilatus, der römische Statthalter, ist in Jerusalem. Er muß dafür sorgen, daß die Juden nicht in Aufstand geraten. Neben dem Tempel steht eine Burg mit hohen Türmen, auf denen die Römer die Stadt beaufsichtigen.

Nein, frei ist das Volk Israel nicht. Daher gibt es Juden, die hoffen, daß Jesus sie von den Römern befreien wird. Auch Judas, einer von Jesus' Schülern, erwartet, daß Jesus das jetzt tun wird. Es gibt doch viele Männer, die Jesus folgen und für ihn kämpfen wollen!

Judas zieht seinen Mantel aus und legt ihn auf den Weg vor die Hufe des Esels. Andere Leute tun das jetzt auch. Sie streuen Blumen und grüne Zweige darauf, so daß Jesus wie ein König über eine Art Läufer in die Stadt hineinreiten kann.

Ein paar Leute fangen an zu singen: „Hosanna! Hilf uns! Rette uns! Gesegnet sei der König, der kommt!"

Jedermann singt mit. Es ist ein Psalm, der oft auf dem Weg nach Jerusalem gesungen wird, aber jetzt singen sie das Lied für Jesus. Und Kinder wedeln mit Palmzweigen, die sie unterwegs in Jericho abgeflückt haben. So laufen sie vor ihm her.

Jesus schaut zu den fröhlichen Menschen und auf die Stadt mit dem Tempel. Er ist nicht froh. Petrus, der neben ihm geht, sieht, daß Tränen über seine Wangen laufen. Und er hört Jesus sagen: „Verstehen sie denn nicht, wie sie in Frieden leben können?"

Jesus wird nicht anfangen, gegen die Römer zu kämpfen. Er will ein König des Friedens sein. Darum reitet er nicht auf einem Pferd wie ein normaler König. Er betritt Jerusalem auf einem Esel.

Die Leuten singen weiter, bis sie in der Stadt sind. Dort suchen sie sich ein Dach über dem Kopf oder gehen zum Markt, um Einkäufe zu erledigen. Jesus läßt den Esel zurückbringen und geht zum Tempel.

Ein Haus zum Beten

Auf dem Tempelplatz ist schrecklich viel los. Und ein Lärm! Muhen von Kühen und Blöken von Schafen. Diese Tiere werden von reichen Leuten zum Opfern gekauft. In Käfigen sitzen Tauben, die von armen Leuten geopfert werden. Und hinter kleinen Tischen mit Geld sitzen Männer, bei denen römisches Geld gegen Tempelmünzen gewechselt werden kann. Das Geld, das jeder für den Tempel bezahlen muß, darf kein römisches Geld sein. Denn darauf ist das Bild des Kaisers mit seinem Namen zu sehen. Es darf aber keine Abbildung eines Menschen in den Tempel gebracht werden, und ganz sicher nicht die eines Kaisers, der sich als Gott verehren läßt. Daher kann das römische Geld bei den Geldwechslern gegen Tempelmünzen umgetauscht werden.
Als Jesus als zwölfjähriger Junge mit seinen Eltern dies zum ersten Mal sah, dachte er: Sind wir hier beim Hause Gottes? Es sieht eher wie ein Markt aus. Warum wird dieser Handel hier nicht verboten?
Nun weiß Jesus, warum die Priester es zulassen. Sie bekommen Geld von den Händlern und den Geldwechslern dafür.
Jesus läuft herum und sieht, was geschieht. Die Leute müssen zu viel für ein Opfertier bezahlen. Und die Geldwechsler sind nicht ehrlich. Jesus wird auf einmal schrecklich wütend. Er nimmt ein Stück Seil und macht eine Peitsche daraus. Damit treibt er die Tiere vom Tempelplatz. Die Tischchen der Geldwechsler wirft er um, so daß die Münzen über den Tempelplatz rollen. Und er ruft: „Der Tempel ist ein Haus zum Beten, aber ihr macht eine Räuberhöhle daraus!"
Die Händler sehen Jesus erschrocken zu und laufen hinter ihrem Vieh her. „Wer ist dieser Mann?" sagen sie zueinander. Ein Bibelgelehrter sagt: „Er ist wie der Prophet Jeremia. Der war auch so wütend, weil beim Tempel unehrlich Handel getrieben wurde." Die Geldwechsler kriechen auf dem Boden herum, um ihr Geld zusammenzusuchen, und gehen weg.
Die Leute, die zum Tempel gekommen sind, um zu beten, finden es mutig von Jesus, daß er das gewagt hat. Aber seine Freunde haben Angst, daß die Tempelpolizei ihn gefangen nehmen wird, wie es früher auch Jeremia geschehen ist.
Die Leiter des Tempels sind böse auf Jesus, aber sie geben keinen Auftrag, ihn gefangenzunehmen. Das wagen sie nicht, weil das Volk dann doch in Aufstand geraten kann. Es sind sehr viele Menschen aus Galiläa dabei, die

mit Jesus mitgegangen sind und ihm zuhören wollen. Die Tempelleiter verabreden miteinander einen Plan, um Jesus insgeheim gefangenzunehmen.
Nachdem es ruhig auf dem Tempelplatz geworden ist, läßt Jesus kranke Leute zu sich kommen, und er heilt sie. Dabei ist auch eine Gruppe von Kindern. Als sie Jesus sehen, wedeln sie wieder mit ihren Palmzweigen und singen: „Hosanna! Hosanna!" Sie dürfen auch zu Jesus kommen.
Als es Abend wird, verläßt Jesus die Stadt und geht zu einem kleinen Dorf, das am Ölberg liegt. Dort in Betanien übernachtet er bei Freunden.

Die kleinen Münzen der Frau und die Münze des Kaisers

Am nächsten Morgen kehrt Jesus zurück. Seine Schüler begleiten ihn. Sie setzen sich auf den Vorplatz des Tempels, in die Nähe einer großen Kiste, eine Art Sammelbüchse. Es kommen viele Leute vorbei, die etwas Geld hineinwerfen, meistens eine Kupfermünze.
„Schaut mal", sagt Judas, „der Kaufmann da hat ein Silberstück hineingeworfen!"
Etwas später kommt eine arme alte Frau, die auch etwas hineintun will, aber sie geht schnell beiseite für einen vornehmen reichen Mann. Während er ein Goldstück über die Kiste hält, spricht er laut ein langes Gebet. Dann läßt er das Goldstück klingend durch den Schlitz fallen. Zufrieden dreht er sich um und geht weiter zum Tempel.
„Ein Goldstück!" flüstert Judas. „Der Mann hat viel dafür übrig!"
Die arme Frau wirft zwei kleine Kupfermünzen in die Kiste und läuft dann schnell weg. Es scheint, als schäme sie sich dafür, daß sie so wenig hineinlegt.
Jesus sagt zu seinen Schülern: „Der reiche Mann warf ein Goldstück hinein und diese Frau zwei kleine Kupfermünzen. Wer hat das meiste gegeben?"
„Der reiche Mann natürlich", sagt Judas prompt. Er versteht nicht, warum Jesus eine so einfache Frage stellt.
„Nein", sagt Jesus, „der reiche Mann gab nur einen kleinen Teil seines Reichtums. Er behielt noch viel übrig. Aber die Frau gab alles, was sie hatte. Sie gab das Geld, das sie brauchte, um Brot zu kaufen. Darum hat sie das meiste gegeben."
Dann steht Jesus auf und geht zu einer ruhigen Stelle in dem Säulengang. Dort kommen schnell viele Menschen zu Jesus, um von ihm zu lernen. Dabei sind auch ein paar Bibelgelehrte. Sie sagen: „Rabbi, wir wissen, daß du die Menschen lehrst, was Gott von uns will. Was meinst du: Dürfen wir dem römischen Kaiser Steuern zahlen?" Es ist eine schwierige Frage, mit der sie Jesus eine Falle stellen wollen.
Wenn Jesus sagt, daß sie tatsächlich dem Kaiser Steuern zahlen müssen, dann werden viele Juden enttäuscht sein. Sie erwarten ja gerade, daß er sie von den Römern befreien wird.

Antwortet Jesus, daß sie keine Steuern zahlen müssen, dann erzählen es seine Feinde den Römern. Und die werden ihn dann gefangennehmen. Jesus sieht die Männer an. Er durchschaut ihre Falschheit. Er weiß, daß sie ihn mit dieser Fangfrage hereinlegen wollen.
„Zeigt mir mal eine römische Münze", sagt Jesus.
Einer der Gelehrten gibt Jesus ein Geldstück. Dieser hält die Münze hoch und fragt: „Wessen Kopf ist das auf der Münze?"
„Der des römischen Kaisers", ist die Antwort.
„Nun, dann gebt die Münze nur dem Kaiser zurück", sagt Jesus und sieht die Bibelgelehrten durchdringend an. Die laufen also beim Tempel herum mit Abbildungen des Kaisers in der Tasche. Von dem Kaiser, der sich als Gott verehren läßt. Sie tun selbst unrecht. In den Zehn Geboten steht doch, daß sie keine Götterbilder tragen dürfen!
Jesus sagt: „Gebt dem Kaiser, was dem Kaiser gehört, aber gebt Gott, was Gott gehört." Die Bibelgelehrten verstehen, was Jesus meint. Sie wissen, was Gott von den Menschen verlangt. Sie sagen nichts mehr und gehen beschämt weg.

Das große Geschenk

In der Woche vor dem Paschafest ist Jesus jeden Tag beim Tempel, wo viele Leute zu ihm kommen. Abends geht er mit seinen Schülern nach Betanien, in das Dorf am Ölberg. Dort ißt und schläft er bei Freunden. In Betanien wohnen zwei Schwestern. Die ältere heißt Marta und die jüngere heißt Maria, wie die Mutter von Jesus.
Am ersten Tag, als Jesus in Betanien war, hatte Marta Jesus eingeladen, zu ihnen zum Essen zu kommen.
Als Jesus bei ihnen im Hause war, vergaß Maria alles um sich herum. Nun konnte sie ihm endlich die Fragen stellen, über die sie schon so lange nachgedacht hatte. Über Gott und sein Königreich. Während Marta mit der Zubereitung des Essens beschäftigt war, saß Maria auf dem Fußboden bei Jesus und hörte ihm zu.
Aber auf einmal stand Marta neben ihr. Sie sagte zu Jesus: „Rabbi, macht es dir gar nichts aus, daß meine Schwester mir überhaupt nicht hilft? Sie sitzt hier nur herum, während ich beschäftigt bin. Warum sagst du nicht, daß sie mir helfen soll?"
Maria erschrak. Sie hatte gar nicht mehr an das Essen gedacht. Wie schämte sie sich. Würde Jesus sie bestrafen? Schnell stand sie auf und wollte zur Küche gehen.

Aber Jesus sagte: „Marta, Marta, worüber regst du dich so auf?"
Jesus lief zur Küche und sagte: „Schau, warum hast du so viel vorbereitet, obwohl doch so wenig nötig ist? Eigentlich ist nur eine Sache wirklich wichtig: Das ist Gottes Königreich. Das hat Maria erkannt."
Marta verstand, was Jesus meinte. Und nach dem Essen hörte auch sie Jesus zu.
Nun ist es zwei Tage vor dem Paschafest. Maria ist allein zu Hause. Marta ist im Hause eines Mannes, der Simon heißt, denn heute abend wird Jesus dort mit seinen Schülern essen. Simon hat Marta gebeten, ihm zu helfen.
Maria hat viel über alles nachgedacht, was Jesus erzählt hat. Sie hat im Dorf gehört, was in Jerusalem geschieht. Es gibt viele Leute, die erwarten, daß Jesus der König von Israel werden wird und daß er das Volk von den Römern befreien wird. Aber Maria denkt, daß Jesus das nicht tun wird. Sie hat ihm gut zugehört. Nun befürchtet sie, daß viele Leute enttäuscht sein werden.
Sie hat auch gehört, daß die Leiter des Tempels böse sind, weil Jesus die Händler vom Tempelplatz verjagt hat. Diese Priester sagen: „Jesus hat nicht das Recht, so etwas zu tun. Wir sind hier die Herren!"
Jesus hat viele Freunde, aber er hat auch Feinde, die ihn gefangennehmen wollen. Was wird dann mit Jesus geschehen?
Für Maria ist Jesus der König des Friedens. Das würde sie ihm so gern sagen. Aber wie? Auf einmal weiß sie, was sie tun kann. Sie wird Jesus das Kostbarste geben, was sie besitzt. Das ist ein kleines Fläschchen mit Myrrhe. Das ist kostbares Salböl, das sie immer für einen besonderen Anlaß aufheben wollte.
Etwas später geht Maria durch das Dorf zu Simons Haus. Die Tür steht offen, und Maria sieht Jesus am Tisch sitzen. Die Schüler reden miteinander und merken zuerst nicht, daß Maria hereinkommt.
Still stellt sie sich hinter Jesus und gießt das Salböl über seinen Kopf. Genau wie David zum König gesalbt wurde, so salbt Maria Jesus zum König des Friedens.
Der herrliche Geruch verbreitet sich im Zimmer. Erstaunt schauen die Schüler auf und sehen, was geschieht. Sie wissen, daß so ein Fläschchen Myrrhe sehr viel Geld kostet. Judas sagt: „Was für eine Geldverschwendung! Diese Myrrhe hätte Maria eher für viel Geld verkaufen sollen. Und das hätte sie dann den Armen geben können."
Aber Jesus sagt: „Warum redet ihr so über Maria? Versteht ihr denn nicht, warum sie das getan hat? Es wird immer arme Leute geben, denen ihr etwas

geben könnt. Aber ich werde nicht immer bei euch sein. Maria hat es verstanden. Und überall, wo später über die frohe Botschaft von Gottes Königreich gesprochen wird, da wird auch erzählt werden, was Maria für mich getan hat."

Maria geht nach Hause mit ihrem leeren Fläschchen. Sie ist froh, daß Jesus ihr Geschenk angenommen hat.

Das letzte Mahl mit Jesus

Es ist der erste Tag des Paschafestes. Heute abend wird in Jerusalem in allen Häusern das Paschamahl gefeiert werden. Die Leute, die dafür nach Jerusalem gekommen sind, dürfen ihr Paschamahl bei Verwandten oder Freunden oder bei anderen essen, die einen Raum in ihrem Haus übrighaben.
Jesus ist jeden Abend zum Ölberg gegangen, um dort zu übernachten. In Jerusalem hat er nicht nur Freunde, sondern auch Feinde. Er weiß, daß die ihn gefangennehmen wollen, wenn es dunkel ist und nicht viele Leute bei ihm sind. Deshalb hat Jesus insgeheim mit einem Freund in Jerusalem verabredet, daß er im Hause dieses Freundes das Paschamahl essen wird. Sogar die Schüler wissen noch nicht, wo sie an diesem Abend mit Jesus sein werden.
Aber jetzt fragen Petrus und Johannes: „Wo sollen wir das Paschamahl vorbereiten?"
Jesus antwortet: „Wenn ihr in die Stadt geht, werdet ihr einen Mann sehen, der einen Krug mit Wasser trägt. Geht ihm nach, auch wenn er ein Haus betritt. Den Besitzer dieses Hauses müßt ihr fragen: Wo ist das Zimmer, in dem unser Rabbi mit seinen Schülern das Paschamahl feiern kann? Er wird euch dann einen großen Raum im Obergeschoß des Hauses zeigen. Bereitet da alles für uns vor."
Petrus und Johannes machen sich auf den Weg. Bevor sie in die Stadt gehen, ruhen sie sich bei dem Brunnen aus, wo Frauen Wasser holen kommen. Sie sehen auch einen Mann mit einem Krug aus dem Stadttor kommen. „Das ist er!" flüstert Johannes. Der Mann holt Wasser aus dem Brunnen und geht wieder in die Stadt. Petrus und Johannes folgen ihm und finden so das Haus, das sie aufsuchen sollten. Der Freund von Jesus hat alles vorbereitet, was sie brauchen.
Da steht ein langer Tisch mit Bänken drumherum, auf denen Teppiche und Kissen liegen. Denn beim Paschamahl sitzt man nicht einfach am Tisch. Jeder legt sich dann festlich zu Tisch und stützt sich auf den linken Arm. Auf dem Tisch stehen Öllämpchen, eine Schale für das Brot und ein Krug und ein Becher für den Wein. An der Tür stehen ein großer Krug mit Wasser und ein Waschbecken mit einem Handtuch.
Petrus und Johannes gehen zum Markt, um Einkäufe zu erledigen. Als es Abend wird und Jesus mit den anderen Schülern hereinkommt, ist alles fertig. Die Öllämpchen verbreiten gedämpftes Licht.

An der Tür ziehen sie ihre Sandalen aus. Aber es gibt keinen Diener, der ihnen die Füße wäscht, wie es Sitte ist, bevor man sich an den Tisch setzt. Die Schüler warten darauf, daß Jesus sagen wird, wer von ihnen nun die Arbeit des Dieners übernehmen soll.

Aber Jesus sagt nichts. Er setzt sich. Da suchen auch die Schüler schnell einen Platz so nah wie möglich bei Jesus. Bei so einem Festmahl sollte der wichtigste neben Jesus sitzen, denken sie. Aber wer ist das? Jesus hat nie gesagt, wer der erste unter seinen Schülern ist. Nun streiten sie sich darüber, bis auf dem Tempelberg die Trompeten erschallen. Das ist das Zeichen, daß die ersten drei Sterne am Himmel erschienen sind und daß jeder in Jerusalem nun mit dem Paschamahl anfangen kann.

Aber Jesus steht auf. Er zieht seinen Mantel aus und geht zur Tür. Dort bindet er das Handtuch um und gießt Wasser aus dem Krug in das Becken. Damit wäscht er die Füße seiner Schüler und trocknet sie mit dem Tuch ab. Die Schüler erschrecken. Sie schämen sich. Nun übernimmt Jesus die Arbeit eines Dieners, die sie nicht tun wollten. Als Petrus an die Reihe kommt, sagt er: „Ich will nicht, daß du meine Füße wäschst!"
Jesus sagt: „Du verstehst es jetzt noch nicht, Petrus, aber wenn ich deine Füße nicht wasche, wirst du nicht zu mir gehören."
Als Jesus wieder am Tisch sitzt, gießt er Wein in den Becher und spricht ein Dankgebet. Dann läßt er den Becher mit Wein rundgehen, und seine Schüler trinken der Reihe nach aus demselben Becher. Dadurch fühlen sie, daß sie zueinander und zu Jesus gehören.
Jesus erzählt die alte Geschichte über die Befreiung aus Ägypten, wie es jedes Jahr bei der Paschafeier getan wird. Danach sagt er: „Wir leben jetzt im gelobten Land und trinken Wein aus Trauben, die hier wachsen. Und doch sind wir nicht wirklich frei. Menschen, die mächtig sein wollen, spielen die Herren über unser Volk. Aber auch unter uns will jeder der Erste sein, der Wichtigste.
Im Königreich Gottes ist das anders. Dort ist niemand Herr über einen anderen. Dort gibt es keinen Diener, der den anderen die Füße wäscht. Dort tun Menschen dies aus Liebe füreinander."
Jesus nimmt ein Brot, bricht es in Stücke und teilt diese an seine Freunde aus. „Ich werde nicht mehr lange bei euch sein", sagt er, „aber wenn ihr zusammenkommt, um euer Brot zu teilen, denkt an mich und an meine Worte."
Danach schenkt Jesus Wein in den Becher und sagt: „Ich will mein Leben für meine Freunde geben. Ihr seid meine Freunde, wenn ihr tut, was ich euch gelehrt habe." Dann läßt er den Becher wieder rundgehen, und der Reihe nach trinken seine Schüler daraus.
Es ist dieses Mal kein fröhliches Paschamahl. Jesus ist nicht mehr sicher in Jerusalem. Nachdem sie noch ein Paschalied gesungen haben, geht Jesus mit seinen Freunden zum Ölberg, um dort zu übernachten.

Gefangengenommen in der Nacht

Es ist still in den Straßen von Jerusalem. Überall in den Häusern brennen die Öllämpchen und wird das Paschamahl gefeiert. Die Menschen sind fröhlich und singen Lieder.
Jesus und seine Freunde gehen schweigend durch das Stadttor und steigen auf den Ölberg. Judas ist nicht mehr dabei. Er ist weggegangen. Petrus geht neben Jesus. Er ist unruhig. Was wird geschehen? Wo ist Judas hingegangen? Petrus traut der Sache nicht über den Weg. Läßt Judas Jesus jetzt im Stich, wo es gefährlich wird?
„Warum ist Judas weggegangen?" fragt Petrus.
„Heute nacht werdet ihr mich alle im Stich lassen, Petrus", sagt Jesus traurig.
„O nein!" ruft Petrus aus. „Das werde ich niemals tun. Ich werde immer bei dir bleiben!"
„Noch in dieser Nacht, Petrus, bevor der Hahn kräht, wirst du dreimal sagen, daß du mich nicht kennst. Du wirst mich dreimal verleugnen."
„Und wenn ich mit dir sterben müßte, ich werde dich nie verleugnen!" sagt Petrus. Inzwischen kommen sie zu einem Olivenhain, der Getsemani heißt.
„Wartet hier", sagt Jesus, „ich gehe in diesen Garten zum Beten." Petrus, Jakobus und Johannes gehen mit Jesus und setzen sich unter einen Olivenbaum. Petrus sieht, daß Jesus traurig und voller Angst niederkniet. Jakobus und Johannes schlafen vor Müdigkeit ein. Petrus will wachbleiben und mit Jesus beten. Aber etwas später schläft er selbst ein.
Mitten in der Nacht schreckt er hoch. Jesus steht bei ihnen und sagt: „Es ist soweit. Steht auf!"
Petrus springt auf und sieht, wie sich Fackellicht zwischen den Bäumen

nähert. Voll Panik schaut er zu Jesus, aber der ist jetzt ganz ruhig. Die anderen Schüler sind auch wachgeworden und stellen sich um Jesus herum auf.

Petrus denkt: Wir dürfen Jesus nicht gefangennehmen lassen. Wir müssen ihn verteidigen. Aber die Tempelpolizei kommt mit einer großen Schar von Männern, die Schwerter und Knüppel tragen, auf sie zu. Und ... Judas ist an der Spitze. Er geht auf Jesus zu und sagt: „Tag, Rabbi!" Und er gibt ihm einen Kuß.

„Mein Freund, bist du dazu hierhergekommen?" fragt Jesus. Und zu der bewaffneten Schar sagt er: „Es sieht so aus, als ob ihr einen gefährlichen Verbrecher gefangennehmen müßt. Mit Schwertern und Knüppeln sucht ihr mich hier, obwohl ich doch jeden Tag im Tempel war. Habt ihr da nicht gewagt, mich gefangenzunehmen?"

Die Männer der Tempelpolizei geben keine Antwort. Sie ergreifen Jesus und binden mit einem Strick seine Hände auf den Rücken.

Petrus sieht, daß die anderen Schüler in die Dunkelheit flüchten. Auf einmal fürchtet er um sein Leben und flüchtet auch. Aber etwas später schämt er sich für seine Feigheit und folgt Jesus in einigem Abstand den Ölberg hinunter nach Jerusalem. Er sieht, daß Jesus in das Haus des Hohenpriesters gebracht wird.

Auf dem Innenplatz des Hauses machen die Knechte des Hohenpriesters ein Feuer, denn es ist kalt. Petrus setzt sich auch zum Feuer, um sich zu wärmen. Aber ein Dienstmädchen kommt auf ihn zu und sagt: „Du warst auch bei diesem Mann, der gefangengenommen worden ist!"

Erschrocken sagt Petrus schnell: „Nein, ich verstehe nicht, wie du das sagen kannst!" Er steht auf und geht zum Ausgang, aber da erkennt ihn auch ein anderes Dienstmädchen. Sie zeigt auf Petrus und sagt zu den Männern, die dort stehen: „Das ist ein Freund von Jesus."

„Ich kenne ihn gar nicht!" ruft Petrus aus.

Die Männer sagen: „O doch, du gehörst ganz sicher zu ihm. Du kommst auch aus Galiläa. Das ist deutlich an deiner Aussprache zu hören."

„Und doch kenne ich ihn nicht", sagt Petrus noch einmal und geht schnell hinaus.

Die Nacht ist beinahe vorüber. Am Horizont beginnt es hell zu werden, und Petrus hört in der Ferne einen Hahn krähen. Auf einmal erinnert er sich, was Jesus gesagt hat. Ja, er hat genau wie die anderen Schüler Jesus im Stich gelassen. Und nun hat er ihn auch noch dreimal verleugnet. Petrus versteckt sich hinter ein paar Büschen und bricht in Tränen aus.

Ist nun alles vorbei?

Wo ist Judas geblieben? Er ist hinter der Bande hergegangen, die Jesus zum Hohenpriester gebracht hat. Auf einem dunklen Platz wartet er nun ab, was geschehen wird.
Langsam wird es hell. Es wird Morgen. Da öffnet sich die große Tür des Hauses, und Judas sieht, daß Jesus gefesselt weggeführt wird. Er hört einen Knecht des Hohenpriesters sagen: „Jesus wird zu Pilatus gebracht."
Pilatus ist der römische Statthalter, der dafür sorgen muß, daß die Juden nicht gegen den römischen Kaiser in Aufstand geraten.
Ein anderer Knecht sagt: „Jesus wird beschuldigt, gesagt zu haben: ‚Ich bin der König der Juden.' Deshalb wird Pilatus ihn wohl als Aufständischen töten lassen."
Judas erschrickt. Er weiß, was das bedeutet. Wer an einem Aufstand gegen den römischen Kaiser teilnimmt, wird an einem hölzernen Kreuz aufgehängt, um so zu sterben.
Wird das jetzt mit Jesus geschehen? Aber das wollte Judas nicht!
Warum hat er Jesus dann verraten und gefangennehmen lassen? Hat er das getan, weil er hoffte, daß Jesus dann zeigen würde, wer er ist? Daß er der König ist, den das Volk erwartet? Glaubte Judas, daß Gott Jesus dann doch gegen seine Feinde helfen würde? Und daß er danach die Römer verjagen würde?
Niemand weiß, warum Judas Jesus verraten hat. Aber jetzt bereut er es über alle Maßen. So sehr, daß er nicht mehr weiterleben will. Er tötet sich selbst.
Die anderen Schüler wagen es nicht, sich sehen zu lassen. Sie befürchten, daß sie auch gefangengenommen werden. Aber es gibt viele Gefährten von Jesus, die zu der römischen Burg gehen, wo Jesus von Pilatus verurteilt wird. Und als Jesus von römischen Soldaten zu einem Hügel außerhalb der Stadt gebracht wird, um dort getötet zu werden, läuft eine große Menge hinterher.
Maria aus Magdala ist auch dabei mit zwei anderen Frauen aus Galiläa. Als Jesus nach Jerusalem ging, sind sie mitgegangen. Sie sorgen und ängstigen sich. Wie gern würden sie Jesus helfen. Aber sie werden von den römischen Soldaten verjagt.
Dennoch bleiben sie so dicht wie möglich bei Jesus.
Etwas später sehen sie, wie auf dem Hügel, der Golgota heißt, drei Holzkreuze aufgestellt werden. Gleichzeitig mit zwei Räubern wird Jesus

an ein Kreuz gehängt. Die Frauen erschaudern vor Entsetzen, und als Jesus stirbt, fallen sie weinend zu Boden.

Josef aus Arimathäa, ein Freund von Jesus, hat einen Garten nicht weit von Golgota. Er hat die Genehmigung von Pilatus bekommen, Jesus in seinem Garten zu begraben. Zusammen mit einem anderen Freund holt er den Leichnam von Jesus vorsichtig vom Kreuz herunter. Sie wickeln ihn in ein Laken und tragen ihn zu dem Garten.

Maria aus Magdala und die anderen Frauen gehen mit. In dem Garten ist aus einem Felsen ein neues Grab herausgehackt worden. Dort legt Josef den Leichnam von Jesus hinein. Danach rollen die Männer einen großen runden Stein vor das Grab und gehen nach Hause.

Die Frauen bleiben traurig vor dem Grab sitzen, bis es dunkel wird. Jesus ist tot und begraben. Ist nun alles vorbei?

Ostermorgen

Es ist noch still in Jerusalem, denn es ist früh am Morgen. In einem dunklen Zimmer sitzen die Schüler von Jesus beieinander. Schweigend essen sie ihr Brot. Der Platz, an dem Jesus vor ein paar Tagen noch gesessen hat, ist leer.
Jesus ist gefangengenommen worden. Und seine Schüler, seine Freunde, sind geflohen. Sie haben Jesus im Stich gelassen.
Nun ist Jesus tot. Sein Leichnam liegt in einem Felsengrab in einem Garten außerhalb von Jerusalem.
Die Schüler sind verzweifelt. Was sollen sie ohne Jesus tun? Sie sind auch enttäuscht. Sie hatten gehofft, daß mit Jesus alles in ihrem Leben anders werden würde. Daß mit Jesus Gottes Königreich kommen würde.
Nun ist alles vorbei. Jesus ist tot. Es gibt keine Hoffnung mehr.
Aber auf einmal fliegt die Tür auf. Maria aus Magdala und zwei andere Frauen kommen aufgeregt herein. Die Schüler erschrecken. Was ist denn jetzt wieder passiert?
„Wir sind beim Grab von Jesus gewesen", sagt Maria aus Magdala, „aber er ist nicht mehr da!"
„Was!" ruft Petrus und springt auf. „Wie kann das sein?"
„Es war ein Engel da, der sagte: Ihr sollt Jesus nicht hier suchen. Hier ist er nicht. Sucht ihn bei den Lebenden!"
„Das kann nicht sein", sagt Thomas. „Jesus ist tot!"
„Nein, ich glaube, daß Jesus lebt!" sagt Maria aus Magdala. „Ihr sollt nicht in diesem dunklen Zimmer sitzen bleiben. Der Engel sagte: Sagt zu Petrus und seinen Freunden: Geht nach Galiläa. Dort werdet ihr sehen, daß Jesus lebt!"
„Alles Geschwätz!" sagt Thomas. „Jesus ist tot, und damit ist alles vorbei."
Maria aus Magdala schüttelt den Kopf. „Es ist nicht vorbei, was mit Jesus angefangen hat. Wißt ihr noch, was Jesus über das Senfkorn gesagt hat? Daran mußte ich denken, als ich in dem Garten beim Grab war. Ich stand bei einem Baum, und auf einmal hörte ich Jesus wieder sagen: Ein Senfkorn ist das kleinste von allen Samenkörnern. So ein Samenkorn scheint tot zu sein, aber wenn es in die Erde fällt, kann neues Leben daraus wachsen, ein neues Pflänzchen, und dieses Pflänzchen kann ein Baum werden."
„Ja", sagt Johannes, „so ist es auch mit Gottes Königreich. Jesus hat in

Galiläa angefangen, den Menschen davon zu berichten. Nun müssen wir damit fortfahren."
„Dann ist es nicht aus und vorbei mit dem Tod von Jesus", sagt Petrus.
Sie erinnern sich jetzt wieder, was Jesus sie gelehrt hat, die Geschichten, die er erzählt hat, und was er für kranke und traurige Menschen getan hat. Sie reden miteinander darüber, und da ist es so, als ob Jesus wieder bei ihnen wäre. Sie bekommen wieder neuen Mut, und sie gehen hinein, ins Licht!

Auf dem Weg nach Emmaus

Die Sonne scheint fröhlich, und Blumen blühen am Wegesrand, aber Kleopas und sein Freund sehen es nicht. Mit gesenktem Kopf gehen sie auf dem Weg von Jerusalem in das Dorf Emmaus. In Jerusalem haben sie das Paschamahl gefeiert. Sie haben gewartet, bis der Sabbat vorbei ist, und nun gehen sie wieder nach Hause.
Sie reden miteinander über das, was in Jerusalem geschehen ist. Wie hatten sie sich darüber gefreut, daß Jesus am Paschafest auch in Jerusalem sein würde. Aber nun ist er tot und begraben. Kleopas und sein Freund sind tieftraurig.
Es geht noch ein Mann auf dem Weg. Er ist allein. Die zwei Freunde achten nicht auf ihn, aber der Mann geht neben ihnen und fragt: „Womit seid ihr so sehr beschäftigt? Und warum schaut ihr so düster drein?"
Kleopas fragt erstaunt: „Bist du der einzige Fremde in ganz Jerusalem, daß du nicht weißt, was in den letzten Tagen geschehen ist?"
„Was ist denn geschehen?" fragt der Mann.
Kleopas antwortet: „Jesus von Nazaret ist tot. Er war ein Prophet, ein Botschafter Gottes. Und er bedeutete uns viel durch das, was er gesagt und getan hat. Wir hofften, daß er unser Volk von unseren Feinden befreien würde. Und wir dachten auch, daß er König werden würde. Er wäre ein sehr guter König gewesen. Aber er ist gefangengenommen und gekreuzigt worden. Alles ist vorbei.
Als wir heute morgen aus dem Tor aus Jerusalem herausgingen, haben uns ein paar Frauen auch noch erschreckt. Sie erzählten, daß sie bei dem Grab von Jesus gewesen waren, aber das Grab war leer. Die Frauen sagen auch, daß sie Engel sahen, die sagten, daß Jesus lebt. Aber das können wir nicht glauben."
Der Fremde geht eine Zeitlang mit ihnen. Dann sagt er: „Habt ihr es denn richtig verstanden? Unsere Propheten haben nie gesagt, daß der König, der von Gott kommt, Krieg führen würde, um Israel von Feinden zu befreien. Sie haben gesagt, daß er ein König des Friedens sein würde und daß er auch leiden würde, genau wie sein Volk. Aber wißt ihr noch, was er über Gottes Königreich gesagt hat?"
Kleopas und sein Freund erinnern sich nun wieder daran, was Jesus gesagt hat. Während sie miteinander darüber sprechen, kommen sie in Emmaus an. Der Fremde will weitergehen, aber Kleopas sagt: „Bleibe bei uns, es

wird Abend, die Sonne ist schon untergegangen." Da geht der Mann mit ihnen in das Haus, wo sie übernachten werden.
Als sie am Tisch sitzen, um zusammen zu essen, nimmt der Fremde das Brot. Er spricht ein Dankgebet darüber, bricht für jeden ein Stück ab und gibt es ihnen.
Die zwei Freunde sehen den Fremden an, während sie das Brot von ihm annehmen. Da auf einmal erkennen sie ihn! Es ist so, als ob sie jetzt erst richtig sehen können. Es ist Jesus! Aber bevor sie etwas sagen können, ist Jesus verschwunden.
Kleopas schaut das Stück Brot in seiner Hand an und sagt: „Als er uns das Brot gab, erkannten wir ihn. Aber unterwegs, als er mit uns sprach, war ich schon nicht mehr so traurig."
„Ja", sagt sein Freund, „so war es auch bei mir. Ich fühlte, wie es mir von innen her immer wärmer und leichter wurde."
Sie stehen auf und gehen nach Jerusalem zurück, um den Schülern von Jesus zu berichten, was sie erlebt haben. Es ist schon dunkel auf dem Weg, aber in ihren Herzen ist es hell. Sie wissen jetzt, daß nicht alles vorbei ist. Was mit Jesus begonnen hat, wird weitergehen.

Pfingstfest in Jerusalem

Es ist Nacht. Dennoch brennen Öllämpchen in allen Häusern in Jerusalem. Viele Leute sind in die Stadt gekommen, um sieben Wochen nach dem jüdischen Paschafest das Wochenfest zu feiern. Um Gott für alles zu danken, was auf ihrem Land wächst, haben sie zwei Brote aus dem ersten Korn gebacken. Oder sie haben die ersten reifen Früchte aus ihrem Garten mitgenommen: Trauben, Feigen, Datteln oder Oliven. Und in einem festlichen Umzug werden die Brote und Früchte in den Tempel gebracht. Beim Wochenfest wird auch gefeiert, daß das Volk Israel in der Wüste die Zehn Gebote erhalten hat.

Petrus und die anderen Schüler von Jesus sind in einem Haus in Jerusalem, um miteinander das Wochenfest zu feiern. Sie fürchten noch immer, daß sie genau wie Jesus gefangengenommen und getötet werden könnten. Sie wagen es nicht, mit anderen Leuten über Jesus zu sprechen. Die Türen und Fenster des Hauses haben sie gut verschlossen, so daß niemand sie sehen kann. Wie alle Juden, die das Wochenfest feiern, bleiben sie die ganze Nacht auf. Sie lesen aus der Schriftrolle eines Propheten und sprechen miteinander darüber. Dann erinnern sie sich wieder, wie Jesus die Worte des Propheten ausgelegt hat. Und sie denken an Gottes Königreich, von dem Jesus sprach.
„Weißt du noch, Andreas", sagt Petrus, „daß wir die ganze Nacht gefischt hatten, ohne etwas zu fangen? Als es hell wurde, segelten wir zum Seeufer. Dort stand Jesus. Ich sehe ihn noch stehen.
Er fragte, ob er in unserem Boot sitzen dürfe. So konnten die Leute am Strand gut hören, was er sagte. Danach sagte er: Fahrt nun in tieferes Wasser und werft eure Netze dort zum Fischen aus. Wir konnten nicht glauben, daß wir bei Tageslicht doch etwas fangen würden. Aber wir taten es doch, und als wir unsere Netze wieder einholten, waren sie bis zum Rand gefüllt mit Fischen! Und Jesus sagte: Wenn ihr meine Schüler sein wollt, werdet ihr Menschenfischer werden. Dann werdet ihr Menschen zueinander bringen für Gottes Königreich.
Wir sind mit ihm mitgegangen. Aber jetzt... was tun wir hier eigentlich? Jesus nannte mich Petrus. Du bist ein Fels, auf den ich vertrauen kann, sagte er.
Na ja, ein schöner Fels. Als es darauf ankam, habe ich ihn im Stich gelassen.

Und ich habe ihn sogar verleugnet. Dreimal habe ich gesagt, daß ich ihn nicht kenne." Petrus schweigt und sieht düster vor sich hin.
„Wir haben ihn alle im Stich gelassen", sagt Johannes. „Aber jetzt können wir tun, was er uns gelehrt hat. Was er gesagt und getan hat, das müssen wir jetzt anderen Menschen weitersagen."
„Ja", sagt Petrus, „warum tun wir das noch nicht? Weil wir uns fürchten. Deshalb haben wir alles verschlossen."
Petrus steht auf und öffnet die Fenster und Türen. Da weht plötzlich ein frischer Wind durchs Haus. Die Sonne geht gerade wie ein Feuerball auf, und die Sonnenstrahlen scheinen auf die Gesichter der Männer. Sie holen tief Atem und sehen einander an. Sie fühlen sich auf einmal von ihrer Angst befreit, und es ist, als ob der Wind neues Leben in sie bläst.
„Kommt", sagt Petrus, „wir dürfen hier nicht sitzen bleiben. Laßt uns nach draußen gehen."

Sie gehen zum Tempel, wohin viele Leute kommen, um das Wochenfest zu feiern. Auf dem Tempelplatz rufen sie die Leute zusammen. Und Petrus sagt: „Jesus, unser Rabbi aus Nazaret, war von Gott bestimmt, um die frohe Botschaft von Gottes Königreich zu überbringen. Aber er wurde hier in Jerusalem am Kreuz getötet. Wir dachten damals, daß mit ihm alles vorbei sei. Nun wissen wir, daß Jesus lebt. Was mit ihm begonnen hat, wird weitergehen!"
Viele Leute, die es hören, glauben, was Petrus sagt. Sie fragen: „Was sollen wir tun? Wir wollen gern zu Jesus gehören und leben, wie er das gelehrt hat."

„Kommt mit zum Brunnen", sagt Petrus, „laßt euch taufen zum Zeichen, daß ihr ein neues Leben beginnen wollt."
An diesem Tage kommen immer mehr Leute, die Petrus zuhören wollen. An die dreitausend Leute lassen sich taufen. So entsteht die erste Christengemeinde bei diesem ersten Pfingstfest.
Petrus und seine Freunde werden jetzt Apostel genannt, denn sie sind Botschafter von Jesus geworden. Sie lehren die Leute, jede Woche zusammenzukommen, um zu beten und zusammen Brot zu teilen. Reiche Leute, die Jesus nachfolgen, geben ihren Reichtum den Armen. Sie versuchen so zu leben, wie Jesus es gemeint hat.

Petrus und Johannes beim Tempel

Eines Mittags gehen Petrus und Johannes zum Tempel, um zu beten. Dort sitzt ein Mann am Tor, der nicht laufen kann, weil seine Füße gelähmt sind. Jeden Tag wird dieser Mann zum Tempeltor getragen, damit er dort betteln kann. Als Petrus und Johannes zum Tor kommen, hält er seine Hand auf. Die zwei Apostel bleiben bei ihm stehen, und Petrus sagt: „Sieh mich einmal an!"
Der Mann schaut erwartungsvoll zu ihm auf. Vielleicht bekommt er jetzt ein silbernes Geldstück!
Aber Petrus sagt: „Silber und Gold habe ich nicht, aber was ich habe, das werde ich dir geben. Im Namen von Jesus von Nazaret: Steh auf und beginne zu gehen!"
Petrus nimmt den Mann bei seiner rechten Hand und hilft ihm auf. Im selben Augenblick fühlt der Bettler, daß er Kraft in seine Füße bekommt. Vorsichtig macht er ein paar Schritte. Träumt er? Nein, er kann wirklich laufen! Als Petrus und Johannes durch das Tor gehen, läuft der Mann hinter ihnen her zum Tempelplatz. Er springt und tanzt vor Freude und ruft: „Dank dir, Gott! Wie bin ich froh, daß ich endlich laufen kann!"
Verwundert schauen die Leute auf dem Tempelplatz auf den fröhlichen Mann. Sie sagen zueinander: „Das ist dieser Mann mit den gelähmten Füßen, der immer bettelnd am Tempeltor saß. Was ist mit ihm geschehen, daß er jetzt auf einmal laufen kann?"

Der Mann geht mit Petrus und Johannes zu dem Säulengang. Viele Leute stellen sich neugierig um sie herum. Petrus sagt: „Warum starrt ihr uns so erstaunt an? Denkt ihr, daß wir diesen Mann geheilt haben, so daß er nun laufen kann? Nein, wir können das nicht. Jesus hat das getan! Er wurde hier in Jerusalem getötet, aber wir glauben, daß Jesus lebt und daß er der König des Lebens ist."
Während Petrus so zu den Menschen spricht, stehen auch ein paar Tempelleiter dabei und hören zu. Sie werden böse, als Petrus sagt, daß Jesus ein König ist und daß er lebt. „Jesus ist als ein Verbrecher am Kreuz gestorben", sagen sie. „Wie können seine Schüler es wagen, nun noch beim Tempel über ihn zu sprechen?"
Etwas später kommt die Tempelpolizei herbei. Sie nimmt Petrus, Johannes und den Bettler mit und bringt sie ins Gefängnis. Dort müssen sie die ganze

Nacht bleiben. Am nächsten Morgen werden sie mit dem Bettler vor Gericht gestellt.
„Ist es wahr, daß ihr diesen Mann geheilt habt?" fragt der Hohepriester. „Wie konntet ihr das?"

Petrus antwortet: „Unser Rabbi Jesus hat immer kranken, blinden und lahmen Menschen Gesundheit und Kraft geben wollen. Ihr habt Jesus kreuzigen lassen, aber dennoch lebt er, und durch ihn steht dieser Mann hier gesund vor euch."
Die Richter wissen eigentlich nicht, was sie mit diesen drei Männern anfangen sollen. Sie haben ja nichts getan, wofür sie bestraft werden können!
Der Hohepriester sagt: „Ihr dürft den Leuten nicht mehr von Jesus erzählen."
Aber Petrus und Johannes fragen: „Findet ihr nicht auch, daß wir mehr auf Gott hören müssen als auf Menschen? Wir müssen doch über alles sprechen, was wir von Jesus gesehen und gehört haben."
„Wenn ihr es doch tut, werdet ihr streng bestraft werden!" droht der Hohepriester.
Dann werden sie freigelassen. Der Mann, der geheilt worden ist, ist froh, daß er nach Hause laufen kann. Nun kann er arbeiten gehen und braucht nicht mehr zu betteln.
Ein paar Tage später sind Petrus und Johannes wieder beim Tempel und sprechen freimütig über Jesus. Die Tempelleiter sind wütend! Zum zweiten Mal lassen sie die beiden Apostel vor Gericht stellen.
Der Hohepriester sagt: „Ich habe ausdrücklich verboten, von Jesus zu sprechen."
Ein Tempelleiter ruft: „Diese Männer müssen getötet werden!"
Aber da steht Gamaliel auf. Er ist ein kluger Bibelgelehrter. Jeder achtet ihn sehr. Gamaliel sagt: „Denkt noch einmal gut nach, bevor ihr diese Männer verurteilt. Wenn sie gegen Gottes Willen handeln, wird ihre Bewegung von selbst scheitern. Aber wenn es doch Gottes Wille ist, was sie tun, dann können wir nichts dagegen unternehmen. Dann widersetzen wir uns Gott."
Die Tempelleiter hören auf Gamaliel. Bevor sie Petrus und Johannes freilassen, verbieten sie ihnen wiederum, von Jesus zu sprechen. Und doch stehen die beiden Apostel am nächsten Tag wieder auf dem Tempelplatz und sagen es jedem, der es hören will, daß Jesus der König ist, der erwartet wurde.

Stephanus

Immer mehr Menschen wollen Anhänger von Jesus werden. Es gibt sogar Priester, die den Aposteln zuhören und sich ihnen anschließen. Petrus und seine Freunde bekommen dadurch entsetzlich viel zu tun. Sie müssen den neuen Anhängern berichten, was sie selbst von Jesus gelernt haben. Auch muß für die armen Witwen gesorgt werden. Das wird zu viel für die Apostel. Darum wählen sie sieben weise Männer aus, die ihnen helfen können.
Einer dieser sieben Männer heißt Stephanus. Er ist nicht nur weise, sondern sorgt auch gut für die armen Leute. Und er kann sehr spannend von Jesus erzählen. Das tut er auch in der Synagoge.
Aber ein paar Männer aus der Synagoge gehen zu den Führern des Volkes. Sie sagen: „Stephanus hat böse von Mose und von Gott gesprochen!"
Da wird Stephanus gefangengesetzt und vor Gericht gestellt. Er wird beschuldigt, gesagt zu haben: „Jesus von Nazaret wird den Tempel abreißen, und er wird die Gebote, die Mose gegeben hat, verändern."
Die Männer des Gerichts sehen Stephanus an. Sie wundern sich darüber, daß er da so ruhig mit erhobenem Haupt steht. Stephanus fürchtet sich nicht.
Der Hohepriester fragt ihn: „Ist es wahr, was du gesagt hast über die Gebote des Mose und den Tempel?"
Stephanus sagt: „Nein, das ist nicht wahr. Ihr habt euch selbst nicht an die Gebote des Mose gehalten. Ihr habt Jesus ermorden lassen!"
Als die Männer des Gerichts das hören, werden sie wütend. Sie stürzen sich auf Stephanus und schleifen ihn aus der Stadt. Außerhalb des Tores setzen sie ihn gegen die Mauer. Sie ziehen ihre Mäntel aus und geben einem jungen Mann, der Saulus heißt, den Auftrag, darauf aufzupassen. Dann heben sie Steine vom Boden auf. Und einer nach dem anderen werfen sie einen Stein auf Stephanus.
Während er gesteinigt wird, betet Stephanus. Und als er von ein paar schweren Steinen getroffen wird, fällt er auf die Knie und ruft: „Herr, vergib ihnen, was sie tun!" Dies sind die letzten Worte des Stephanus. Ein großer Stein trifft seinen Kopf, und er stirbt.
Die Männer, die ihn gesteinigt haben, lassen ihn liegen. Sie ziehen ihre Mäntel an und gehen wieder in die Stadt.

Saulus bleibt stehen. Er sieht, wie Freunde von Stephanus seinen Leichnam in ein Laken wickeln und ihn vorsichtig wegtragen, um ihn zu begraben. Saulus ist ein eifriger Schüler des berühmten Bibelgelehrten Gamaliel. Er stimmt nicht mit seinem Lehrmeister überein, der sagte, daß es wohl von selbst mit dieser Jesusbewegung aus sein würde, wenn die gegen Gottes Willen ist. Saulus denkt: Es ist gut, daß dieser Stephanus getötet worden ist. Nun werden die Anhänger von Jesus sicher Angst bekommen und es nicht mehr wagen, von Jesus zu sprechen.
In den nächsten Tagen, als die Feinde von Jesus seine Gemeinde in Jerusalem vernichten wollen, macht Saulus mit. Sie holen Männer und Frauen, die an Jesus glauben, aus ihren Häusern und bringen sie ins Gefängnis. Viele Menschen flüchten aus Jerusalem.

Philippus und der Mann aus Äthiopien

Die Flüchtlinge aus Jerusalem verbreiten sich über das ganze Land. Überall, wohin sie kommen, berichten sie über Jesus und Gottes Königreich. Das tut Philippus auch. Er ist, genau wie Stephanus, einer der sieben Helfer der Apostel.
Eines Tages geht Philippus auf einem einsamen Weg, als er Hufgetrappel hört. Er wird von einer Kutsche eingeholt, die von zwei Pferden gezogen wird. In dieser Kutsche sitzt ein reicher schwarzer Mann. Philippus erkennt ihn. Er hat ihn in den vergangenen Wochen in Jerusalem gesehen. Dieser Mann kommt aus Afrika, wo er im Palast der Königin von Äthiopien wohnt. Er bewacht die Schatzkiste des Königreichs. Philippus sieht, daß der Äthiopier eine Schriftrolle in den Händen hat. Und während er neben der Kutsche hergeht, hört er, daß der Mann laut aus der Schriftrolle des Propheten Jesaja liest. Der Mann hat Philippus nicht gesehen und schreckt auf, als dieser ihn fragt: „Verstehst du, was du da liest?"
„Nein, ich verstehe nicht viel davon. Kannst du es mir erklären? Willst du vielleicht einsteigen und mit mir mitfahren?"
Etwas später, als Philippus neben ihm in der Kutsche sitzt, fragt der Äthiopier: „Wen meint der Prophet mit dem Mann, der wie ein Lamm weggeführt wird, um getötet zu werden?"
Da berichtet Philippus von Jesus: Was er für die Menschen tat und was er über Gottes Königreich sagte. „Jesus wurde getötet", sagt Philippus, „genau wie das Lamm, von dem der Prophet Jesaja spricht. Aber wir werden nie vergessen, was Jesus uns gelehrt hat. Wir geben seine Botschaft über Gottes Königreich an jeden weiter, der ihr zuhören will."
Der Mann aus Äthiopien hört Philippus sicher ein paar Stunden zu, während der Kutscher die Kutsche langsam über den Weg fahren läßt. Der Mann ist tief beeindruckt von allem, was er hört.
„Kann ich auch ein Anhänger von Jesus werden?" fragt er.
„Ja, wenn du so leben willst, wie er es uns gelehrt hat", antwortet Philippus. „Sehr viele Leute haben sich taufen lassen zum Zeichen, daß sie zu Jesus gehören wollen."
Sie fahren an einem See vorbei. „Dort ist Wasser!" sagt der Mann zu Philippus. „Willst du mich auch taufen?" Und er läßt die Kutsche anhalten. Zusammen gehen sie ins Wasser, und nun tauft Philippus den Äthiopier.

Als sie aus dem Wasser kommen, fühlt der Mann sich wie neugeboren. Froh und glücklich reist er zurück nach Äthiopien. Und Philippus geht in andere Orte, um auch dort von Jesus zu erzählen.

Saulus auf dem Weg nach Damaskus

Als Schüler von Rabbi Gamaliel hat Saulus immer sein Allerbestes getan. Nun ist Saulus selbst ein Bibelgelehrter. Er weiß, was in den Schriftrollen steht, und er kennt alle Gesetze und Regeln auswendig. Als von den Anhängern von Jesus gesagt wird, daß sie keine Achtung vor den jüdischen Gesetzen hätten, glaubt Saulus das. Und er arbeitet daran mit, daß diese Leute ins Gefängnis geworfen werden. Viele Anhänger von Jesus flüchten in Orte im Ausland, wo schon Juden wohnen. Wenn sie am Sabbat zur Synagoge gehen, berichten die Flüchtlinge auch dort von Jesus. Sie sagen, daß Jesus der Messias ist, der König, den das jüdische Volk schon so lange erwartet hat. Messias bedeutet: der gesalbte König.
Im Griechischen, der Sprache, die im Römischen Reich gesprochen wird, wird Jesus der Christus genannt. Darum werden seine Anhänger von ihren Feinden als Christen beschimpft. Aber die Anhänger von Jesus Christus wollen sogar so nach ihm benannt werden, und sie sagen später selbst, daß sie Christen sein wollen.
Saulus ist wütend, als er hört, daß es in Damaskus immer mehr Juden gibt, die an Jesus glauben. Diese Christen will er auch gefangennehmen. Vom Hohenpriester bekommt er einen Brief für die Leiter der Synagoge in Damaskus mit. In diesem Brief steht, daß Saulus den Auftrag hat, jüdische Christen gefangenzunehmen und nach Jerusalem zu bringen. Mit ein paar Dienern macht er sich auf den Weg. Als sie Jerusalem verlassen, kommen sie an der Stelle vorbei, wo Stephanus gesteinigt worden ist. Saulus sieht es auf einmal wieder vor sich, wie Stephanus dort zu Gott gebetet und um Vergebung für die Menschen gebetet hat, die ihm soviel Schmerz zufügten. Saulus versteht es nicht. Warum glauben weiterhin so viele Leute an Jesus? Die Entfernung von Jerusalem nach Damaskus beträgt 250 Kilometer. Sie kommen durch die Gegend, wo Saul, der erste König von Israel, geboren worden ist. Saulus hat denselben Namen wie dieser König. König Saul verfolgte David, als dieser in die Wüste geflüchtet war. Nun sucht Saulus auch Flüchtlinge, um sie gefangenzunehmen. Daran muß er auf einmal denken. Mit König Saul nahm es ein schlechtes Ende. David wurde der König, den das Volk so sehr liebte.
Bevor sie in Damaskus ankommen, verläuft der Weg durch eine Wüste. Es ist sehr heiß. Saulus und seine Männer sind müde und durstig, als sie endlich die Mauern von Damaskus sehen. Nun sind sie fast da.

Aber was ist das? Auf einmal sieht Saulus ein grelles Licht, das aus dem Himmel kommt. Er fällt zu Boden und hört eine Stimme: „Saul, Saul, warum verfolgst du mich?"
„Wer bist du?" fragt Saulus.
„Ich bin Jesus, den du verfolgst! Steh auf und geh in die Stadt. Dort wirst du hören, was du tun mußt."
Verwundert schauen die Männer, die bei ihm sind, auf Saulus, der auf der

Erde liegt. Sie hören ihn reden, aber verstehen nicht, mit wem er redet. Sie sehen nicht das grelle Licht. Sie denken, daß Saulus plötzlich krank geworden ist und hohes Fieber hat.
Nun sieht Saulus das Licht auch nicht mehr. Es ist auf einmal sehr dunkel um ihn herum. Er öffnet seine Augen, aber er sieht nichts! Die Männer helfen ihm beim Aufstehen. Schwankend tastet Saulus um sich herum. Er ist blind geworden. Zwei Männer nehmen ihn bei der Hand und führen ihn so nach Damaskus. Dort bringen sie ihn in eine Herberge und mieten ein kleines Zimmer für ihn. Krank und einsam liegt Saulus dort drei Tage und drei Nächte. Er ißt nicht und trinkt nicht, und er bleibt blind.
Am dritten Tag hört Saulus jemanden hereinkommen, und er fühlt eine Hand auf seinem Kopf. Er hört, daß jemand sagt: „Saul, Bruder, im Traum rief mich Jesus. Er schickt mich zu dir. Du wirst wieder sehen!"
Saulus öffnet die Augen und … er ist nicht mehr blind! Er setzt sich auf und sieht den Mann an, der vor ihm steht.
„Ich bin Hananias", sagt der Mann, „ich bin einer der Menschen, die du hier gefangennehmen wolltest. Wir hatten große Angst vor dir, denn wir wissen, was du mit den Christen in Jerusalem gemacht hast. Aber in meinem Traum habe ich gehört, daß du auch ein Schüler von Jesus wirst. Du wirst von ihm in vielen Städten berichten."
Erstaunt sieht Saulus Hananias an. Er steht auf, ißt und trinkt und fühlt seine Kräfte zunehmen.

Saulus flüchtet aus Damaskus

Saulus geht mit Hananias nach Hause. Er hört den Geschichten zu, die Hananias von Jesus erzählt. Dann will auch er zu Jesus gehören, und er läßt sich taufen. Danach nimmt Hananias ihn mit, als die Christen in Damaskus sich treffen.
Am Sabbat geht Saulus zur Synagoge. Als die Leiter hören, daß Saulus ein Bibelgelehrter aus Jerusalem ist, bitten sie ihn, aus einer Schriftrolle vorzulesen und zu erklären.
Saulus liest aus der Schriftrolle des Propheten Jesaja vor. Dann spricht er von Jesus. Er sagt: „Jesus ist der König, von dem der Prophet gesprochen hat."
Die Juden in der Synagoge sind verwirrt. Als der Gottesdienst vorbei ist, sagen sie zueinander: „Ist das nicht der Mann, der in Jerusalem die Anhänger von Jesus ins Gefängnis warf? Und ist er nicht gekommen, um auch hier die Christen gefangenzunehmen und nach Jerusalem zu bringen? Nun sagt er selbst, daß dieser Jesus der Christus ist. Dieser Saulus ist ein Verräter!"
Ein paar Tage später sagen ein paar Freunde zu Saulus: „Es gibt Männer, die dich ermorden wollen. Es ist besser, daß du aus Damaskus weggehst. Aber deine Feinde stehen Tag und Nacht Wache bei den Stadttoren, um dich zu ergreifen, wenn du flüchten willst. Wir haben uns einen Plan ausgedacht, um dich sicher aus der Stadt ziehen zu lassen."
Nun muß Saulus selbst flüchten.
Mitten in der Nacht bringen seine Freunde ihn in ein Haus, das oben auf die Stadtmauer gebaut ist. Dort steht ein großer Korb bereit. Saulus setzt sich hinein. Dann lassen die Freunde den Korb an einem langen Seil vorsichtig aus einem Fenster außen an der Mauer nach unten. Mit einem heftigen Aufprall landet der Korb auf der Erde. Saulus springt heraus und winkt seinen Freunden zu, die den Korb schnell wieder nach oben ziehen. Dann verschwindet Saulus in der Dunkelheit.
Er macht sich auf den Weg nach Jerusalem. Dort will er Petrus und die anderen Apostel aufsuchen. Von ihnen will er noch mehr von Jesus hören. Sie haben ja das meiste von Jesus lernen können, weil sie immer bei ihm waren.
Aber in Jerusalem will ihm niemand sagen, wo er die Apostel finden kann. Die Christen in Jerusalem fürchten sich vor Saulus. Sie glauben ihm nicht,

als er sagt, daß er sich hat taufen lassen und daß er nun auch ein Anhänger von Jesus ist.
Saulus versteht wohl, warum sie ihm nicht vertrauen. Er bereut auch sehr heftig, daß er so viele Christen ins Gefängnis gebracht hat. Darum will er jetzt den Aposteln helfen und auch die Botschaft von Jesus weitergeben.
Eines Tages trifft Saulus einen Christen, der Barnabas heißt. Barnabas hört Saulus genau zu und gewinnt Vertrauen zu ihm. Er wagt es, Saulus doch zu Petrus und den anderen Aposteln zu bringen.
Wie ist Saulus froh, daß er endlich mit diesen Schülern von Jesus sprechen kann. Er berichtet, was mit ihm in Damaskus geschehen ist und sagt: „Jesus hat mich gerufen, um seine frohe Botschaft auch Menschen in anderen Ländern weiterzugeben. Nennt mich nicht mehr Saul, denn ich werde keine Menschen mehr verfolgen. Nennt mich Paulus, den Kleinen, denn ich bin der kleinste der Apostel und ich bin es eigentlich nicht wert, Apostel genannt zu werden."

Die erste Reise des Paulus

Mit Barnabas fährt Paulus nach Antiochia, einer Hafenstadt am Mittelmeer. Auch in diese Stadt sind jüdische Christen aus Jerusalem geflohen. Es ist eine Christengemeinde entstanden, der sich auch nichtjüdische Menschen angeschlossen haben. Sie müssen auch lernen, was in den jüdischen Büchern steht: über Abraham, Mose, König David und die Propheten. Jesus war ein Jude, und die Apostel und die anderen jüdischen Schüler bleiben auch dem jüdischen Gottesdienst treu. Wenn die Christen sich versammeln, lesen sie immer aus den Büchern von Mose und den Propheten.
Paulus ist ein Bibellehrer, und er gibt den nichtjüdischen Christen Unterricht. Die Gemeinde wächst, aber Paulus hat den Auftrag bekommen, auch in andere Orte die Botschaft von Jesus zu bringen.
Eines Tages gehen Paulus und Barnabas zum Hafen, wo gerade ein Schiff liegt, das fertig zur Abreise ist. Viele Freunde winken ihnen nach, als Paulus und Barnabas auf dem Schiff aus dem Hafen fahren und sich auf den Weg zur Insel Zypern machen. Dort gehen sie am Sabbat in die Synagoge und erzählen von Jesus. An den nächsten Tagen ziehen sie über die Insel und fahren dann auf einem Schiff zur Küste von Kleinasien. Auch dort ziehen sie herum und sprechen am Sabbat in den Synagogen zu den Juden. Aber an anderen Tagen bringen sie die Botschaft von Jesus auch nichtjüdischen Menschen, die ihnen zuhören wollen.
Durch das rauhe Gebirge hindurch ziehen sie weiter ins Land in andere Städte und Dörfer. Tagsüber ist es sehr heiß und nachts oft kalt. Aber Paulus und Barnabas machen weiter.
So kommen sie zu einem Städtchen, das Lystra heißt. Dort gibt es einen Tempel für den griechischen Gott Zeus. Die Leute erzählen einander viele Geschichten über all die Götter, an die sie glauben. Es gibt auch eine Geschichte, in der erzählt wird, daß der Gott Zeus und der Gott Hermes wie zwei einfache Reisende auf der Erde gewesen sind. Und daß die Menschen, die die Götter gastfreundlich empfangen haben, sehr reich belohnt worden sind.
In Lystra spricht Paulus zu den Leuten auf dem Marktplatz. Dort sitzt auch ein Mann, der nicht laufen kann, weil seine beiden Füße gelähmt sind. Paulus sieht, wie gut der Mann ihm zuhört. Er geht auf ihn zu und sagt: „Steh auf, stell dich auf deine Füße!"

Der Mann vertraut Paulus. Er versucht aufzustehen und ... ja, er kann es! Er steht auf seinen Füßen und läuft hin und her. Wie ist er froh!
Die Leute, die das gesehen haben, sprechen aufgeregt miteinander darüber. Aber Paulus und Barnabas können sie nicht verstehen, denn sie sprechen die Sprache der Gegend, in der sie wohnen.
Die Leute gehen weg. Paulus und Barnabas denken, daß sie nach Hause gehen, um Mittag zu essen. Selbst gehen sie auch etwas essen.
Aber auf einmal sehen sie einen Umzug herankommen. Vorweg geht ein Priester aus dem Zeustempel mit zwei Stieren, die Kränze aus Blumen um ihren Hals tragen. Die Leute laufen jubelnd hinterher. Sie rufen: „Für Zeus und für Hermes! Die Götter sind in Menschengestalt aus dem Himmel zu uns gekommen!"
Der Priester bleibt mit den Stieren vor Paulus und Barnabas stehen und verbeugt sich tief vor ihnen. Barnabas mit seinem gekräuselten Vollbart nennt er Zeus. Und Paulus, der gesprochen hat, nennt er Hermes.
Nun verstehen die Apostel, was die Leute vorhaben. Sie wollen die Stiere schlachten und für sie opfern, weil sie denken, daß die zwei Apostel Zeus und Hermes sind.

Paulus und Barnabas erschrecken. Sie wollen nicht als Götter verehrt werden. Sie rufen: „Wir sind keine Götter! Wir sind einfache Menschen. Hört doch auf mit dem Opfern für Abgötter. Es gibt einen einzigen Gott, der Himmel und Erde gemacht hat!"
Die Leute sind enttäuscht und werden nun böse auf die Apostel. „Es sind Betrüger", schreien sie. Und sie werfen Steine nach Paulus, der verletzt zu Boden stürzt. Die Leute denken, daß er tot ist und schleifen ihn aus der Stadt. Dann gehen sie mit den Stieren zum Tempel, um sie dort ihrem Gott Zeus zu opfern.
Besorgt eilt Barnabas mit ein paar Schülern zu Paulus. Glücklicherweise ist Paulus nicht tot. Er öffnet seine Augen. Seine Freunde helfen ihm beim Aufstehen und versorgen seine Wunden.
Am folgenden Tag begeben sich Paulus und Barnabas an einen anderen Ort. Wieder sind da viele Leute, die ihnen zuhören. Danach gehen die beiden Apostel wieder in eine Hafenstadt und reisen per Schiff zurück nach Antiochia.

Paulus und Silas in Philippi

Die zweite Reise, die Paulus macht, wird noch viel länger als seine erste Reise. Nun wird Paulus von Silas begleitet, einem anderen Christen aus Antiochia. Sie ziehen erst durch Kleinasien, wo sie die Leute besuchen, die Christen geworden sind, als Paulus zum ersten Mal dort hinkam. Dann fahren sie weiter zur Westküste Kleinasiens und reisen weiter mit einem Schiff nach Griechenland.

Dort kommen sie nach Philippi, wo viele Römer wohnen. Das ist eine schöne Stadt mit vielen Tempeln für griechische Götter. Es gibt keine Synagoge, denn es wohnen dort nicht viele Juden.

Am Sabbat gehen Paulus und Silas aus dem Stadttor und gehen am Fluß entlang. „Die Juden werden hier sicher eine Stelle haben, an der sie sich zum Beten versammeln", sagt Paulus.

Sie hören Frauen einen Psalm singen und wissen nun, daß etwas weiter oben am Fluß eine kleine Schar jüdischer Frauen ist. Die Apostel gehen auf sie zu und rufen: „Schalom!" Nun merken die Frauen sofort, daß sie jüdische Männer sind. Und als Paulus und Silas erzählen, woher sie kommen, wollen sie ihnen gern zuhören.

Vor allem die Griechin Lydia hört sehr aufmerksam zu, als Paulus von Jesus erzählt. Lydia ist Purpurverkäuferin. Sie hat ein Geschäft, in dem sie rotviolette Stoffe verkauft, die mit dem besonderen Purpurfarbstoff gefärbt sind. Als die Frauen nach Hause gehen, lädt sie die beiden Apostel ein, mit ihr mitzugehen. Sie hat ein großes Haus, wo sie Gäste empfangen kann, und sie will noch viel mehr von Jesus hören. Sie ist die erste, die sich in Philippi taufen läßt.

Eines Tages, als Paulus und Silas wieder zum Gebetsplatz am Fluß gehen wollen, läuft eine Frau hinter ihnen her. Sie ruft: „Diese Männer sind Diener des allerhöchsten Gottes!"

Die Frau ist eine Sklavin. Sie verhält sich manchmal sehr sonderbar und stößt dann unverständliche Laute aus. Die Männer, die ihre Herren sind, sagen: „Sie ist eine Wahrsagerin." Und die Leute, die das glauben, lassen sich von der Frau die Zukunft vorhersagen. Sie bezahlen dafür den Besitzern der Sklavin Geld.

Jeden Tag wieder, wenn die Sklavin Paulus und Silas sieht, läuft sie hinter ihnen her und ruft: „Diese Männer sind Diener des allerhöchsten Gottes!"

Das beginnt Paulus zu ärgern. Auf einmal dreht er sich um. Er sieht die Frau an und spricht zu ihr. Da wird die Frau ruhig und läuft den Aposteln nicht mehr nach.

Aber jetzt, da die Sklavin eine normale ruhige Frau geworden ist, können ihre Besitzer kein Geld mehr mit ihr verdienen. Sie sind wütend auf Paulus und Silas. Sie ergreifen die Apostel und schleppen sie zur Stadtverwaltung auf dem Markt.

„Diese Männer bringen unsere Stadt in Aufruhr und Unordnung", sagen sie. „Es sind Juden! Sie lehren die Leute Dinge, die für uns Römer verboten sind."

Eine große Menge Menschen strömt auf dem Markt zusammen und nimmt eine bedrohliche Haltung ein.

Der Bürgermeister läßt Paulus und Silas die Kleider vom Leib reißen und mit einer Peitsche auf den bloßen Rücken schlagen. Danach läßt er sie ins Gefängnis bringen. Der Gefängnisaufseher schließt sie mit den Füßen fest

in einen Block. Danach verschließt er die Tür der dunklen Zelle sehr sorgfältig, denn wenn die Gefangenen entkommen, wird er selbst getötet. Es wird Nacht, aber Paulus und Silas können nicht schlafen. Die Wunden und Striemen auf ihren Rücken tun weh, und sie hören die anderen Gefangenen fluchen und jammern.

„Jesus wurde ausgepeitscht, bevor er gekreuzigt wurde", sagt Silas. „Petrus und Johannes wurden auch geschlagen, als sie beim Tempel gefangengenommen wurden", sagt Paulus. „Und doch sprachen sie später wieder von Jesus auf dem Tempelplatz. Laßt uns beten und Gott bitten, uns Mut und Kraft zu geben, damit wir die Schmerzen ertragen und uns nicht fürchten."

Dann singen sie einen Psalm. Die anderen Gefangenen werden still und hören erstaunt zu. Auch der Gefängnisaufseher hört das Singen. So etwas hat er noch nie erlebt: Daß Gefangene, die gefoltert worden sind, noch singen können, versteht er nicht.

Auf einmal beginnt die Erde zu beben. Die Mauern des Gefängnisses wanken hin und her, und die Türen springen auf. Das Erdbeben dauert nur einen Augenblick, aber auch die Blöcke, in denen die Füße von Paulus und Silas festsaßen, sind aufgegangen. Die Apostel stehen auf und laufen zum Gefängnistor.

Der Bewacher kommt angerannt und erschrickt sehr, als er die offenen Türen sieht. Er denkt, daß die Gefangenen geflohen sind. Dann wird er die Todesstrafe bekommen. Er nimmt sein Schwert, um Selbstmord zu verüben. Aber Paulus ruft: „Tu dir nicht selbst ein Leid an, wir sind noch alle da!" Der Bewacher entzündet eine Lampe und sieht, daß die Gefangenen nicht entwischt sind. Er nimmt Paulus und Silas mit nach draußen und bringt sie in sein eigenes Haus. Dort säubert er ihre Wunden und streicht Salbe darauf. Er fragt: „Wie konntet ihr singen, obwohl ihr doch solche Schmerzen hattet?"

Da erzählt Paulus von Jesus. Auch die Frau und die Kinder des Bewachers hören ihm zu. Und sie lassen sich taufen.

Am nächsten Morgen kommt ein Diener des Bürgermeisters zum Gefängnis und gibt bekannt, daß Paulus und Silas freigelassen werden können. Es war nicht richtig, sie einfach so auspeitschen und ins Gefängnis werfen zu lassen. Das weiß der Bürgermeister wohl. Aber er fürchtete sich, und er befahl es, um das Volk zur Ruhe zu bringen.

Ein paar Tage später verlassen Paulus und Silas Philippi, wo es nun eine kleine Gruppe von Christen gibt. Sie gehen wieder auf die Reise in andere Städte Griechenlands.

Paulus in Athen

Nachdem sie in anderen griechischen Städten gewesen sind, in denen nun auch Christengemeinden entstehen, fährt Paulus allein nach Athen. Diese Stadt ist berühmt für ihre bedeutenden Dichter, Schriftsteller und Philosophen, die weisen Männer, die hier gewohnt haben. Auch ist Athen bekannt für die vielen Tempel. Für alle ihre Götter haben die Griechen Tempel gebaut und prachtvolle Statuen aufgestellt.
Paulus geht durch die Stadt und schaut erstaunt auf all die Tempel, Götzenbilder und Altäre. Er sieht auch einen Altar, auf dem geschrieben steht: Dem unbekannten Gott. Haben die Griechen Angst, daß sie einen Gott vergessen könnten? Daß der dann zornig wird und ihnen etwas Böses tun wird? Und bringen sie nun zu aller Sicherheit einem unbekannten Gott Opfer?
Paulus geht zum großen Marktplatz mitten in der Stadt. Dort treffen sich jeden Tag Männer, die nicht zu arbeiten brauchen. Dafür haben sie allerlei Diener. Es sind gelehrte Männer dabei. Sie sprechen über allerlei Probleme. Und sie hören gern jemandem zu, der etwas Neues zu erzählen hat.
Paulus stellt sich zu ihnen und kommt mit ihnen ins Gespräch. Aber als Paulus von Jesus erzählt, sagen manche: „Was behauptet der Angeber da!" Andere sagen: „Er erzählt etwas, was wir noch nie gehört haben. Er spricht über einen fremden Gott." Die Männer werden neugierig. Sie nehmen Paulus mit zu einem Gebäude auf einem Hügel, wo das Gericht ist. Sie sagen: „Du erzählst uns Dinge, die merkwürdig in unseren Ohren klingen. Ist es eine neue Lehre?"
Während ein Kreis von Männern um ihn herumsteht, spricht Paulus zu ihnen:
„Männer von Athen, ich habe gesehen, daß ihr große Achtung habt vor Göttern. Als ich in der Stadt herumlief und die Tempel und Götterbilder betrachtete, entdeckte ich sogar einen Altar mit der Aufschrift: Dem unbekannten Gott. Nun will ich euch berichten von dem Gott, den ihr nicht kennt, den Gott des Himmels und der Erde. Er wohnt nicht in Tempeln, die von Menschenhand gemacht sind. Er hat uns das Leben gegeben. Wir dürfen von ihm kein Bildnis aus Stein, Silber oder Gold machen. Er hat durch Jesus bekannt gemacht, wie er ist. Jesus ist gestorben. Und dennoch glaube ich, daß er lebt …"
Als Paulus das sagt, beginnen ein paar Athener zu lachen: „Was für ein

Unsinn. Jemand, der gestorben ist und doch lebt … das gibt's doch nicht!"
Andere sagen: „Später hören wir sicher noch ein Märchen von dir." Und sie gehen weg.
Es gibt nur ein paar Leute in Athen, die die Botschaft von Paulus hören wollen. Paulus reist weiter in die Hafenstadt Korinth, wo Silas zu ihm kommt. Dort entsteht schließlich eine Christengemeinde. Die Apostel bleiben dort lange Zeit und fahren dann mit einem Schiff wieder zurück nach Antiochia.

Die Göttin Artemis von Ephesus

Auf seiner dritten Reise zieht Paulus durch Kleinasien nach Ephesus, die große Hafenstadt an der Westküste. Es ist immer viel los in der Stadt. Viele Matrosen von den Schiffen, die im Hafen liegen, laufen da herum. Auch kommen viele Kaufleute aus anderen Ländern dorthin, um Handel zu treiben.

Aber die meisten Leute kommen nach Ephesus wegen des großen Tempels der Artemis. Artemis ist die Göttin der Natur. Die Menschen glauben, daß sie Fruchtbarkeit gibt: Daß sie das Korn auf dem Felde wachsen läßt und die Früchte an den Bäumen und Sträuchern, und daß sie Kinder und Tiere zur Welt kommen läßt. Bauern aus dem ganzen Land kommen mit Geschenken für Artemis zum Tempel und erwarten dann, daß die Göttin für das Gedeihen von Korn und Vieh sorgen wird. Auch reiche Leute und Könige kommen, um vor Artemis zu beten. Sie geben Silber und goldene Geschenke. Die Schatzkammern sind voll davon.

Im Tempel steht ein großes schwarzes Standbild von Artemis. Die Leute aus Ephesus sagen, daß das Bild vom Himmel gefallen ist.

Am großen Tempel der Artemis ist 200 Jahre lang gebaut worden. Das Dach wird von 127 Säulen getragen. Um den Tempel herum gibt es große Tempelplätze mit anderen Gebäuden. Überall wimmelt es von Menschen. Es gibt nicht nur Priester und Priesterinnen, sondern auch Wahrsager und Zauberer.

Kranke Menschen kaufen von den Zauberern einen Trank oder einen Zauberspruch. Die Zauberer behaupten, daß solch ein Zauberspruch eine geheime Kraft besitzt, die Kranke heilt. Aber niemand weiß, was die merkwürdigen Worte bedeuten. Es ist Abrakadabra.

Auch werden dort Bildchen der Göttin und kleine silberne Artemistempel verkauft. Viele Leute nehmen so ein Artemistempelchen mit nach Hause und glauben, daß es sie gegen Krankheit und Unglück beschützt.

Paulus bleibt ein Jahr in Ephesus. Morgens früh und abends spät arbeitet er als Zeltmacher, um sein Brot zu verdienen.

Von elf bis vier Uhr kann er einen Unterrichtsraum in einer Schule mieten, weil es dann zu warm für den Unterricht ist. Aber trotz der Hitze kommt immer eine große Schar von Menschen, um Paulus zuzuhören. Er bekommt immer mehr Schüler, die Christen werden wollen.

Es sind viele Leute dabei, die erst an die Zauberer glaubten und von ihnen Zauberbücher gekauft haben. Sie haben viel Geld dafür bezahlt. Aber jetzt wollen sie jedermann zeigen, daß sie nicht mehr daran glauben und daß es wertlose Bücher sind. Auf dem Marktplatz mitten in der Stadt werfen sie die Bücher auf einen Stapel und stecken sie in Brand.

Die Leute, die Paulus zuhören, gehen nicht mehr zum Tempel der Artemis. Sie glauben nicht mehr an die Göttin. Dadurch werden da auch weniger Artemistempelchen verkauft. Demetrius, der Silberschmied, der die silbernen Tempelchen anfertigt, merkt schnell, daß er nun weniger verdient. Er ruft alle seine Diener zusammen und sagt: „Männer, ihr wißt, daß wir immer gut am Verkauf der Artemistempelchen verdient haben. Aber jetzt sagt dieser Paulus zu den Leuten, daß Götter, die von Menschenhand gemacht sind, keine echten Götter sind. Dadurch glauben immer weniger Menschen an unsere Göttin Artemis, und wir verkaufen nicht mehr soviele Artemistempelchen. Wenn das so weitergeht, werden wir arm. Dieser Paulus muß ins Gefängnis geworfen werden. Er beleidigt unsere Göttin Artemis!"

„Paulus muß bestraft werden!" rufen die Männer wütend. Sie gehen auf die Straße und rufen ununterbrochen: „Groß ist die Artemis von Ephesus!" Sie gehen zu dem Haus, in dem Paulus wohnt. Als sie ihn nicht zu Hause antreffen, nehmen sie zwei Freunde von Paulus mit. Sie schreien weiter: „Groß ist die Artemis von Ephesus!" Die ganze Stadt kommt in Aufruhr. Mit einer großen Menge hinter sich schleppen Demetrius und seine Männer die beiden Freunde von Paulus zum großen Freilichttheater. Dort gibt es ein großes Durcheinander. Der eine schreit dies, der andere das. Die meisten wissen nicht einmal mehr, was los ist. Ein paar Männer schreien wieder: „Groß ist die Artemis von Ephesus!" Und jeder schreit mit, wohl an die zwei Stunden lang.

Als sie schließlich heiser vom Schreien sind und es etwas ruhiger wird, kommt ein Mann von der Stadtregierung auf das Podium. Er spricht zu der Menge: „Männer von Ephesus, überall in der Welt weiß man, daß unsere Stadt gut für den Tempel und das Standbild der Artemis sorgt, das vom Himmel herabgefallen ist. Warum habt ihr diese zwei Männer hierher gebracht? Sie haben nichts aus dem Tempel geraubt. Und sie haben unsere Göttin Artemis nicht beleidigt. Wenn die Silberschmiede etwas gegen sie haben, dann müssen sie das dem Richter erzählen. Es ist gefährlich, die Stadt in Aufruhr zu bringen. Wenn das der Kaiser in Rom hört, schickt er Soldaten, um uns zu bestrafen."

Die beiden Freunde von Paulus werden freigelassen, und alle Leute gehen nach Hause. Die Christengemeinde in Ephesus wächst weiter. Paulus macht sich wieder auf die Reise in andere Städte.

Paulus wird in Jerusalem gefangengenommen –

Auf seiner dritten Reise durch Kleinasien und Griechenland ist Paulus viele Jahre unterwegs gewesen. Dann fährt er mit einem Schiff nach Cäsarea, in die Hafenstadt, die nicht weit von Jerusalem liegt. Dort wohnt Paulus bei Philippus, der den Mann aus Äthiopien getauft hat.
Philippus und andere Freunde, die in Cäsarea wohnen, warnen Paulus: „Geh nicht nach Jerusalem. Du hast da Feinde, die dich ermorden wollen."
Aber Paulus hat keine Angst. „Ich habe auf meinen Reisen schon so viele Gefahren überstanden", sagt er, „und doch muß ich weitermachen und den Auftrag, den ich in Damaskus bekommen habe, erfüllen. Von Jerusalem aus will ich nach Rom gehen, um auch dort über Gottes Königreich zu sprechen."
Besorgt schauen seine Freunde ihm nach, als er abreist. Werden sie ihn jemals wiedersehen?
In Jerusalem geht Paulus zu Jakobus und den anderen Leitern der Christengemeinde. Er gibt ihnen Geld, das von den Christen in Philippi und anderen griechischen Städten für arme Leute in Jerusalem gesammelt worden ist. Und er erzählt ihnen von all diesen neuen Gemeinden, die dort entstanden sind. „Sehr viele Heiden, Menschen, die keine Juden sind, haben sich uns auch angeschlossen", sagt Paulus.
„Ja, das haben wir gehört", sagt Jakobus, „aber die Christen, die vorher Heiden waren, halten sich nicht an alle jüdischen Bräuche. Und nun wird behauptet, daß die jüdischen Christen dort sich auch nicht mehr an die jüdischen Gesetze zu halten brauchen."
„Das ist nicht so", sagt Paulus, „ich halte mich selbst wohl an die jüdischen Vorschriften und verlange das auch von anderen jüdischen Christen."
Es ist viel los in Jerusalem. Viele Juden, die im Ausland wohnen, sind gekommen, um das jüdische Wochenfest zu feiern. Es sind auch Feinde von Paulus dabei. Ein paar Männer aus Ephesus sehen Paulus in der Stadt mit einem Freund aus Ephesus herumlaufen, der kein Jude ist. Als sie Paulus später im Tempel sehen, wiegeln sie die Menge auf und rufen: „Dieser Mann lehrt die Menschen Dinge, die gegen unser Volk und gegen die jüdischen Gesetze sind. Nun hat er auch noch einen Heiden in den Tempel gebracht."
Es ist nicht wahr, daß Paulus einen nichtjüdischen Mann zum Tempel mitgenommen hat. Aber viele Leute schreien mit, auch wenn sie gar nicht

genau wissen, was los ist. Es kommt zu einem Auflauf, und Paulus wird aus dem Tempel geschleppt.

Neben dem Tempel steht die römische Burg. Auf den Wachttürmen stehen immer Soldaten, die den Tempelplatz beaufsichtigen. Sie sehen den Aufruhr, und bald darauf kommen Soldaten, die die Menge auseinander jagen.

Sie befreien Paulus aus den Händen der Männer, die ihn schlagen, und der Kommandant fragt, was er verbrochen hat. Aber die Leute schreien so durcheinander, daß der Kommandant daraus nicht schlau werden kann. Er läßt Paulus fesseln und nimmt ihn mit in die Kaserne.

Als sie die Treppe hinaufgehen, fragt Paulus: „Darf ich etwas zu den Leuten sagen?"

„Sprichst du griechisch?" fragt der Kommandant erstaunt. „Bist du denn nicht der Ägypter, der vor kurzem das Volk in Aufruhr brachte und mit viertausend Terroristen in die Wüste geflohen ist?"

„Nein, ich bin ein Jude, ein Bürger aus der Stadt Tarsus, wo ich geboren bin."

Der Kommandant weiß jetzt, daß Paulus als ein römischer Bürger behandelt werden muß und daß sie ihn nicht so einfach verurteilen können. Er läßt die Fesseln lösen.

Paulus stellt sich auf den obersten Treppenabsatz und hebt die Hand. Es wird still, und Paulus spricht auf Hebräisch zu dem Volk. Als die Leute hören, daß er in ihrer eigenen Sprache spricht, werden sie noch stiller. Paulus erzählt, was bei Damaskus passiert ist, wo er Christen gefangennehmen wollte. Daß er blind gewesen ist und daß er den Auftrag bekommen hat, auch zu den Heiden über das Königreich Gottes zu sprechen.

Als sie das Wort Heiden hören, werden die Menschen wieder wütend. Sie schreien: „Schlagt ihn tot!"

Um die Menge wieder zur Ruhe zu bringen, bringen die Soldaten Paulus schnell in die Kaserne. Abends, als es dunkel geworden ist, kommt ein Junge, der fragt, ob er Paulus kurz sprechen kann. Es ist der Sohn von der Schwester des Paulus, die in Jerusalem wohnt.

Der Junge berichtet seinem Onkel: „Ich habe unbemerkt die Gespräche deiner Feinde belauscht. Eine Gruppe von vierzig Männern hat vor, dich zu ermorden, wenn du vor Gericht gestellt wirst."

„Sag das nur schnell dem Kommandanten!" sagt Paulus.

Als der Kommandant es hört, sagt er zu dem Jungen: „Es ist gut, daß du mir

das sagst, aber laß es niemanden wissen, daß du hier gewesen bist."
Mitten in der Nacht verläßt eine Schar römischer Soldaten auf Pferden
Jerusalem. Zwischen ihnen reitet Paulus auch auf einem Pferd. Er wurde
zum römischen Statthalter in Cäsarea gebracht. Dieser soll nun
entscheiden, was mit Paulus geschehen soll.

Schiffbruch auf dem Weg nach Rom

Der Statthalter sieht bald ein, daß Paulus nichts gemacht hat, wofür er bestraft werden muß. Dennoch läßt er ihn nicht frei. Der Statthalter befürchtet, daß die Feinde des Paulus das Volk dann wieder aufwiegeln werden und daß sich in Jerusalem ein Aufruhr erheben wird. Paulus will nicht vor das Gericht in Jerusalem gestellt werden, weil er dort nicht sicher ist. Er sagt: „Ich bin unschuldig, aber wenn ich vor einen Richter gestellt werden muß, dann muß ich zum Gericht in Rom geschickt werden. Ich habe das römische Bürgerrecht."

Paulus hatte schon lange vor, nach Rom, in die Hauptstadt des römischen Reiches, zu gehen. Nun wird er auf ein Frachtschiff als ein Gefangener dorthin gebracht, zusammen mit anderen Gefangenen. Sie werden von dem römischen Offizier Julius und seinen Soldaten bewacht. Lukas, der schon früher mit Paulus auf Reisen gegangen ist, fährt auch mit auf dem Schiff. Philippus und die anderen Freunde von Paulus nehmen im Hafen von Cäsarea Abschied von ihm.

An einem schönen Septembermorgen werden die braunen Segel gehißt, und über das Mittelmeer segelt das Schiff nach Italien. Aber es gibt viel Gegenwind. Dadurch sind sie schon einen Monat unterwegs, als sie bei der Insel Kreta ankommen. Sie haben da noch nicht einmal die Hälfte der Reise hinter sich. Im Herbst ist es gefährlich, über das Meer zu segeln. Auch jetzt kommt ein Sturm auf, und mit Mühe können sie einen Hafen auf Kreta erreichen.

Paulus hat schon einmal einen Schiffbruch mitgemacht. Er sagt zu Julius: „Ich sehe voraus, daß dies eine schwierige Reise werden wird. Der Sturm wird nicht nur dem Schiff und der Ladung Schaden zufügen. Auch unser Leben ist in Gefahr."

Der römische Offizier hat unterwegs schon gemerkt, daß Paulus ein kluger Mann und sicher kein Verbrecher ist. Paulus braucht denn auch keine Fesseln mehr zu tragen. Aber da es nun um eine Seereise geht, hat Julius mehr Vertrauen zum Kapitän und zum Steuermann. Die sagen: „Dieser Hafen ist nicht geeignet, um dort den ganzen Winter zu bleiben."

Als der Sturm sich legt und ein leichter Südwind aufkommt, werden die Segel wieder gehißt, um zu einem anderen Hafen zu fahren.

Aber unterwegs kommt plötzlich ein gewaltiger Nordoststurm auf, der das

Schiff mit sich fortreißt. Die Matrosen holen schnell die Segel ein. Dann treibt das Schiff tagelang steuerlos auf dem Meer herum.
Am Stand der Sonne, des Mondes und der Sterne muß der Steuermann sehen, in welche Richtung das Schiff fährt. Aber es treiben andauernd dunkle graue Wolken am Himmel, wodurch Sonne, Mond und Sterne nicht zu sehen sind. Niemand weiß, wohin das Schiff treibt. Die hohen Wellen schlagen gegen das Schiff. Jeden Augenblick kann es zerbrechen. Die Matrosen auf Deck müssen sich immer gut festhalten, um nicht durch eine Welle über Bord gespült zu werden.
Jeder wird todmüde. Es gibt keine Hoffnung mehr, daß sie noch gerettet werden. Aber Paulus sagt: „Habt Mut, Männer! Das Schiff wird zwar verloren gehen, aber wir werden alle am Leben bleiben."
Mitten in der Nacht merken die Matrosen, daß sie in die Nähe von Land

kommen. Sie hören das Geräusch der Brandung an der Küste. Aus Furcht, daß das Schiff durch die Wellen auf einen Felsen geschleudert wird, werfen sie die Anker aus. Und voll Spannung warten sie, bis es hell wird.

Auf einmal sieht Paulus, daß die Matrosen versuchen, mit dem Rettungsboot auszureißen. Sie wollen damit zum Land rudern, um sich selbst zu retten. Schnell geht Paulus zu Julius. Er warnt ihn und sagt: „Wenn die Matrosen nicht an Bord bleiben, können wir nicht gerettet werden." Sofort läßt Julius ein paar Soldaten mit ihren Schwertern die Seile des Rettungsbootes durchschneiden. Das Rettungsboot fällt mit einem Knall ins Meer und treibt fort.

Gegen Morgen sagt Paulus zu den Männern: „Schon vierzehn Tage lang seid ihr in solch einer Anspannung, daß ihr fast nichts gegessen habt. Eßt jetzt etwas. Euer Leben hängt davon ab. Um uns selbst zu retten, müssen wir Kraft haben."

Paulus stellt sich mit einem Brot vor sie. Er dankt Gott, bricht das Brot in Stücke und ißt davon. Die Männer werden mutiger, als sie sehen, wie ruhig und voll Zuversicht Paulus ist. Und jeder ißt jetzt auch. Um das Schiff leichter zu machen, werfen die Matrosen die Ladung ins Meer.

Langsam geht die Nacht vorüber. In der Morgendämmerung sehen sie, daß sie nahe an einer Bucht mit einem Strand sind. Sie kennen den Namen des Landes nicht. Die Matrosen holen die Anker ein und hissen das Vorsegel. So versuchen sie das Schiff auf den Strand treiben zu lassen. Aber plötzlich fühlen sie einen harten Ruck. Das Schiff sitzt auf einer Sandbank fest, und die Brandung schlägt gegen den zerbrechenden hinteren Teil des Schiffes, der immer weiter abbricht. Nun kann jeder nur noch sich selbst retten, indem er an den Strand schwimmt.

Die Soldaten befürchten, daß die Gefangenen flüchten werden, wenn sie an Land kommen. Weil sie selbst mit dem Tode bestraft werden, wenn ihre Gefangenen entwischen, wollen sie sie töten. Aber Julius bewundert inzwischen Paulus sehr. Er will sein Leben retten. Darum gibt er den Auftrag, allen Gefangenen die Fesseln zu lösen. Alle dürfen versuchen, an Land zu kommen.

Die Männer, die gut schwimmen können, springen zuerst über Bord. Die anderen nehmen eine Planke oder ein Stück Wrackholz und lassen sich damit auf den Wellen an den Strand treiben. So kommen sie alle sicher an Land.

Auf der Insel Malta und in Rom

Patschnaß und vor Kälte zitternd stehen sie am Strand. Nun ist kein Unterschied mehr zu sehen zwischen dem Kapitän oder dem Offizier Julius und den Matrosen, Soldaten oder Gefangenen.
Aus einem Fischerdorf in der Umgebung kommen Leute herbei, die den Schiffbruch gesehen haben. Julius fragt: „Wo sind wir hier?"
„Ihr seid auf der Insel Malta!" ist die Antwort.
Julius schöpft erleichtert Atem, und die Soldaten sagen zueinander: „Hier können die Gefangenen nicht so schnell flüchten."
Die Leute aus dem Dorf entzünden ein großes Feuer, so daß die Schiffbrüchigen trocken und warm werden können. Paulus sucht Zweige, um sie ins Feuer zu werfen, aber auf einmal kommt aus ihnen eine Schlange hervor, die sich in seiner Hand festbeißt.

Die Inselbewohner, die von den Soldaten gehört haben, daß Gefangene dabei sind, sagen: „Dieser Mann ist sicher ein Mörder. Er ist gerade aus dem Meer gerettet worden, und nun bestrafen die Götter ihn doch noch."
Paulus schüttelt das giftige Tier von sich ab ins Feuer. Die Leute erwarten, daß seine Hand anschwellen wird und daß er tot niedersinken wird. Als nichts geschieht, ändern sie ihre Meinung über Paulus. „Das ist kein Mensch", sagen sie, „das ist ein Gott!"
Paulus erschrickt, als er hört, was sie behaupten. „Nein, ich bin kein Gott!" sagt er. „Ich bin ein normaler Mensch, allerdings bin ich ein Botschafter des einzigen Gottes, den es gibt."
Drei Monate müssen sie auf der Insel abwarten, bevor sie mit einem anderen Frachtschiff nach Italien und somit nach Rom weiterreisen können. In dieser Zeit hilft Paulus zusammen mit seinem Freund Lukas, der Arzt ist, vielen kranken Leuten auf der Insel. Und natürlich berichtet er auch auf Malta von Jesus.
Im Frühjahr segeln sie nach Italien. In der Hafenstadt, in der das Schiff ankommt, wird Paulus von den Christen, die dort wohnen, herzlich begrüßt. Auch in Rom gibt es schon eine kleine Gemeinschaft von Christen. Julius läßt Paulus nicht ins Gefängnis bringen wie die anderen Gefangenen. Paulus darf in einem Zimmer wohnen, in dem er von einem römischen Soldaten bewacht wird. Er wird in Rom erst vor Gericht gestellt, wenn eine Anklage gegen ihn aus Jerusalem kommt. Zwei Jahre lebt Paulus so als ein Gefangener in Rom. Er darf aber Besuch empfangen. Jeden Tag kommen Leute zu ihm, die ihm zuhören oder mit ihm über Jesus und Gottes Königreich sprechen wollen.
So kommt eines Tages auch ein Junge zu Paulus, der ihm aufmerksam zuhört. Er heißt Onesimus und kommt immer wieder. Er will gern etwas für Paulus tun. Er macht Besorgungen für ihn und bringt Briefe von Paulus zu anderen Christen in Rom.
Paulus beginnt Onesimus zu lieben wie seinen eigenen Sohn. Dennoch merkt Paulus, daß der Junge oft unruhig ist und daß er erschrickt, wenn plötzlich jemand hereinkommt.
Eines Tages fragt Paulus: „Onesimus, hast du Angst vor jemandem? Fühlst du dich nicht sicher?"
Onesimus senkt seinen Kopf und flüstert: „Ich bin ein Sklave, aber ich bin meinem Herrn weggelaufen."
Nun versteht Paulus, warum Onesimus oft Angst hat. Ein entlaufener Sklave wird mit dem Tode bestraft, wenn er ergriffen wird.
„Wer ist dein Herr?" fragt Paulus.

„Dein Freund Philemon, der auch Christ geworden ist", antwortet Onesimus. „Bei ihm hörte ich oft, daß von Jesus gesprochen wurde, der die Menschen befreien will. Ich dachte: Warum läßt ein Christ dann seinen Sklaven nicht frei? Philemon sprach mit seinen Freunden auch über dich und sagte, daß du nun in Rom wohnst. Ich wollte selbst zu dir gehen, um mehr von Jesus zu hören."

„Warum hast du Philemon nicht gebeten, dich frei zu lassen?"

„Das wagte ich nicht."

„Ich werde einen Brief an Philemon schreiben. Darin werde ich ihn wissen lassen, daß du für mich wie ein Sohn geworden bist. Und ich werde ihn bitten, daß er dich nicht mehr als Sklaven, sondern als Freund wieder in sein Haus aufnehmen soll. Willst du mit diesem Brief zu Philemon zurückgehen?"

Onesimus holt tief Luft: „Ja, das werde ich tun. Dann werde ich mich erst wirklich frei fühlen."

Ein paar Tage später macht sich Onesimus mit dem Brief auf den Weg.

Paulus schreibt auch lange Briefe an die Gemeinden in Ephesus, Philippi und andere Orte in Kleinasien und Griechenland.
Sein Freund Lukas schreibt alles auf eine Schriftrolle, was er von Jesus gehört und gelesen hat. Auch die Geschichten über die Geburt von Jesus und Johannes dem Täufer. Das Buch wird später „Evangelium nach Lukas" genannt.
Als Lukas damit fertig ist, schreibt er auf eine zweite Schriftrolle, was Petrus, Johannes und die anderen Apostel nach dem Tod von Jesus gemacht haben. Auch berichtet er darin über die Reisen von Paulus. Dieses Buch wird später „Apostelgeschichte" genannt.
Die Briefe von Paulus und die beiden Bücher von Lukas kann man im Neuen Testament der Bibel finden.
Wir wissen nicht genau, wann Paulus gestorben ist.
In einem seiner Briefe schreibt er:
„Fünfmal habe ich Stockschläge bekommen, dreimal bin ich gefoltert worden, einmal bin ich gesteinigt worden, dreimal habe ich Schiffbruch erlitten. Oft wurde ich auf Reisen von Räubern bedroht, von Menschen meines eigenen Volkes, von Heiden, von falschen Christen …"
Aber in einem anderen Brief schreibt Paulus: „Ich bin sicher, daß nichts, auch nicht der Tod, uns von der Liebe Gottes trennen kann."

Was Johannes sah

Der Kaiser des Römischen Reiches ist mächtig. Sein Wille muß befolgt werden, und seine großen Heere sorgen dafür, daß alles geschieht, wie der Kaiser das will. Menschen, die das nicht tun, werden ins Gefängnis geworfen oder getötet. Die Menschen haben Angst vor dem Kaiser. Der Kaiser weiß das. Er lacht darüber und merkt, daß er immer mächtiger wird. Er tut, als ob er ein Gott ist, und will, daß die Menschen vor ihm knien. Der Kaiser läßt Bilder von sich selbst anfertigen. Die werden in den Städten in den Tempeln aufgestellt und auf den Marktplätzen. Vor diesen Bildern müssen die Menschen Opfer bringen und beten.
Viele Menschen knien vor dem Bild des Kaisers in ihrem Wohnort, weil sie sich vor den römischen Soldaten fürchten. Auch weil sie dann auf einem Papier den Stempel des Kaisers bekommen, als Beweis, daß sie sich am Markthandel beteiligen dürfen. Wer den Stempel nicht hat, darf nichts auf dem Markt verkaufen.
Dennoch gibt es Menschen, die nicht vor diesem Bild beten wollen, wie Johannes, der sagt: „Der Kaiser ist kein Gott. Es gibt nur einen Gott. Man kann ihn nicht sehen mit den Augen, und man kann mit den Händen kein Bild von ihm machen. Man kann aber sehen, was Gott zum Leben erweckt hat: Blumen, Pflanzen, Tiere und Menschen. Und in unseren Büchern kann man sogar lesen, wie Gott ist. Der Kaiser ist überhaupt nicht wie er. Gott will nicht, daß wir Bildern oder Menschen Opfer bringen. Er will, daß wir unser Essen teilen mit Menschen, die Hunger leiden."
So spricht Johannes auf dem Marktplatz zu den Leuten, die vor dem Bild des Kaisers knien. Er zeigt auf das Bild und ruft aus: „Der Kaiser ist grausam. Er kümmert sich nicht um die Tränen all der Menschen in seinem Reich, die ungerecht behandelt werden. Die meisten Menschen müssen als Sklaven arbeiten. Wer dagegen etwas zu sagen wagt oder einen Aufstand macht, wird ins Gefängnis geworfen oder getötet. Jesus hat uns gelehrt, daß Gott die Menschen aus Sklaverei und Gefangenschaft befreien will."
Viele Leute hören Johannes zu. Seine Brüder und Schwestern gehen zu ihm und sagen: „Es ist wahr, was du sagst, Johannes, aber Jesus ist selbst auch gefangengenommen und getötet worden. Sei doch vorsichtig. Laß die Soldaten des Kaisers es nicht hören, denn dann werden sie dich auch gefangennehmen. Laßt uns doch so tun, als ob wir glauben, daß der Kaiser ein Gott ist, und laßt uns vor seinem Bild knien."

„Nein, das ist nicht richtig!" ruft Johannes. „Dann ist man doch dem einzigen Gott untreu. In den Zehn Geboten steht, daß man niemals vor einem Bild den Kopf senken darf!"
Die Soldaten hören, was Johannes sagt. Sie schleppen ihn zum Bild des Kaisers und zwingen ihn auf die Knie. „Sprich ein Gebet für den Kaiser, so daß jeder es hören kann!" schreit der Kommandant.
Es wird totenstill auf dem Platz. Jeder wartet gespannt ab, was Johannes tun wird. Johannes senkt den Kopf. Wird er doch vor dem Bild beten? Die Leute halten den Atem an. Sie hören Johannes ruhig und deutlich beten:
„Unser Vater im Himmel,
Geheiligt werde Dein Name,
Dein Reich komme,
Dein Wille geschehe..."
„Das Gebet, das Jesus uns gelehrt hat!" flüstert seine Schwester Tyatira. „Er betet zu unserem Gott!" Sie ist stolz auf ihren Bruder, der nicht tut, was der Kaiser will. Dennoch hofft sie, daß die Soldaten es nicht durchschauen und denken, daß Johannes vor dem Bild betet.
Aber der Kommandant versteht es doch. Er schlägt so fest auf Johannes Mund, daß seine Lippe anfängt zu bluten.
„Nein, nicht schlagen!" ruft Tyatira. Und als die Soldaten Johannes gewaltsam wegschleppen, will sie hinterherrennen, um ihm zu helfen. Ihre Brüder halten sie davon ab. Sie sagen: „Wir sollten besser fliehen, sonst werden wir auch gefangengenommen."
Johannes wird auf die Insel Patmos gebracht. Dort sitzt er jahrelang im Gefängnis. Von der Insel und dem Meer sieht er wenig. In seiner Zelle kann er nur ein kleines Stückchen Himmel sehen. Nur abends scheint die untergehende Sonne einen Augenblick hinein. Johannes weiß: Wenn er in der Öffentlichkeit, so daß jeder es sehen und hören kann, vor dem Bild des Kaisers beten würde, dann wäre er wieder frei. Aber Beten vor dem Bild des Kaisers bedeutet: der Macht und der Gewalt nachgeben, dem Unrecht nachgeben, durch das Millionen von Menschen in Armut oder als Sklaven leben müssen.
Während Johannes darüber eines Abends nachdenkt, scheint die Sonne wieder einen Augenblick durch das kleine Fenster seiner Zelle. Er schließt die Augen und hebt sein Gesicht zum Licht empor.

Träumt er, oder ist es Wirklichkeit, was er sieht? Er sieht einen neuen Himmel und eine neue Erde ohne Krieg und Gewalt. Wie eine Mutter die Tränen ihres Kindes trocknet, das gefallen ist, so trocknet Gott selbst die Tränen der Menschen, die Kummer haben.
Überall spielen fröhliche Kinder.
Es gibt keinen Schmerz mehr und keinen Tod.
Es ist Frieden für immer.
Am nächsten Morgen schreibt Johannes an seine Brüder und Schwestern: „Frieden wünsche ich euch, den Frieden Gottes! Wir leiden jetzt noch unter der Gewalt der Herrschenden, aber wenn wir Gott und seinen Worten treu bleiben, dann sind wir miteinander auf dem Weg zu Gottes Königreich."

Nachwort

Zur Auswahl der Geschichten

Für eine Kinderbibel muß eine Auswahl aus den biblischen Geschichten getroffen werden. Dies ist nicht nur nötig, weil ein illustriertes Buch mit allen biblischen Geschichten zu schwer und zu teuer würde. Eine bewußte Auswahl ist vor allem wichtig, weil die Kinder noch nicht alle Geschichten verstehen.
Es gibt Geschichten, die die Kinder verwirren und deshalb vorläufig besser beiseite gelassen werden sollten. Zum Beispiel die Geschichte, in der Abraham den Auftrag erhält, seinen Sohn Isaak zu opfern (Gen 22). Es gibt Kinder, die sich bei dieser Geschichte ängstlich fragen, ob Gott dies auch ihren Eltern auftragen wird und ob diese es dann auch tun würden.
Nicht nur für Kinder, sondern auch für Erwachsene sind manche Geschichten zu Stolpersteinen geworden statt zu Wegweisern in ihrem Leben. Dazu gehört auch die Geschichte, in der Jesus über das Wasser läuft (Mk. 6,45–52). Dergleichen Geschichten sollten besser erzählt werden, wenn Kinder etwas mehr von der biblischen Sprache und Symbolik verstehen.
Da Kinder sehr konkret denken, sind sie geneigt, die biblischen Geschichten als einen Bericht historischer Ereignisse zu verstehen. Die Vorstellungen, die sie sich von Gott und von Jesus machen, werden dadurch bestimmt. Wenn alle biblischen Geschichten buchstäblich nacherzählt werden, können sie das Bild eines strafenden Gottes oder ein Bild von Jesus als eines „Zauberers, der alles kann", gewinnen. Bei der Auswahl der Geschichten für diese Kinderbibel haben pädagogische Einsichten und Erfahrungen mit Kindern den Ausschlag gegeben.
Aus dem Neuen Testament wurden vor allem Geschichten aus dem Lukas-Evangelium gewählt, weil darin die meisten Geschichten stehen, die Kinder ansprechen, wie die Geburtsgeschichten, die Gleichnisse über das verlorene Schaf und den barmherzigen Samariter. Die Geschichte der Weisen aus dem Morgenland kommt jedoch nur im Matthäus-Evangelium vor.
Die Geschichte „Fünf Brote und zwei Fische" über die wunderbare Speisung wird in unserer Kinderbibel in Anlehnung an Johannes 6,1–15 erzählt, weil darin ein Kind eine wichtige Rolle spielt. In der darauf folgenden Geschichte „Das Haus auf dem Felsen" wird Johannes 6,66–70 erzählt und Johannes 1,43, wo Simon von Jesus den Namen Petrus (Fels) erhält. Danach folgt das Gleichnis über das Haus auf dem Felsen (Lk 6,46–49).
So wird also manchmal eine Geschichte aus einem der vier Evangelien durch Elemente aus einem anderen Evangelium ergänzt.
Die Geschichte „Das große Geschenk" wird nach Lukas 10,38–42 und Matthäus 26,6–16 erzählt. Nach Johannes 12,1–3 geht es in beiden Geschichten um Maria, die Schwester von Marta und Lazarus.

Weil Kinder sich besser mit anderen Kindern als mit Erwachsenen identifizieren
können, wird eine Reihe von Geschichten aus der Perspektive von Kindern erzählt,
auch wenn diese Kinder in der Bibel nicht vorkommen.

Die Geschichten in dieser Kinderbibel sind für Kinder von sieben bis zwölf Jahren
geschrieben. Aber zwischen sieben- und zwölfjährigen Kindern bestehen hinsichtlich
des Interesses und des Auffassungsvermögens große Unterschiede. Siebenjährige
Kinder brauchen Geschichten, die gut ausgehen. Sie hören gern die Geschichten
über die Erzväter. Hier wird von Familien berichtet, und es kommt zur Versöhnung
sowohl zwischen Jakob und Esau als auch zwischen Josef und seinen Brüdern. Die
Geschichten über Könige, Propheten und die Gefangenschaft sind schwieriger für
dieses Alter.

Von den neutestamentlichen Geschichten ist der zweite Teil auch weniger geeignet
für kleinere Kinder als der erste Teil. Wir dürfen ihnen außerdem noch nicht zu viele
Geschichten hintereinander vorlesen. Es ist besser, sie wählen zu lassen, welche
Geschichte sie noch einmal hören wollen. Kinder, die schon gut lesen können,
wählen sicher selbst die Geschichten aus, die sie schön finden.

Die Geschichten von Jeremia, über die Babylonische Gefangenschaft und die
Geschichten über die Reisen des Paulus werden vor allem die Zehn- bis
Zwölfjährigen ansprechen.

Die Fragen von Kindern

Es ist wichtig, daß wir immer darauf achten, wie Kinder zuhören und daß wir uns
viel Zeit nehmen, um auf ihre Fragen und Bemerkungen einzugehen. Wir können
nicht immer eine Antwort geben, aber das ist auch nicht nötig. Wir müssen
gegenüber Kindern dabei ehrlich sein und zugeben, wenn wir es nicht wissen oder
noch darüber nachdenken müssen. Das Wichtigste ist, daß wir die Fragen der Kinder
ernst nehmen und darüber mit ihnen im Gespräch bleiben.

Kinder im Alter von zehn Jahren oder älter werden kritischer und beginnen, Fragen
nach bestimmten Bibelgeschichten zu stellen. Sie wollen wissen, ob es alles wirklich
passiert ist. Oft denken sie, daß Glauben bedeutet: alle Bibelgeschichten
buchstäblich als wirklich geschehen zu akzeptieren.

In dieser Kinderbibel gehen wir davon aus, daß Glauben vor allem eine Art zu leben
ist, das vertrauensvolle Gehen des Weges, von dem in der Bibel berichtet wird.

Geschichten als Wegweiser

Das Gehen eines Weges ist ein uraltes Bild für das Leben des Menschen. Vor allem
im jüdischen Gottesdienst wird dieses Bild oft gebraucht, und dadurch sind die
Worte „Weg" und „gehen" zu Schlüsselworten in der Bibel (Ps 25 und 139)
geworden. Wer von Gottes Weg abweicht, wählt den Tod (Dtn 30,15–20). Der

Mensch wird aufgerufen, das Leben zu wählen und den Weg zu suchen, der zu Gottes Königreich und seiner Gerechtigkeit führt (Mt 6,33). Jesus ist diesen Weg zu Gott bis zum Ende gegangen. Darum wird er selbst der Weg genannt (Joh 14,6), und seine Anhänger werden bezeichnet als Menschen des Weges (Apg 9,2).
Wie die Gebote sind die Geschichten in der Bibel Anweisungen für den Lebensweg des Menschen. Die Geschichten können also auch Wegweiser genannt werden.

Midrasch

Die Intention der biblischen Geschichten, die in einer bestimmten Zeit und Situation entstanden sind, ist in einer späteren Zeit nicht immer deutlich. Daher haben die Juden die Texte immer wieder neu ausgelegt.
Bei dieser Auslegung, der Midrasch, sind neue Geschichten entstanden, wie die zwei Midraschgeschichten von Abraham, die in dieser Kinderbibel nacherzählt werden. Diese Geschichten geben eine Antwort auf die Frage, warum Abraham und später das jüdische Volk, das in Babylon in der Verbannung lebte, aus dem babylonischen Land wegziehen mußten.
Immer aufs neue wird in der Tora (den fünf Büchern Mose: Genesis, Exodus, Levitikus, Numeri, Deuteronomium) und in den anderen Schriften der jüdischen Bibel vor Götzendienst gewarnt. Die Midraschgeschichten von Abraham aus der mündlichen Tradition gehören mit zu den Kernpunkten der Tora.
Abraham steht stellvertretend für das Volk Israel, das an den einen Gott glaubt. Aber das Volk gerät andauernd in die Versuchung, Götter der umwohnenden Völker anzubeten.
Sehr wichtig ist daher der Aufruf: „Höre, Israel: Der Herr ist unser Gott; der Herr ist einzig! Du sollst den Herrn, deinen Gott, liebhaben von ganzem Herzen und aus ganzer Seele und mit deiner ganzen Kraft ... Du sollst keinen anderen Göttern hinterherlaufen, von den Göttern der Völker rund um dich herum ..." (Dtn 6,4–5).

Die Babylonische Gefangenschaft

Die Bibel ist erwachsen aus einer Sammlung von Geschichten, Lebensregeln, Liedern, Gebeten, Sprüchen, Briefen und Visionen. Wir wissen nicht, wer die verschiedenen Geschichten des Alten Testaments zuerst erzählt hat: Priester, Lehrer, Propheten oder andere Menschen aus dem Volk Israel. Viele Geschichten wurden jahrhundertelang weitererzählt und erst später aufgeschrieben.
Die Zerstörung Jerusalems und die Babylonische Gefangenschaft im sechsten Jahrhundert vor Christus haben eine wichtige Rolle bei der Entstehung der hebräischen Bibel gespielt.
In Babylonien wollten die jüdischen Führer durch das Erzählen der Geschichten verhindern, daß man den eigenen Gottesdienst vergessen und die Kinder allmählich

zum babylonischen Gottesdienst übergehen könnten. Insbesondere waren dabei die Geschichten von Abraham wichtig, der von Gott gerufen wurde, aus Ur wegzuziehen, das südlich von Babylon lag, und die Geschichte über die Befreiung aus Ägypten. Sie wurden erzählt, um die jüdischen Verbannten zu ermutigen und sie zu bewegen, auch aus Babylon wegzuziehen, sobald dies möglich war.
Die Babylonische Gefangenschaft ist ein eingreifendes Geschehen für das jüdische Volk gewesen. Darum gilt ihr in dieser Kinderbibel viel Aufmerksamkeit.
Die Schöpfungsgeschichte aus der Genesis wird im Zusammenhang mit der Verbannungsperiode erzählt, weil sie wahrscheinlich damals vor dem Hintergrund der babylonischen Schöpfungsgeschichte entstanden ist.
Aus Erfahrungen mit Kindern im Kindergottesdienst ist außerdem deutlich geworden, daß Kinder Genesis 1 buchstäblich als die Entstehung der Welt auffassen, wenn sie diese Schöpfungsgeschichte als erste biblische Geschichte hören. Es ist für sie ein Schock, wenn sie später in der Schule von der Evolutionstheorie hören. Sie fühlen sich dann manchmal betrogen.
Die anderen Geschichten aus dem Buch Genesis 1–11, die wahrscheinlich auch ihre Gestalt während der Verbannung erhalten haben, werden in dieser Kinderbibel ebenfalls in diesem Kontext erzählt.

Der Anfang mit Abraham

Das Sich-auf-den-Weg-Machen, das Befolgen des Weges, den Gott weist, beginnt in der Bibel mit Abraham. Er wird gesehen als der Stammvater der Juden und also auch Jesu (Mt 1,1–17). Aber durch Abrahams Sohn Ismael sehen auch die Muslime ihn als ihren Stammvater. In Genesis 17,5 erhält er den Namen Abraham (Vater von Völkern), denn in ihm werden alle Völker gesegnet werden (Genesis 12,3).
Die Erzvätergeschichten sind keine Biographien Abrahams, Isaaks und Jakobs. Es sind Glaubensgeschichten, in denen das jüdische Volk von sich selbst und der Suche nach Gottes Weg erzählt.
Die Geschichte von Abraham können wir aber auch sehen als die Geschichte aller Menschen, die sich aufgerufen wissen, sich aus Situationen zu befreien, in denen sie von Abgöttern abhängig sind, die verhindern, daß man lebt, wie Gott es will. Wir werden uns bewußt machen müssen, was unsere Abgötter in dieser Zeit sind. Wagen wir es, uns von ihnen loszusagen? Mit Kindern, die älter als zehn Jahre sind, ist darüber ein Gespräch möglich.

Wundergeschichten und die Bildsprache der Bibel

„Ich glaube das nicht!" sagte ein zehnjähriger Junge in der Klasse.
„Was glaubst du nicht?"
„Daß Jesus über das Wasser lief. Das geht doch nicht!"

Jüngere Kinder hören den Wundergeschichten in der Bibel zu, wie sie Märchen zuhören. Sie glauben, daß Jesus alles kann, wie ein Zauberer. Aber wenn sie älter werden und in einer anderen Weise zu denken beginnen, werden diese Geschichten zu Stolpersteinen anstelle von Wegweisern.

Daher kommen in dieser Kinderbibel nicht alle Wundergeschichten vor. Jesus hat Bitten, Wunder als Beweis seiner Messianität zu tun, zurückgewiesen (Lk 4,1–13 und 23,8–10, Mt 16,1–4).

In den Wundergeschichten, die doch nacherzählt sind, ist versucht worden, deutlich werden zu lassen, daß es hierbei darum geht, Zeichen von Gottes Königreich zu skizzieren, und das ist etwas anderes als ein zauberhaftes Geschehen.

Kinder im Alter von 7 bis 12 Jahren denken realistisch. Aber die Bibelsprache ist nicht die Sprache der Fakten. Worum es in den biblischen Geschichten geht, kann in der normalen Umgangssprache nicht in Worte gefaßt werden. Es geht darin um Glaubenserfahrungen, die nur zum Ausdruck gebracht werden können in der Sprache des Glaubens, der Sprache in Bildern, Geschichten und Gleichnissen.

Kinder müssen Schritt für Schritt lernen, diese Glaubenssprache zu verstehen. In der Umgangssprache gebrauchen wir durchaus auch Bildsprache: Sprichwörter, Redewendungen und Ausdrücke, die wörtlich verstanden zu absurden Handlungen und Situationen führen können. Kinder können sich dessen bewußt werden, wenn wir sie Sprichwörter und Redewendungen als Pantomime oder in Zeichnungen darstellen lassen. Sie werden dann entdecken, daß wir oft Bildersprache verwenden. Wenn zum Beispiel gesagt wird: „Du bist ein Engel" oder „Du bist mein kleiner Sonnenschein", dann wissen sie sehr gut, daß das nicht wortwörtlich gemeint ist. Dennoch sind Kinder unter zwölf Jahren noch nicht soweit, die Bibelsprache zu verstehen. Sie können zwar lernen, was mit einer bestimmten Redewendung, einem Zeichen oder einer Gebärde gemeint ist, wie sie auch keine Probleme mit Verkehrszeichen haben. Aber dabei geht es um eine eindeutige Bedeutung.

Das Verstehen der Symbolsprache ist für sie schwieriger, denn Symbole verweisen auf eine Wirklichkeit, die nicht sofort zu sehen ist.

Ein Symbol kann in der Bibel sogar eine widersprüchliche Bedeutung haben, wie das Symbol Wasser. Wasser bedeutet in der Bibel Leben (Joh 4,10–14 und 7,38), aber das Wasser des Meeres bedeutet Tod, Chaos und Untergang. Es ist ein alttestamentliches Bild (Ps 46,3 und 5), das auch von Johannes verwendet wird, wenn er über den neuen Himmel und die neue Erde schreibt, die er sieht: „Und das Meer war nicht mehr da!" (Offb 21,1).

In den Evangelien wird das Bild Jesu, der über das Wasser läuft, verwendet, um zu sagen, daß Jesus den Tod überwunden hat (Mk 6,45–52). In der Geschichte über die wunderbare Speisung wird deutlich, daß es genug gibt, wenn geteilt wird. Der Junge in Johannes 6,9 beginnt damit und gibt seine fünf Brote und zwei Fische her.

Kindern ab fünf Jahren kann durchaus deutlich gemacht werden, daß es in der Bildersprache der Bibel um mehr als um Fakten geht, zum Beispiel indem man erzählt, was die Zahlen in solch einer Geschichte bedeuten können.

Sieben ist ausreichend: fünf und zwei. Es gibt fünf Bücher Mose und zwei Steintafeln, auf denen die Zehn Gebote stehen. Als Gottes Worte gehört und befolgt werden, gibt es genug für jeden zum Leben. Es bleiben zwölf Körbe mit Brotkrumen übrig: genug für die zwölf Stämme Israels.

Nach der Geschichte kann die Frage gestellt werden: Geschieht so ein Wunder denn gelegentlich noch mal? Ist das nicht das größte Wunder, daß Menschen miteinander teilen?

Zahlen, Namen und Schlüsselwörter

In vielen biblischen Geschichten haben Zahlen oft eine symbolische Bedeutung. Zum Beispiel in der Geschichte von Noachs Arche, die über die Totenwasser treibt (Gen 7,4–8,14). Darin wird die Zahl vierzig viermal genannt.

Auch in anderen Geschichten spielt die Zahl vierzig eine Rolle. Mose bleibt vierzig Tage und vierzig Nächte auf dem Berg. Die zwölf Kundschafter kommen nach vierzig Tagen zurück. Die Israeliten wandern vierzig Jahre durch die Wüste. Jesus ist vierzig Tage und vierzig Nächte in der Wüste. Nach seiner Auferstehung erscheint er vierzig Tage lang den Aposteln und spricht über Gottes Königreich.

Auch gibt es Worte in der Bibel, die mit Regelmäßigkeit wiederkehren. Es sind Schlüsselwörter, die die Bedeutung der Geschichten erschließen. Wie das Wort Hirte. Wer ein guter Hirte ist, kann ein guter Führer oder König des Volkes werden. Mose und David waren Hirten, als sie ihren Auftrag bekamen. Jesus ist der gute Hirte sowohl im Gleichnis vom verlorenen Schaf als auch in Johannes 10.

Das Wort Mantel sagt etwas aus über die Würde eines Königs oder eines Propheten. Josef bekommt einen schönen Mantel von seinem Vater. Seine Brüder nehmen ihm seinen Mantel ab und zerreißen ihn. Von Potifar bekommt Josef einen neuen Mantel, aber den verliert er durch Potifars Frau.

Jonatan gibt David seinen Mantel. David schneidet einen Zipfel von Sauls Mantel ab. Der Prophet Ahija zerreißt seinen Mantel in Stücke zum Zeichen, daß das Königreich Israel aufgeteilt werden wird. Elija gibt seinen Mantel seinem Nachfolger Elisa.

Kinder, die schon viele biblische Geschichten gehört haben, können wir auf solche Schlüsselworte in der Bibel hinweisen. Nicht um die Geschichten auszulegen, sondern um sie selbst entdecken zu lassen, was so ein Schlüsselwort bedeuten kann. Dadurch können sie lernen, etwas von der tieferen Bedeutung der biblischen Geschichten zu erkennen.

Hinweise oder Schlüsselbegriffe können Kinder auch entdecken, wenn sie etwas über die Bedeutung von Namen hören. Es gibt Namen, die wie ein Glaubensbekenntnis etwas über Gott sagen.

Der Name Jesus ist die griechische Form des hebräischen Namen Josua und bedeutet: Gott errettet (Mt 1,1). Johannes: Gott ist gnädig. Ismael und Samuel: Gott hört oder Gott hat erhört (Gen 16,11 und 1, Sam 1,20).

Manchmal bekommen Menschen einen neuen Namen als Auftrag: Abram wird Abraham: Vater von Völkern. Simon wird Petrus: Fels.

In den biblischen Geburtsgeschichten wird meistens mitgeteilt, was der Name bedeutet oder warum das Kind diesen Namen erhält.

In der hebräischen Bibel wird der Name Gottes mit vier Buchstaben angedeutet. Dieser Name wird aus Ehrfurcht niemals von den Juden ausgesprochen. Sie sagen stattdessen Adonai (mein Herr) oder Der Name. Der Name Gottes bedeutet: Ich bin da (Ex 3, 12–14).
Von diesem großen Namen wurden andere Namen für Gott abgeleitet wie: Schöpfer, Barmherziger, Getreuer, Gerechter, Retter, Vater. Mit diesen Namen wird gesagt, wie Gott ist.

Die Offenbarung des Johannes

Diese letzte Schrift des Neuen Testaments wurde wahrscheinlich während der Regierung des römischen Kaisers Domitian (81–86) geschrieben, der sich „unser Herr und Gott" nennen ließ. Johannes weigerte sich, vor dem Bildnis des Kaisers zu beten, weil er dem Worte Gottes und seinem Glauben an Jesus treu bleiben wollte. Darum wurde er auf der Insel Patmos gefangengesetzt (Offb 1,9). Er schrieb Briefe an sieben christliche Gemeinden in Kleinasien, um ihnen Mut zuzusprechen und sie aufzurufen, ebenfalls Gott treu zu bleiben. Er tröstete sie mit seinen Visionen über die Endzeit.
Dergleichen Visionen über das Ende der Welt finden wir schon bei den Propheten in Jesaja 24–27, Sacharja 9–12 und Joël 2,28–3,8 und vor allem im Buch Daniel. Diese Texte hat Johannes in vielfältiger Weise benutzt.
Die Bildsprache, die Johannes verwendet, ist auch für uns merkwürdig und rätselhaft. Es ist eine Geheimsprache, in der mit dem „Tier der Tiere" der Kaiser gemeint ist (Offb 13,8, 14,9–11). Offen den Namen des Kaisers zu nennen, war in diesem Zusammenhang gefährlich. In dieser Zeit wurden viele Christen gefoltert und ermordet, die nicht vor dem Bildnis des Kaisers opfern und beten wollten. In der letzten Geschichte unserer Kinderbibel wird etwas davon wiedergegeben. Die Vision eines neuen Himmels und einer neuen Erde (Offb 21) stammt aus Jesaja 65,17–25. Trotz Verfolgung und Verbannung ist über alle Jahrhunderte hinweg die Hoffnung auf einen neuen Anfang bestehen geblieben. Juden und Christen tragen in ihrem Herzen den Traum eines neuen Himmels und einer neuen Erde, die Jesaja und Johannes in ihren Visionen gesehen haben.

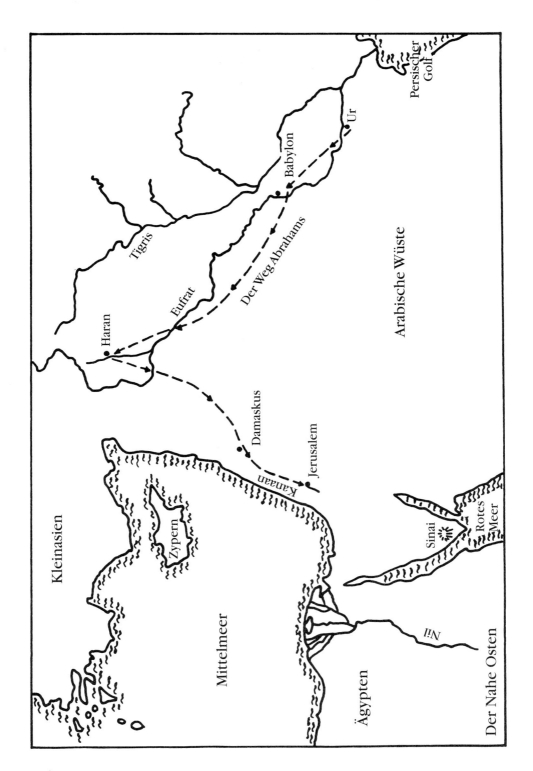

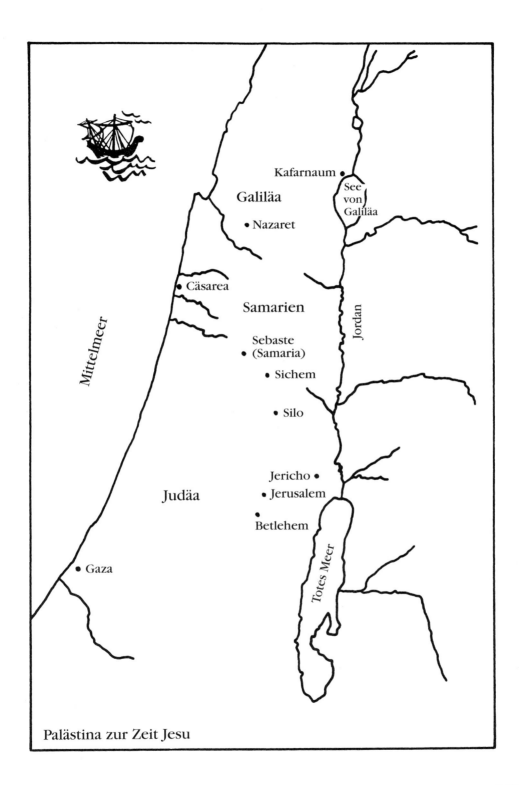
Palästina zur Zeit Jesu

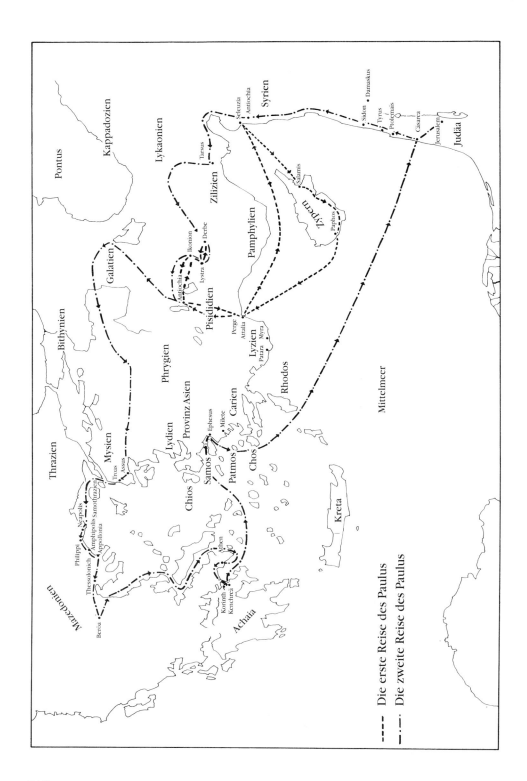

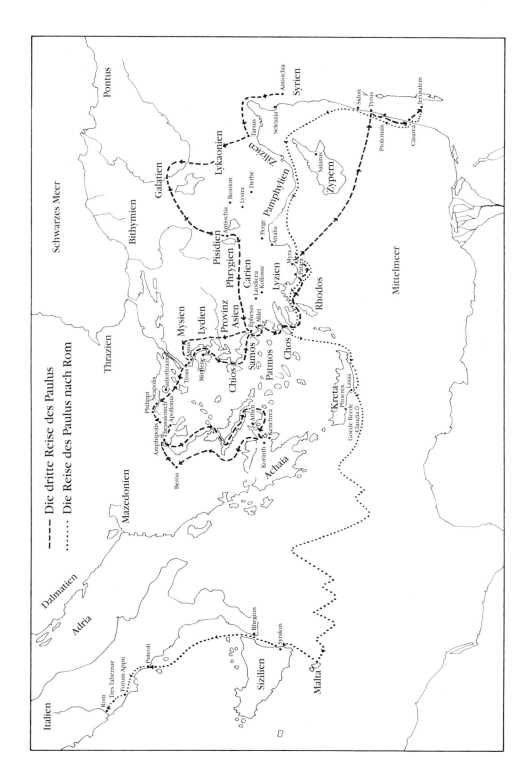